本项研究得到清华大学经济管理学院研究基金项目的资助（项目批准号：2021051003）
本书受清华大学拉美中心、清华大学经济管理学院中国-拉丁美洲管理研究中心的支持

清华大学经济管理学院
中国-拉丁美洲管理研究中心文库

双循环背景下

中拉经贸依赖关系与互利共赢策略探究

陈涛涛　葛逸暄　洪槟瀚　斯琴毕丽格　龚新宇 | 著

中国财经出版传媒集团
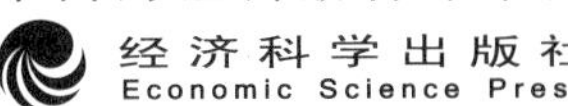

·北 京·

图书在版编目（CIP）数据

双循环背景下中拉经贸依赖关系与互利共赢策略探究 / 陈涛涛等著. -- 北京：经济科学出版社，2024. 11.
（清华大学经济管理学院中国 - 拉丁美洲管理研究中心文库）. -- ISBN 978 - 7 - 5218 - 6140 - 2

Ⅰ. F125. 573

中国国家版本馆 CIP 数据核字第 2024LA6447 号

责任编辑：侯晓霞
责任校对：杨　海
责任印制：张佳裕

双循环背景下中拉经贸依赖关系与互利共赢策略探究
SHUANGXUNHUAN BEIJING XIA ZHONGLA JINGMAO YILAI GUANXI
YU HULI GONGYING CELÜE TANJIU
陈涛涛　葛逸晅　洪槟瀚　斯琴毕丽格　龚新宇　著
经济科学出版社出版、发行　新华书店经销
社址：北京市海淀区阜成路甲 28 号　邮编：100142
教材分社电话：010 - 88191345　发行部电话：010 - 88191522
网址：www. esp. com. cn
电子邮箱：houxiaoxia@ esp. com. cn
天猫网店：经济科学出版社旗舰店
网址：http：//jjkxcbs. tmall. com
北京季蜂印刷有限公司印装
710 × 1000　16 开　15. 5 印张　240000 字
2024 年 11 月第 1 版　2024 年 11 月第 1 次印刷
ISBN 978 - 7 - 5218 - 6140 - 2　定价：62. 00 元

前　　言

在《双循环背景下中拉经贸依赖关系与互利共赢策略探究》一书出版之际，我想和经济界、投资界的同行以及对这个话题感兴趣的读者分享我开展这项研究的几点感受。

第一，为什么要研究经济依赖性的问题。作为研究国际投资的学者，近些年我不得不拿出部分精力来探究经济依赖性这一话题。我相信，这些年里很多业界以及学界的朋友都会有这样的体会：与2018年以前相比，世界已经大不相同了！此前，随着全球化的发展，遵循产业链全球分布的原则，几乎所有国家都在根据本国的区位优势积极探讨自身在全球价值链中的地位，并且努力地去实现；与此同时，具有一定对外投资动机和能力的企业，也在认真研判东道国的区位优势，从而采取合理的策略进入东道国，将部分产业链段布局在具有特定优势的国家和地区。在这个整体的大潮流下，人们会认为，越是与这个世界紧密相连，越是深度地嵌入全球价值链，本国及本国企业就越能获得更多的发展机会；同时，本国经济与本国企业也会是更加安全的。然而，这个世界的变化让人猝不及防！2018年中美经贸摩擦持续升级，其后虽达成阶段性协议，但美国已将中国列为“战略竞争对手”，关税手段之外又将以华为公司为代表的中国科技企业列入制裁清单，并且联动盟友对中国实施“去风险”战略，试图限制中国在科技等领域的进一步发展。这一系列旗帜鲜明的“反全球化”举措，让我们深刻地体会到：与世界的深度联系并非全是机遇，还很可能使自身陷入发展的困境。因为深度的“联系”就意味着深度的“依赖”；而深度的依赖则意味着可能被对手实质性地打压。当发展的逻辑发生了根本性的变化时，我们必须停下来重新思考：一味地追求融入全球价值链显然有失偏颇；但是全面退回到贸易保护主义的封闭状态也绝无可能；于是，中国“双循环”新发展格局的提出，就有了兼顾维系世界联结和维护自身发展的双重意义。那么，在现实中如何发展与世界的关系才能推动形成这一新的发展格局呢？这需要我们重新考虑“联结世界”的策略，既要通过更高质量的开放合作获得进一步的发展机会，又要避免再次陷入被“卡脖子”的发展困境，因此必须仔细地探讨国与国之间的“依赖关系”！推动与友好国家的联结从而获得互利共赢的发展机会，同时审慎管理有可能陷入危机的依赖关系，恐怕也是在当今复杂的世界局势下我们不得不作出的选择。

第二，如何看待依赖关系与共赢发展的国与国关系？当我们被上述严酷的现实所困扰而努力回溯经济依赖关系的理论时，我们发现，经济依赖理论的创生也正是缘起于世界经济风云变幻的二十世纪六七十年代，而那时无论是理查德·库珀（Richard N. Cooper），还是罗伯特·基欧汉（Robert O. Keohane）和约瑟夫·奈（Joseph S. Nye Jr.）都从一开始就指出了相互依赖既有可能促使双方互利合作的增加，也有可能引发竞争和冲突。只是在他们所经历的历史过程中，尚未清晰地提供“促成合作”与“产生冲突”的前提条件。世界历史的续写，使我们有可能通过探触世界发展的脉络而延展他们已经开启的理论探索。在研读依赖理论发展至今的学术成果、理解当前多重复杂的国际冲突以及研究中拉关系发展的过程中，我们形成了对“依赖关系究竟促进还是阻碍合作发展”的分析范式。该分析范式承接了早期学者对“两国的政治关系是相对于经济关系更高级别的双边关系”的观点，追加了“国际大环境”这一支撑依赖关系与双边合作关系分析的另一个底层分析要素，从而构成了四象限的分析范式（参见第二章）。当然，当前的分析范式还是非常初步的，有待于事实的不断检验，并有待于在历史的发展中不断地完善。但总体而言，这一范式是在原有理论的基础上、在世界经济的发展进程中、与时俱进地发展出来的新成果。

第三，如何看待中拉关系的现在和未来？记得2020年我曾受智利朋友的邀请为中智建交50周年的一本著作撰写一个章节，其中部分内容是有关中智未来关系的探讨。当时，回顾中智经济发展前十年的状况，可以非常清楚地看到，无论是双边贸易还是投资，都是呈现快速增长的状态；随着中智经贸关系的发展，中智两国的政治互信不断增加，人文交流日趋频繁，两国的各个方面都呈现出令人欣喜的发展态势；在此情势下，如果没有其他的干扰因素，中智两国的未来发展前景是非常清晰并且充满希望的。然而，当时中美贸易摩擦已经爆发并且迅速升级，拉美作为“美国的后院”，智利也同样收到了来自美国对中国的负面指责。尽管智利当局一再表示不愿“选边站队”，但从美国与智利先于中国且长期发展的历史渊源来看，智利在未来的各种经济决策中必然会考虑在中、美之间进行权衡，而这种权衡也将在一定程度上构成中智关系的不确定性。我们必须对此有清醒意识，并且予以高度重视。这种状况与我们对于两国间依赖关系与双边合作的分析范式中的有关描述相吻合；并且这种状况在很大程度上也描述了中国与拉丁美洲及加勒比地区多数国家的经济关系现状。

正视复杂的国际形势，明晰现实的国际关系，是制订合理发展策略的前提。纵观中拉关系的发展进程，透析中拉关系的底层逻辑，我们进一步确认，经过这么多年的交往，中拉在经济上互补性强，在发展上相互依赖、在文化上逐步交融、在政治上不断增进了解、增强互信，双方已然构建了进一步合作发展的扎实基础，双方也同时抱有共赢发展的强烈愿望；在此基础上，即使在不利的外部环境下，我们双方只要关注对方的切实关切、理解对方的发展诉求、深挖可以互利共赢的发展机会，同时谨慎管控与外部干扰因素密切相关的领域和话题，如复合相互依赖理论所指出那样，我们将更加努力地打造中拉之间多层次、多渠道的相互关系（参见第八章和第九章），无论是现在还是未来，我们仍然具有广阔的合作发展空间。

第四，如何看待世界的未来？尽管我在前面坦陈“世界的变化令人猝不及防”，但冷静下来研读历史，我们不难发现，人类社会的发展本身就是波澜起伏，同时又在波澜起伏中不断进化的过程，只不过，人类百年寿辰的生理局限，限制了“一代人”对历史长卷的亲身体验。就近百年的体验而言，随着科技的进步，人类社会共享科技发展的成果，促成了生活质量的普遍提升（尽管这种提升在国家间存在差距）；随着全球化的进程，人类社会获得了各国间细致分工合作的益处（尽管这种益处在国家间分配不平衡）；随着国家间友好交往的增多，各国人民都体验了多元文化的灿烂与美好（尽管这种体验有时被战争所干扰）。随着人类对于自身以及社会发展规律的认知的不断加深，人们已经普遍意识到，由于人类理性的有限性，各国存在差异，纷争天然性地存在，沟通与理解仍然是国际关系中的巨大挑战，但世界人民对于和平发展的渴望仍然是根本性的，是发自心底的。因此，我们坚信，尽管在现实社会中必然存在着不同的价值观和发展观；甚至也仍然存在强权与霸权，只要我们保有一颗善良、美好、追求和平、共赢发展的心，只要我们不断地提高对人性自身、对人类社会发展规律的认知，只要我们不懈地为相互的理解而付出真诚的努力、为共同的命运担负应尽的责任，人类社会仍然会享有更加和平、美好的未来。在这里，我愿意向拉美人民乃至世界人民提及中国的“一带一路”倡议、全球发展倡议和全球安全倡议，均是实现共建人类命运共同体美好愿景的积极方案，欢迎各国朋友们更多了解，参与和共同支持这一系列倡议的进一步落地结果。

最后，我要感谢我的博士生团队。我常常说，研究国际化的人必须胸怀世界，而要做到胸怀世界，就必须首先走进世界，理解世界。我的博士生们非常年轻，他们有活力、肯努力，他们随我一起走进智利、秘鲁、巴西等拉美及加勒比国家，亲身体验了拉加地区的社会氛围，亲耳聆听了在拉加地区展业投资的中国企业的声音，我欣赏他们的勇气和付出。在本项目的研究过程中，葛逸晅同学、洪槟瀚同学作出了突出的贡献，斯琴毕丽格同学、龚新宇同学也出色地完成了部分研究任务，冯舰同学、宋清同学在研究进程中开展了有价值的工作，在本书出版之际，我在这里一并向他们表示祝贺和感谢。

本项研究得到清华大学经济管理学院研究基金项目的资助(Supported by Tsinghua University School of Economics and Management Research Grant)。

清华大学拉美中心主任

清华大学经济管理学院中国-拉丁美洲管理研究中心主任

陈涛涛　教授

2024 年 2 月 5 日于北京

目　　录

第一部分　选题意义、文献综述与研究设计

第二部分　中国与世界：中国经济的外向性与对外依赖关系

第三部分　中国与拉美：中拉经贸依赖关系及共赢发展

第四部分　中国与拉美：中国与典型拉美国家合作的专题研究

第一部分

选题意义、文献综述与研究设计

第一章

问题的提出与研究意义

当前，我国正处于“百年未有之大变局”，全球化趋势出现逆势波折，国内外经济形势风险与机遇并存。在此背景下，本章将梳理我国提出的构建“双循环”新发展格局和“全球发展倡议”的应对方案及内涵，并说明探究中拉经贸关系发展策略对于我国经济发展和安全的重要意义，最后从拉美和我国两个角度，分析为何在新的形势下这一发展策略具备实施可能，且是必要之举。

一、问题提出的国内外背景

（一）国际经贸局势

20 世纪 70 年代以来，经济全球化进程已经有了几十年的长足发展。但 2008 年全球金融危机后，“逆全球化”的趋势显现，保护主义、民粹主义在发达国家和发展中国家均有所抬头。

2018 年，中美经贸摩擦短期持续升级，且竞争态势短期难以逆转。2018 年 3 月，美国特朗普政府对中国进口商品加征关税，① 短期内不断升级惩罚

① 2018 年 3 月 8 日，特朗普政府宣布对钢铁和铝制品分别加征 25% 和 10% 的关税，此后多次升级单边制裁措施。

性关税措施及范围，中国亦作出多轮反制关税措施。尽管中国一直致力于构建稳定、健康、可持续的中美关系，但特朗普政府将中国定位为“战略竞争对手”，其后拜登政府的对华战略继续沿用“竞争”这一核心概念，并企图在全球范围内联合盟友与中国“脱钩”，共同遏制中国发展。

2020 年的公共卫生事件给世界经济带来新的挑战。一方面疫情蔓延对各国经济及国际贸易和投资活动造成重大打击；另一方面由于有效全球治理的缺失，各经济体面对疫情未能团结应对，加剧了世界的进一步分裂，发展中国家乃至全球在多方面蒙受损失。

2022 年初，俄乌冲突骤然爆发，至今已近两年仍未有停止迹象，期间不仅造成大量人道主义惨剧，致其经济恶果波及全球；而且美国趁势结盟欧洲，使世界格局进一步撕裂。

全球化趋势的变化乃至逆转，全球公共卫生事件及地缘冲突，引发了各国对本国经济和产业安全的普遍担忧，各国在考虑经济发展的情况下也更加侧重于对经济和产业安全问题的把握。2021 年，美国拜登政府发布产业链供应链安全战略，[①] 美国白宫、国防部、能源部等 8 部门相继发布 8 份报告，分析关键领域产业链、供应链弱点，并以中国为核心目标，提出遏制举措。中国领导人也更加密集地阐述保障供应链安全的战略意义，并在党的二十大报告中强调，要“增强产业链供应链自主可控能力”。

（二）国内经济环境

随着我国经济的快速发展，我国自 20 世纪 80 年代以来在全球化浪潮中形成的“两头在外、大进大出”的外向型发展模式已难以为继，“十三五”时期我国经济发展已进入新常态，面临着需求侧和供给侧的双重压力。

一方面，从需求侧看，国际市场拓展承压，内需发展潜力提升。中国出口份额的增加也伴随着国际竞争格局的调整和变化，国家间产业和企业竞争力此消彼长，乃至萎缩淘汰。这一问题在中国早期发展水平较低、经济体量

---

① 2021 年 2 月 24 日，拜登总统签署第 14017 号行政令，要求对美国半导体、新能源电池、关键矿物和医药用品四大关键领域的供应链弹性进行评估。

较小时影响不大；但当前中国已然成为了第二大经济体，并仍然以较快速度增长，面临的经贸摩擦和冲突也日益增加，已经影响到企业在海外进一步的发展。与此同时，国内需求随着经济发展持续增加，对经济增长的贡献日益提升。2021 年，我国商品消费市场规模稳居世界第二，内需对国内经济增长的贡献率为 79.1%，较 2020 年提高 4.4 个百分点，[①] 内需成为我国经济发展的主要动力。

另一方面，从供给侧看，国际竞争优势调整，国内供给持续改革。随着中国劳动力成本逐年上升，中国在中低端制造业等产业拥有的比较优势逐步缩小，面临来自其他发展中国家的赶超压力会随之增加，“出口拉动型”经济缺乏长期可持续性。以东南亚国家越南为例，2022 年一季度越南出口货物贸易总额约 5964 亿元，同比增长 13.4%，超过同期中国深圳的出口额（4076.6 亿元），部分企业选择将低端劳动密集型产业从中国迁往东南亚国家。[②] 我国近年来技术水平和产品质量有所提升，为国内消费提供了更多选择。2021 年工业互联网、大数据、智能制造等技术在我国呈增长态势，已然建成全球最大的 5G 独立组网网络，5G 手机出货量达 2.66 亿部，同比增长 63.5%；新能源汽车产销两旺，分别达 354.5 万辆、352.1 万辆，同比增长 159.5%、157.5%。[③] 不过我们仍应看到，我国总体上尚处于全球产业链、供应链的中低端，一些关键核心技术产品仍高度依赖进口，还存在“卡脖子”的问题。因此，加快推动形成以国内循环为主的双循环体系具有重要的现实必要性和紧迫性。

（三）中国应对方案

面对国内外经济形势的变化，中国提出了构建“双循环”新发展格局和“全球发展倡议”，向世界展现了中国应对国内国际双重挑战的战略思考与应对方案。

---

①③ 消费市场持续恢复，投资保持增长态势——内需潜力还将持续释放 [EB/OL]. 2022-02-08. https://www.gov.cn/xinwen/2022-02/08/content_5672462.htm.

② “世界工厂”向东南亚转移，越南能取代中国吗？[EB/OL]. 2022-06-14. https://new.qq.com/rain/a/20220614A05RG500.

“双循环”新发展格局是指“以国内大循环为主体，国内国际双循环相互促进”的新发展格局。这一说法最早是2020年4月10日由习近平总书记在中央财经委员会第七次会议上首次提及，于2022年5月中共中央政治局常委会会议正式提出，并于同年10月党的十九届五中全会上正式将“双循环”新发展格局纳入“十四五”规划发展建议。我国政府在2021年3月发布的《国民经济和社会发展第十四个五年规划和2035年远景目标纲要》指出，立足国内大循环，协同推进强大的国内市场和贸易强国建设，形成全球资源要素强大引力场，促进内需和外需、进口和出口、引进外资和对外投资协调发展，加快培育参与国际合作和竞争新优势。2022年，党的二十大报告中进一步强调，必须完整、准确、全面贯彻新发展理念，坚持社会主义市场经济改革方向，坚持高水平对外开放，加快构建以国内大循环为主体、国内国际双循环相互促进的新发展格局。

在新发展格局的基础上，中国也在世界舞台上提出了“全球发展倡议”。2021年9月21日，习近平在第七十六届联合国大会一般性辩论时首次提出“全球发展倡议”，这是继共建“一带一路”后中国提出的又一重大倡议。“全球发展倡议”的核心要义包括：坚持发展优先，坚持以人民为中心，坚持普惠包容，坚持创新驱动，坚持人与自然和谐共生，坚持行动导向。将重点推进减贫、粮食安全、抗疫和疫苗、发展筹资、气候变化和绿色发展、工业化、数字经济、互联互通等领域合作，加快落实联合国2030年可持续发展议程，构建全球发展命运共同体。在2022年世界经济论坛视频会议上，习近平主席再次强调：“这个倡议是向全世界开放的公共产品，旨在对接联合国2030年可持续发展议程，推动全球共同发展。”① 2022年1月，“全球发展倡议之友小组”在纽约联合国总部正式成立，目前已经有70多个国家加入，100多个国家和包括联合国在内的多个国际组织表示支持。联合国秘书长古特雷斯表示，“全球发展倡议的提出正当其时，联合国予以明确支持并

① 习近平出席2022年世界经济论坛视频会议并发表演讲[EB/OL]. 2022-01-17. http://www.qstheory.cn/yaowen/2022-01/17/c_1128271696.htm

愿与中国就此开展合作，同各国一道推进落实。”①

“双循环”新发展格局和“全球发展倡议”的提出，不仅回应了部分对中国“自给自足”“对外开放收缩”的质疑声音和误读，强调了对外开放的必要性、主动性和高水平；同时将发展问题重新拉回到因战争、疫情和意识形态等问题日益动荡的国际社会视野中，呼吁普惠包容，践行真正的多边主义，为中国和全球经济发展指明了前进方向。

二、探讨中拉经贸发展策略的重要性

（一）新发展格局实践层面面临挑战

尽管“双循环”新发展格局提出的背景和意旨都非常清晰，但从原有的“双向开放”策略转变为推动形成“国内国际双循环相互促进”的新发展格局在实践层面仍然面临挑战。在过去三四十年的全球化时代，整个世界的发展氛围是“开放发展”；“价值链的全球分布”是各国普遍认可的产业发展规则；由此，中国同世界大多数拥抱全球化的国家及地区一样，“以本国的比较优势和竞争优势”与世界相联系。作为全球第一大商品贸易国和外商直接投资目的国、第二大对外投资来源国，中国无论在农产品、矿石燃料等资源进口，还是在高端科技、海外市场等方面，在全球化的进程中都对全球不同区域形成了差异化的相互依赖关系。从重新构建在新的国际形势下开放发展战略的角度出发，我们需要对我国经济与世界经济的依赖关系进行全局性的梳理，从而理清我们推动双循环新发展的基础格局。

（二）对外依赖关系事关国家经济发展与安全

我国对外依赖关系不仅关系到我国经济的发展机遇，而且和我国的国家

① 全球发展倡议：让希望之光照亮人类未来［EB/OL］. 2022－09－21. http：//world. people. com. cn/n1/2022/0921/c1002－32531201. html

经济安全密切相关。当前中美两国经贸摩擦的大环境，是影响世界各国经贸关系的最重大的扰动因素。无论是特朗普政府时期还是拜登政府时期，美国政府均有对于同中国“脱钩”的政策表述，这无疑会对世界各国和地区与中美两国的对外经济合作产生影响。基于对这种关系的认识，我们认为，理清我国与特定区域和国家、特定产业现已形成的经济依赖关系，进一步比较这些地域与中国和美国的经济联系，对于深刻理解一些地区及国家当前以及今后的对华发展态度非常重要，以此为依据，才能更好地调整我国当前及未来在具体的地区及国家的发展战略。

（三）中拉经贸发展意义愈发凸显

在此背景下，研究中拉经贸依赖关系与互利共赢策略具有重要意义。2018年以来，中国自身经济发展受挫，经济安全风险明显上升，中国于2020年转入“双循环”新发展格局；与此同时，由于当前世界各国对中国仍缺乏深刻了解，中国融入世界、与全球共同发展的道路仍存在阻碍。为在世界大变局的情势下保障中国自身的经济安全、增进世界对中国的理解、争取与世界共同发展的机会，中国有必要保持积极态度，凭借自身经济实力，与友好国家共同探讨经济合作互利共赢的战略创新之路。中国与拉美地区绝大部分国家长期保持友好关系，双方经济互补性强，经贸合作潜力巨大，与拉美国家加强双边贸易、投资、技术转移等各项国际经济合作，有利于把握双方发展机遇，保障中拉经济安全，增进双边政治互信，真正践行“全球发展倡议”。

三、探讨中拉经贸发展策略的可能性

（一）拉美国家面临发展挑战，具有发展意愿

从拉美国家的角度看，拉美多数国家仍是发展中国家，“发展”仍是其面临的巨大挑战。一方面，一些拉美国家早在20世纪50年代就开始了工业

化的进程，但迄今为止仍是资源依赖型国家，仍然存在经济结构单一、贫困、不平等多个发展问题。认识到这一发展模式的局限后，拉美国家急于探索改变现有发展模式的道路。另一方面，虽然拉美国家往往缺少“中长期战略”，但其经济基础、区位优势、产业发展状况相对较为确定；在过去几十年的发展过程中，拉美国家也基于自身的发展条件对如何发展其产业、经济，有着不断地思考和尝试。各届政府上台后，会对本国经济发展进行一定的规划。此外，拉美的重要区域智库（例如联合国拉加经委会（ECLAC））、多边银行（例如美洲开发银行（IDB）和拉美开发银行（CAF））等，对本区域的发展有着扎实和深入的研究，也在引领着这个区域的发展；拉美各国的优秀学者对本国发展同样有着长期的研究和思考。

作为全球化进程中的“后来者”，中国与拉美的经贸关系起步较晚，但在近 10 年中，中拉关系实现了快速和长足的发展，双边贸易投资连年实现增长，给拉美国家带来了新的发展希望。尽管拉美常被称为美国的后院，美国也不断对其施加影响，但中拉关系的切实发展使不少拉美国家意识到“中国的作用不可替代”；与此同时，许多拉美国家对中国自身取得的经济成就尊重并羡慕，也表达了积极学习和合作的意愿。全球公共卫生事件与地缘冲突同样给拉美带来灾难，其经济复苏道路仍然曲折，拉美与中国进一步发展合作关系的意愿由此进一步加深。

（二）中国具备合作发展的基础与实力

从中国自身的角度看，中国具有与拉美进行战略合作的基础与实力。中国在全球化浪潮中通过开放取得了经济发展的巨大成就，一跃成为了全球第二大经济体。2020 年我国对外直接投资水平跃居全球第一，实际使用外资水平位居世界第二，我国在国际化进程中积累了产业、制度等多方面的能力与经验，并形成了自己的发展道路和“全球发展观”。

中拉经贸关系有了相当的积累。特别是，2018 年“一带一路”发展倡议延展至拉美，至今已有 22 个拉美国家与中国签署了“一带一路”合作文件和框架协议，中拉贸易、投资关系进一步深化。美国虽不断对拉美国家歪曲中方在拉投资项目的目的[①]，但无法替代中国，当前中拉关系有进一步友好发展的较大空间。需要依据当前基础，共同务实推进双边的关系。

有鉴于此，我们认为，应当准确把握中国随着全球化的发展进程所形成的与世界的经贸依赖关系，深刻理解我国与拉美国家经贸关系对我国以及拉美国家经济安全与发展的影响，认真体会和理解拉美国家的发展诉求，进而基于我国自身发展经验和能力，突破常规思维，创新性地推进与拉美国家经济发展诉求的相向而行，这是当前新形势下的可能且必要之举。

① 2022 年 6 月 8 日，美国国家安全顾问杰克·沙利文（Jake Sullivan）称，美国将加大对拉美地区投入，美洲峰会将给域内人民带来实际成果，美方投资比中方项目更具影响力。

| 第二章 |

文献评述与研究设计

当前世界上各个国家之间通过国际贸易、海外投资、文化交流等多种方式彼此联系，在经济发展上已然形成了复杂且紧密的相互依赖关系。面对国家间的相互依赖关系，两国究竟倾向于更加积极地发展合作关系，还是倾向于基于此而更加有效地遏制对方发展？这种依赖关系对于国家的经济发展和国际合作究竟起到什么作用？上述问题本身，无论从理论层面还是现实层面，都无疑是重要的。这要求我们对于经济依赖相关理论的研究历程及重要成果进行挖掘，结合当前国际经济局势进行评述，并对不足之处进行适当补充和延展，以期对本书的后续研究及读者提供有益启示。

一、对经济依赖理论的回顾、评述与启示

（一）对经济依赖理论的梳理

1. 相关文献发展趋势。中文文献方面，在中国知网针对“经济相互依赖”“经济相互依存”“对外经济依赖”“复合相互依赖”等主题进行检索，共得到 774 篇中文文献。从文献发表趋势看（见图 2－1），1983 年首次有中文文献对经贸依赖关系进行讨论，此后一段时间相关研究较为缺乏；文献相对集中发表于 2007～2010 年，2010 年之后略有下降；在 2019～2023 年又进

一步有文献进行探究。两次研究的高峰分别与2007年全球经济危机和近年来中美贸易摩擦等局势联系密切。

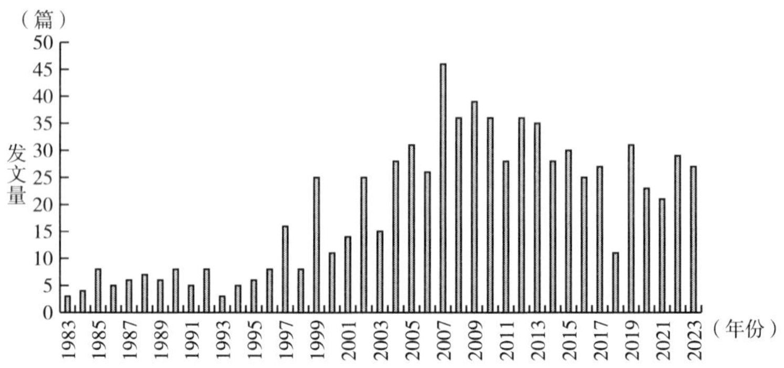

图2-1　1983~2023年经济依赖关系相关中文文献发表趋势

英文文献方面，在Web of Science针对“economic interdependence”“complex interdependence theory”等主题在经济学、国际关系、商科等研究领域进行检索，共得到223篇英文文献。从文献发表趋势看（见图2-2），其中文献在2010年及之后呈上升态势，在2020年出现发表高峰。研究话题主要是在中美摩擦、新冠疫情和俄乌冲突背景下探讨经贸依赖的脆弱性、不对称性和对和平发展的影响。

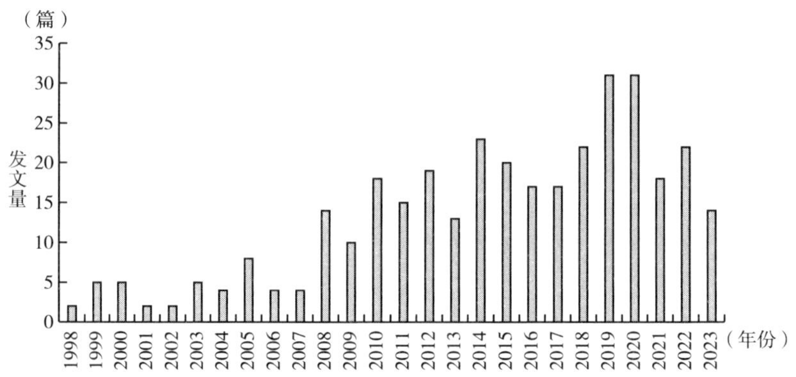

图2-2　1998~2023年经济依赖关系相关英文文献发表趋势

综合而言，随着经济全球化发展，中外学者在20世纪70年代后对于经贸依赖关系开始进行探究；2007年全球经济危机后，中外学者对于经济依赖关系及其影响给予了充分重视，相关研究成果显著增加；这一话题在 2018 年中美经贸摩擦之后受到了更多学者和领域的关注和探讨。

2. 经济依赖关系的概念。国家间经济相互依赖的存在由来已久。20 世纪五六十年代，随着欧洲和日本经济的快速增长，欧美国家间的贸易和投资迅速发展，经济的互动和联系日益紧密；与此同时，由于美国实力相对下降，西欧国家和日本在经济领域对美国的单方面依赖状况开始改变，美欧、美日之间农业、轻工业等贸易领域时有争端。面对这一系列国际经济问题，理查德·库珀（Richard N. Cooper）在 1968 年出版的《相互依赖的经济学——大西洋共同体中的经济政策》一书中提出了“经济相互依赖（economic interdependence）”的概念，他认为“经济相互依赖”是“一国经济发展与国际经济之间的敏感反应关系”，并认为，国家间因相互依赖增加会带来新的经济和政治挑战，需要开展多层次多渠道的国际合作。

在此基础上，罗伯特·基欧汉（Robert O. Keohane）和约瑟夫·奈（Joseph S. Nye Jr.）在《权力与相互依赖》一书中进一步厘定了相互依赖的概念，即“是以国家之间或不同国家的行为体之间相互影响为特征的情形”，且相互依赖涉及国家在政治、军事、经济和环境等多个领域的相互关系。并且，他们指出依赖关系具有敏感性（sensitivity）和脆弱性（vulnerability）两大重要维度，二者在依赖程度上的不对称性（asymmetries in dependence）产生了权力[①]不对等，进而影响国际合作与冲突。相互依赖既有可能促使双方的互利合作增加，也可能引发竞争和冲突，这取决于各行为体在依赖关系中的敏感性和脆弱性所决定的获利能力和程度。

（1）敏感性依赖和脆弱性依赖。相互依赖关系的非对称性可以导致权力失衡，这取决于双方依赖关系在敏感性和脆弱性方面的差异。其中，敏感性指“在现有政策框架内做出反应的程度，即某国发生变化导致另一国产生有代价的变化的速度有多快，代价有多大”；脆弱性则取决于“如果现有政策改变后，行为体仍需承受由外部事件所产生的成本”（Keohane & Nye，1977）。

---

① 权力可以被视为一种对结果进行控制的能力，即某行为体促使其他行为体做原本不会做的事情，并能够承担上述代价。参考 Keohane R O，Nye J S. Power and Inter dependence：World Polities in Transition [M]. Boston：Iittle，Brown，and Company，1977.

书中以国际石油贸易举例，若产油国提高石油价格，进口国立即受到影响，国内油价暴涨乃至加油站前排起长队体现了该国对石油价格变化敏感；但如果该国可以找到石油的替代能源或替代供应国，则该国对石油出口国的依赖关系并不脆弱。在提供权力来源方面，脆弱性依赖的重要性大于敏感性相互依赖。

（2）对称依赖和非对称依赖。国家间的相互依赖关系可以分为两种类型：一种是均衡依赖关系（even-balanced dependence）或对称依赖关系（symmetric dependence），另一种是非对称依赖关系（asymmetric dependence）。其中非对称依赖关系中的一类极端就是纯粹依赖关系，即一方对另一方单方面具有依赖关系。现实中对称依赖关系相对较少，多数情况是介于对称依赖和纯粹依赖之间的非对称相互依赖。依赖性较小的行为体常常将相互依赖作为一种权力来源，在某些问题上讨价还价甚至影响到依赖关系之外的其他领域。

3. 经济依赖理论及其发展。国家间经济相互依赖现象存在由来已有，但形成具体的理论加以分析，最早可追溯至20世纪70年代。

（1）理论提出。首先，这一时期国际局势变化复杂，石油危机频发，欧佩克兴起；日美贸易关系趋于紧张；布雷顿森林体系瓦解，美国在越南的战争以失败告终，国际上出现了美国霸权衰退的议论。其次，随着国际经济联系不断增强，跨国公司等非国家行为体的作用日益突出。基于上述背景，自由主义学者对相互依赖关系的著作和文章开始大量涌现（Mally，1976；Baldwin，1980），其中最有影响力的是罗伯特·基欧汉和约瑟夫·奈在1977年所著的《权力与相互依赖》。书中，两位学者厘定了相互依赖的概念，并指出依赖关系具有敏感性和脆弱性两大重要维度，进而提出了一种理想的复合相互依赖（complex interdependence）理论。该理论描述的相处模式具有三个典型特征：各社会在多渠道相互联系（政府间联系、跨国组织联系等）；外交议程的议题多元且无等级之分；军事力量起次要作用，例如美国—加拿大、美国—澳大利亚的依赖关系。由于目标多元且工具丰富，这一模式下国家间依赖关系将更加稳定，特别是面临经济危机、石油危机等区域性或全局性问题时，国际组织能够协调成员国谈判，并尽量达成协作方案。最后，理论还解释了国际机制的变迁和国际组织的重要作用。在复合相互依赖模式中，国际组织在制定国际议程、促成联盟建立和帮助弱国等方面发挥着重要作用。不同于此前现实主义提出的霸权稳定论，国际机制的稳定需要领导的多元化，多个国家共同发挥领导作用，这一领导并非意味着特殊收益，而是需要首先作出妥协，承担责任，例如工业化国家对第三世界作出实质性的让步。

（2）理论发展。在提出复合相互依赖理论之后，随着时代发展和新的特征出现，基欧汉与奈等学者也吸收学术界最新的研究成果，进一步扩展了理论内涵和解释效力。

20 世纪 90 年代，互联网开始普及，以信息技术革命为中心的高新技术迅猛发展，为经济全球化奠定了物质技术基础，推动了全球生产力大发展，并逐渐改变人们的生活方式，使世界经济越来越融为整体。20 世纪末期，基欧汉和奈再次合作，对信息革命、全球化等问题进行剖析，并与相互依赖理论进行整合，扩展了理论的适用性。对于信息革命，两位学者认为信息革命的最大特征在于信息传递成本的剧降，这极大增加了各国社会之间的联系渠道，使得国家之间的相处更接近于复合相互依赖模式。但信息革命并没有分散或平衡各国的力量，反而加强了脆弱性较小一方的权力。关于全球化，基欧汉和奈认为全球化进程的主要特点包括增强网络密度（density of network）、加快制度转化率（institutional velocity）和提升跨国活动参与度。这一进程进一步加深了国家间的依赖程度，丰富了社会间联系的渠道，进而增加了国家间复合相互依赖的程度，也和更多国家的实际状况相契合（Keohane & Nye，2000）。

21 世纪以来，国际经济联系越发复杂，基欧汉和奈进一步丰富了相互依赖的内涵，并更多关注了中国等发展中国家的对外依赖状况。在经济全球化趋势下，基欧汉和奈对敏感性与脆弱性的外延进行了扩充，将国际金融中的货币联系纳入了经济敏感性，将应对货币冲击时的政策成本纳入脆弱性的范畴（Keohane & Nye，2000）。2008 年全球金融危机爆发后，奈（2010）对中国与美国的经贸关系进行了评估，认为中美间通过国际贸易和国债达成了平衡的非对称相互依赖关系，且双方都具有较高的脆弱性依赖。奈（2020）进一步从八个维度分析了中美相互依赖关系，包括贸易、直接投资、技术、资本市场、货币市场、教育研发、军事、环境，认为中美之间在国家安全密切相关领域的脱钩将增加，但复杂的供应链难以转移，希望双方对相互依赖关系进行妥善管理。

（3）学者评价。从其他学者的评价来看，中外学者，特别是国际关系领域的学者，对于基欧汉和奈所提出的复合相互依赖理论都给予了充分肯定。一方面，复合相互依赖理论具有折中色彩，将现实主义和自由主义进行结合，一定程度上能弥补现实主义在解释军事工具地位下降等方面的不足，对国际现实有着合理性解释（Kubalkova et al.，1998；余万里，2003；楼项飞，2013；靳梦霞，2020）。另一方面，这一理论引入了国际机制，论述了其与相互依赖关系间的相互影响，提供了应对国际合作问题的解决思路，为新自由制度主义理论的发展奠定了基础（刘颖，2009；钟龙彪，2009）。该理论甚至被称为“国际政治经济学中理论上最精致完美、政治与经济结合得最好的理论”（樊勇明，2001）。

诚然，也有学者对该理论提出了批判和不足。首先，基欧汉和奈在书中自己也承认，根据非对称相互依赖模式无法准确预测各方的行动及结果。这也使得在相互依赖与和平合作的关系方面，学者之间长期争论，利用案例推导、实证检验等方法进行论证，但未能形成一致的结论（Polachek，1980；Rosecrance，1986；Oneal，1996；卢林，1990；于军，2003；邝艳湘，2007）。其次，相互依赖理论更多关注双边经贸关系及其影响，对于当前更加复杂的网络化产业链、价值链解释力不足。2019 年，亨利·法雷尔（Henry Farrell）和亚伯拉罕·纽曼（Abraham L. Newman）对于全球经济网络与国家权力进行了探究，发现美国在金融和互联网领域都处于全球中心节点上，具备信息优势并可以限制或排斥其他国家进入网络体系，从而换取其他国家在其他领域上的让步（即“咽喉点效应”），这对于当前以美国为代表的“节点”国家将依赖关系武器化的现象更具解释力。

综上所述，基欧汉和奈所提出的复合相互依赖理论自 20 世纪 70 年代诞生以来经过不断完善，充分吸收借鉴了信息时代、全球主义等不同时期的时代特征，丰富了理论内涵，对于国家间相互依赖及其对国际关系的影响具有深刻认知和较好的解释效力，受到了国内外学者的充分肯定和广泛使用，也为本书的研究提供了理论基础。

4. 经济依赖关系的测度。在相互依赖概念形成的早期，对其的讨论多以定性分析为主（Johansson，1982），而对经济依赖的度量问题成为了深化分析的关键，即运用哪些指标来衡量相互依赖关系中敏感性与脆弱性的大小。

20 世纪 70 年代至 90 年代，国际交往中商品和服务贸易占主导地位，因而大量对于经济相互依赖研究的文献将国际贸易及其在国内经济中的比例作为测度。理查德·罗斯克兰斯（Richard Rosecrance）等实证分析了消费品物价指数、工资价格指数以及制造业生产指数在各国间变动的相关程度，将其作为衡量敏感性依赖关系的指标；利用出口商品集中度来指代脆弱性依赖关系，认为当一国出口商品大量集中在少数类型产品时，对贸易禁运或高额关税等政策变动具有较大的脆弱性（Rosecrance，1977）。也有学者以双边贸易量和其在国内 GDP 的比值作为依赖程度的指标，并认为上述指标中足以包含相互依赖关系中的成本因素（Oneal et al.，1996）。这一研究方法此后被国内外大量学者采纳，并进行了一定的调整，例如以双边贸易额总量占比作为敏感性测度，双边贸易额 GDP 占比作为脆弱性测度等（安琪，2009；杜德斌等，2016；冯永琦和黄瀚庭，2017；Lee，2018；Witt et al.，2019）。

21 世纪以来，经济全球化的迅速发展使国与国之间的经济相互依赖现象更加普遍，国际贸易不再作为唯一主角，资本的跨国流动则开始起到重要的作用，相互依赖关系的测度也在不断丰富。如表 2－1 所示，在国别层面，学者们对于国际贸易的研究进行了补充，运用预期收益模型（gain theme）度量进口需求弹性，进而衡量经济敏感性及脆弱性（Gartzke，2001；Mansfield et al.，2001）。迈克尔·维特（Michael A. Witt）等在贸易占 GDP 比重的基础上补充 FDI 占 GDP 比重来共同刻画全球经济依赖程度的降低，但并未对敏感性和脆弱性进行明确区分。还有学者对脆弱性指标的刻画进行分类，采用出口行业集中度（top3 行业占比）、出口伙伴集中度（top3 目的地占比）、战略进口依存度（能源和粮食进口在国内消费占比）以及外部资金依存度（FDI 流量在 GDP 占比）进行综合测算（Ram et al.，2019）。具体到行业层面，在能源领域，赵等（Zhao et al.，2019）构建了保证度（guarantee

degree，即一国在中国能源进口占比）、依赖度（dependence degree，即中国在一国能源出口占比）和相互依赖度（mutual dependence degree，即依赖度/保证度）等指标，进而刻画中国与"一带一路"合作伙伴的能源依存关系。[①] 在粮食领域，段等（Duan et al.，2021）用两国贸易占总贸易额比例刻画国家间依赖脆弱性；用单位时间内两国贸易增量占总贸易额增量的比例刻画国家间依赖敏感性，探究了中国粮食贸易的依赖性。崔晓敏等（2022）结合贸易网络分析方法，采用出口中心度变异指数和进口市场集中度指数刻画不同贸易产品的脆弱性依赖，并单独分析了高科技中间产品的供应链脆弱性，对于双边关系的刻画维度更加丰富。

表 2－1　依赖关系中敏感性和脆弱性的测算

层面	脆弱性	敏感性
国别层面	外贸集中度（Rosecrance，1977；熊亮，2020） 外贸依存度（廖涵，2021） 投资依存度（Witt et al.，2019）	价格相关系数（Rosecrance，1977） 贸易增量占比（段等，2021） FDI 增量占比（梁等，2019）
行业层面	出口中心度变异指数 进口市场集中度（崔晓敏等，2022）	需求价格弹性（Mansfield et al.，2001） 双边贸易额（Oneal，1996） FDI 存量（Drazich et al.，2021）

在依赖关系程度的划分和判定上，中外学者由于测度标准不同，并未得出统一结论。如表 2－2 所示，在外贸依赖关系方面，冯永琦和黄瀚庭（2017）利用两国贸易占出口国总贸易额的比例刻画市场依赖程度，以 10% 为限划分了市场依赖度的高低。熊亮（2020）计算了中美经贸摩擦期间双边贸易占本国全部贸易的比例，用 10%、70% 区分了商品依赖程度的高低，认为若贸易占比大于 70% 则难以寻求替代。杜德斌等（2016）通过贸易在总贸易额和 GDP 中占比之差来刻画依赖关系，并用 1%、5% 区分了依赖程度的对称性高低。在引入投资依赖关系后，梁等（Liang et al.，2019）纳入了

① 娜塔莉亚·埃萨科娃（Nataliya Esakova，2012）针对能源安全与敏感性和脆弱性之间的关系进行了论述："短期政策针对紧急情况，更有可能用于提高敏感性相互依存关系；长期政策更侧重于能源供应的多样化和长期投资（例如能源效率、可再生能源等）的战略，因此更有可能有助于降低消费国的脆弱性"。

国际投资依赖性，将依赖程度区间划分为 0～5%（低）、5%～10%（中）、10%～50%（高）和 50%以上（极高）。亦有学者利用出口集中度、进口依存度、外资依存度等测算脆弱性指标后，利用通用脆弱性评分系统（CVSS①）对指标进行划分：0～0.4 低脆弱性、0.4～0.7 中脆弱性、0.7 以上为高脆弱性（Ram et al.，2019）。段等（2021）在测算中国粮食贸易的依赖性时选择了贸易份额之比而非差值，根据数据分布用 0～1（低）、1～5（中）和 5 以上（高）划分了敏感性；并用 0～0.7（低）、0.7～1.6（中）和 1.6 以上（高）划分了脆弱性。

表 2－2　依赖关系中敏感性和脆弱性的判断标准

指标	判断标准	文献来源
贸易集中度	>10%，存在依赖关系； >70%，难以寻求替代	熊亮（2020）
OFDI 存量占本国 IFDI 比例	0～5%（低）、5%～10%（中）、10%～50%（高）、50%以上（极高）	梁等（2019）
贸易增量占比；贸易集中度	敏感性：0～1（低）、1～5（中）、5 以上（高） 脆弱性：0～0.7（低）、0.7～1.6（中）、1.6 以上（高）	段等（2021）
贸易集中度；外资依存度	0～0.4 低脆弱性、0.4～0.7 中脆弱性、0.7 以上为高脆弱性	Ram et al.（2019）

综上所述，在经济相互依赖的测度上，现有文献对于依赖关系的敏感性、脆弱性和不对称性等特征形成了丰富的度量方法，研究主体以国际贸易为主，兼顾国际投资，并呈现出由总体到行业/品类细致分析的趋势。其中在国别层面广泛采用贸易集中度和贸易占 GDP 比例刻画脆弱性依赖；采用价格相关系数、贸易增量占比测算敏感性依赖。在行业/品类层面主要采用具体行业的贸易集中度刻画脆弱性依赖；采用需求价格弹性等刻画敏感性依赖。其中脆弱性往往是学者更为重视和关注的维度，这也和复合相互依赖理论中权力的来源相吻合。但受限于数据可获得性等原因，对于国际直接投资

① CVSS 是一个由事件响应和安全团队论坛（FIRST）维护的开放评价框架，该论坛是一家总部位于美国的非营利组织，在全球拥有 500 多个成员组织。

领域的测定和讨论相对较少，不同测算指标对于依赖关系的判定标准差异较大。

5. 经济依赖关系对国家间经济合作的影响。在有关经济依赖关系的讨论之中，学者们最关注的话题是“国与国的经济依赖关系”究竟有助于彼此间和平和合作，还是会导致更多的冲突乃至引发战争。其中，对于国家间经济依赖关系对经贸合作方面的影响，学者们存在两派观点。

（1）正面观点：经济相互依赖促进经济合作。有大量中外学者认为经济相互依赖关系对于国家间的经济合作发挥了正面促进作用。巴尔塔吉等（Baltagi et al.，2008）分析了欧洲地区的贸易依赖和直接投资间的联系，发现随着区域贸易协定（RTA）签订，欧洲国家间经贸依赖程度增加，为了更好地提供贸易服务和跨国协作，欧洲国家间开展了更多外商直接投资，有利于双边经济合作。卡梅莉亚等（Camelia et al.，2015）将研究范围扩大到全球，对2010～2014年的国际贸易发展趋势进行了分析，发现各国间相互依存关系更加紧密，这有助于进一步营造良好的营商环境。聚焦到中国，托雷斯等（Torres et al.，2018）对中国与巴西的双边贸易和资源开采等领域的投资进行研究，认为双方互相存在依赖关系，双边伙伴关系不断加强，中巴双方都能从中受益。卡宁德拉等（Khanindra et al.，2022）对疫情后中国与南亚国家间经济依存度进行评估，发现尽管存在地缘政治考量，但南亚国家与中国经贸依赖程度不断提升，双边贸易投资也在疫情后迅速恢复，南亚国家希望鼓励自由公平竞争，而非过分关注地缘政治问题，以便取得可持续的经济收益。

国内也有大量学者对于经济依赖关系持肯定态度。侯文霞和庞伟杰（2008）分析了21世纪以来中国和东盟之间的不对称经济相互依赖，认为随着依赖程度的加深，跨国公司和组织作用日益明显，进一步促进了双方的合作。保建云（2010）实证研究了1970～2008年中国与欧洲在贸易对经济增长方面的贡献，进而说明经贸依赖有助于双边经济增长，双边贸易成为国际区域经济合作的推动力量。近年来也有国内学者将目光转向中国以外。牛恒磊和张亚军（2017）分析了金砖国家间的经济相互依赖关系及其合作基础和机制，认为同为新兴经济体的四国比较优势具有互补性，并建立了金砖国家开发银行共同应对发展挑战。华佳丽和庞中鹏（2022）基于复合相互依赖理论对日本和沙特多年来以能源外交为主线的合作关系进行了分析，发现日本对于沙特更加依赖，也着重加强了双方在皇室、政界、产业合作和人文等多渠道的合作交往。

（2）反面观点：经济相互依赖引起经贸冲突。另一派学者则持相反观点，认为经济相互依赖关系是经贸冲突的诱因。国际经济冲突的主要表现形式为贸易摩擦和经济制裁。在经贸摩擦研究方面，加茨克和韦斯特温特（Gartzke & Westerwinter，2016）实证分析了20世纪50年代至90年代国家间贸易依赖度与冲突的关系，发现相互依赖增加了国家间经济摩擦，但也阻止了冲突向烈度更大的军事化演变。李弥灿（Lee，2018）对美中与美日双边贸易摩擦的案例进行比较，发现双边经济相互依存度加剧了两国各自案例中冲突的频率，并指出这种频率的增加主要是由于美国对未来贸易环境的负面预期。金阳熙（Kim，2021）从政治经济学角度对于日本对韩国的出口限制及韩国对日本的“脱钩”现象进行了研究，发现日韩在半导体领域存在相互依赖情况，且日本处于依赖优势地位，当日本对韩国有关强征劳工问题进行裁决不满时，其主动发起了对韩国的出口限制；这也导致韩国半导体企业加快供应渠道多样化和本地化进程，与日本进行“脱钩”以减少不确定性。

随着中美两国经济相互依赖的程度不断加深，中美日趋频繁的贸易摩擦也成为了研究热点。邝艳湘（2010）构建了多阶段动态博弈模型，推理得出随着中美经济相互依赖的加深，两国间发生低级别贸易摩擦事件的概率增加，但低级别贸易摩擦升级为经贸摩擦的概率下降。李孝天（2019）从经济相互依赖视角探讨了由于美国一方的脆弱性依赖较小，因而更愿意发起对中国的贸易冲突，并同其盟友联合推行贸易保护政策，但冲突烈度整体仍处于可控范围。李文琪和夏敏（2021）基于贸易、投资、经济自由化等因素综合测算，发现2010～2017年中美相互依赖程度上升，且中美之间产业竞争愈发激烈；为确保世界领导地位，美国加强了对中国的遏制，以减少对中国生产线的依赖。

比经贸摩擦更为严重的经济冲突表现为经济制裁，这一研究在俄乌问题上尤为集中。2014 年乌克兰危机之后，欧美等国不顾与俄罗斯的经贸依赖关系纷纷采取了经济制裁措施，2022 年俄乌冲突后这一局势更加明显。洛雷达娜和加布里埃拉（Loredana & Gabriela，2017）评估了 2007 ~ 2014 年俄罗斯和欧盟间的经济依赖关系，发现俄罗斯对于欧洲在双边贸易、能源出口和吸引外资方面存在依赖，而欧洲也对于俄罗斯存在明显的能源进口依赖，但双向依赖关系对于欧洲对俄实施的经济制裁并无显著缓冲作用。席尔瓦和塞尔登（Silva & Selden，2020）实证分析了 2013 ~ 2014 年欧盟国家对俄罗斯的经济制裁，甚至发现对俄经济依存度与制裁程度存在正相关关系。

综上所述，虽然国内外对于经贸相互依赖究竟是否有利于国家间和平与合作的文献众多，但是学者们始终观点不一，缺乏相对一致的分析范式。

6. 中国对外经济依赖关系的研究。国内学术界对于国家间经济相互依赖关系的研究起始于 20 世纪 90 年代后期（苏长和，1998），早期以介绍和引进符合相互依赖理论为主（卢林，1990；常欣欣，2001；门洪华，2004）。近年来基于复合相互依赖理论涌现了大量研究文献，研究对象包括中美关系（项卫星等，2012；邝艳湘，2010）、中日关系（王毛平，2010；刘军红，2014）、中韩关系（王箫轲，2013）、中国—东盟关系（张彦，2015）等，也出现了从全球维度研究中国崛起进程中的经济权力空间格局的变化（杜德斌，2016）。其中，中美之间相互依赖一直是关注的重点。此外，近年来随着中拉经贸关系的加深，中外学者对中拉经贸发展和依赖关系也给予了高度关注。

（1）中国—美国相互依赖关系的研究。自从中国加入世界贸易组织（WTO），即全面融入全球市场经济体系后，伴随中美经济相互依赖关系的迅速发展，相关研究成果不断涌现。中外学者长期关注中美依赖关系中的不对称性问题，并基于此解释中美频繁产生经贸摩擦的原因。宋国友（2007）从中美两国间双边贸易总额及结构、投资关系以及国债购买等方面对两国依赖关系进行了分析，认为美国占据相对优势地位，拥有了不对称权力。许馨予（2008）在此基础上对中海油优尼科并购案的失败进行解读，认为这正是不对称依赖带来的权力应用的具体表现。邝艳湘（2010）构造了多阶段博弈模型进一步解释了经贸依赖关系对于中美间贸易摩擦的内在机理，认为随着中美经济相互依赖的加深，两国间发生低级别的贸易摩擦事件的概率增加，但升级为经贸摩擦的概率下降了。杨贵中和陈孝胜（2015）以世界投入产出表为基础，考察了1995～2011年中美间总体及农业、制造业、服务业的进出口依存度，从产业层面对双边依赖关系进行分析，同样认为中国对美国依赖更强，更大程度会受到贸易制裁的影响。潘长春等（2019）建立多元时变模型（DVAR）研究了中美贸易依赖程度和贸易摩擦间的影响，发现贸易摩擦随着依赖程度的加深而增加，并抑制依赖程度的提高；同时中美贸易摩擦会通过贸易依赖程度间接影响本国的经济增长。但熊亮（2020）依据复合相互依赖理论对中美关系进行分析，认为中美处于复合相互依赖关系之下，即社会联系渠道丰富、国家间议题无明确等级、中美军事力量起次要作用；在双边贸易问题上存在不对称相互依赖关系，中国的敏感性和脆弱性小于美国，因而经贸摩擦问题上具有一定的“权力优势”。

（2）中国—拉美相互依赖关系的研究。除了中美关系之外，2010年以来随着中拉经贸关系加深，中外学者对其发展都给予了高度关注，但是他们的关注焦点和得出的结论各不相同。中国学者对于中拉经贸合作的发展大都给予了比较积极和正面的评价，而外国学者则褒贬不一。中国学者中，楼项飞（2013）对2009～2011年的中拉经贸领域合作份额进行分析，认为中拉间经济相互依赖不断深化，且官方、民间联系渠道不断拓展，与复合相互依赖模式相契合，经贸依赖关系推动中拉经济合作稳步发展。杨志敏（2009）、李淑娟（2012）、董国辉（2013）、苏振兴（2014）等也从不同角度对中拉经贸合作的当前格局、发展前景以及政策选择进行了分析，大都认同合作与发展仍将是中拉经贸合作的主旋律。

外国学者主要以中国经济的快速发展和国际影响力的不断扩大为背景，分析中国对拉美国家的经济发展是机遇还是威胁或挑战。中国为拉美国家发展提供的机遇包括中国经济的快速稳定发展为拉美经济的发展带来了机遇（Kuwayama & Rosales，2007）；中拉贸易结构的互补性大于竞争性（Javier，2009）；中国巨额的外汇储备和对外直接投资为拉美国家融资渠道和外资多元化提供了空间（ECLAC，2011）。而中国对拉美经济发展的“威胁”主要体现在中国大量的廉价商品同拉美部分国家外贸出口形成竞争关系从而使相关部门受损（Jenkins，2017）；中国与拉美相互依赖模式具有“中心—外围”的特征，不利于拉美国家产业升级（Gallagher，2016）。

（二）对经济依赖理论的评述

相互依赖理论自20世纪70年代提出至今，国际关系、国际经济领域的诸多学者在相应的研究领域已经取得了丰硕的成果。

第一，国家间相互依赖关系是国际关系学和经济学的重要研究话题，在相关学科领域形成了较为丰富的理论和经验的研究，并随着时代发展对理论进行丰富和扩展。其中，基欧汉和奈在《权力与相互依赖》一书中提出的“复合相互依赖理论”影响重大。这一理论不仅从敏感性和脆弱性两个维度对依赖关系进行了刻画，同时深刻指出了依赖关系的不对称性会形成“权力”进而作用于国际关系，搭建了经贸领域与政治外交间的作用机制。具体而言，当依赖关系存在高度不对称性，即一国单方面对另一国存在依赖时，对方国就实际上掌握了“权力”，可能利用这种依赖关系来解决双方在相关问题上的分歧。而如果双方对彼此均有依赖时，国际关系会相对“平衡”，有助于降低冲突的可能性和烈度。此外，随着依赖关系日益紧密和复杂，部分国家间联系渠道多元化、国际议题等级趋于弱化、军事工具作用日益次要，呈现出“复合型依赖关系”，这使得国际关系更加稳定，也是最为理想的国际关系结构，这一理论在第二次世界大战后很长一段时间与时代特征相互契合。面对新时期的跨境资本流动、信息技术发展和中美经贸摩擦等国际局势，这一理论将货币联系、直接投资也纳入了依赖关系的分析范畴，说明了信息革命和全球化加深了国家间的依赖程度并丰富了社会间联系渠道，提升了复合相互依赖理论的重要性。

第二，从理论的具体应用来看，中外学者基于这一理论构建了丰富的测度指标，并对于我国同特定国家、特定产业的依赖关系形成了一些探索性的研究成果。在依赖关系的测度上不断汲取最新学术成果，从脆弱性依赖和敏感性依赖出发构建指标，研究主体以国际贸易为主，兼顾国际投资，并呈现出由总体到行业/品类细致分析的趋势；同时关注依赖关系的不对称性，并根据所选指标提供了依赖程度高低的划分标准。研究区域上包括我国与美国、东盟、“一带一路”合作伙伴以及拉美地区在对外贸易、对外投资方面的依赖关系；产业分布上包括对农业、矿业等资源性行业，机械制造业、信息技术行业等产业链全球分布广泛的行业都有针对性研究，这些研究资料为本书的研究工作提供了重要应用指导和参考。

第三，学者们对国家相互依赖关系及其对国际经济合作的影响在不同时期进行了探索，从积极和消极角度均提供了理论解释和经验证据。从积极层面看，国家间依赖关系有助于提升冲突的机会成本，推动双边经济增长，并且凸显跨国公司和组织在其中的作用，进而促进国家间开展经济合作。从消极层面看，国家间依赖关系难以消除国家间的竞争与不信任，经济交往和国家安全并不属于同一层级，后者受到潜在威胁时国家仍然会对经贸联系进行限制；这一进程中，依赖关系自身的不对称性和关系双方的制度差异造成的负向作用尤为明显。

尽管上述文献取得了丰硕的成果，但仍然存在一些缺憾和值得进一步探索的空间：首先，从理论本身而言，对于依赖关系对国家间合作或冲突的影响上预测力不足，对当前国际局势解释力也有所降低。正如基欧汉和奈所述，复合相互依赖模式是一种理想状态，现实状态的复杂多变使得双方无法准确预测各方的行动及结果，对于二者的关系长期以来都是学界的研究热点，但至今未有定论。复合相互依赖理论提出之时主要用于分析美—日、美—加等发达国家之间的彼此联系，由于这些国家的国家制度、意识形态等国内条件相对接近，也较早签订了自贸协定并彼此结盟，因而这一理论在“冷战”之后，特别是21世纪前10年具有良好的解释力。然而当前各国经贸关系联系相较于21世纪之初更加紧密，但国际局势却并未向积极方向迈进，国际经贸摩擦乃至地区冲突频现，使得自由主义学者所提出的理论前提频频受到挑战。尽管国家间存在多元化联系渠道，但当感到本国经济利益分配不公、国际地位产生变动、国家经济实力面临挑战时，一国可以舍弃部分经济利益而控制乃至降低依赖关系，将经济问题政治化，“经济压舱石”作用难以发挥，经济相互依赖反而成为国家博弈的武器，这一状态在中美经贸摩擦之后的国际局势上尤为明显，难以用复合相互依赖理论进行解释。

其次，从研究的方法上看，不同学者对于脆弱性、敏感性等重要概念测度不同，对于“是否存在依赖”表述含糊，也间接导致了对依赖关系及其作用的研究分歧。在国际化初期，国家间经济往来以贸易为主，且交易品种相对有限且集中，学者对于依赖关系的测定也多采用双边总贸易额及其在 GDP 所占比例进行总体衡量，这一时期经贸往来的增加与国际冲突的减弱使得“贸易和平论”受到大量学者支持。但随着经济活动在形式和内涵方面不断丰富，国际贸易逐渐深化，国际投资日益兴起，而学者们广泛采用的单纯依靠贸易份额衡量依赖关系对于理论的应用并不完整，需要进一步结合贸易网络从国家和行业层面更加细致地区分和衡量敏感性及脆弱性依赖关系。

最后，从研究的对象上看，对于国家间相互依赖关系的研究仍以发达国家间（如美—日、美—欧等）和发达国家与发展中国家间（如美—中、欧—俄）为主，对发展中国家间（如中—拉）的研究较少。基欧汉和奈对于美加、美欧和美澳的研究相对深入，近年来虽也有对中美关系的讨论但论证方法和深度较此前有所不足。对于中国对外依赖关系，现有研究往往从单一行业、单一国家或区域国家进行讨论，缺乏对中国整体和主要行业依赖现状的系统性分析；同时，虽然中拉经贸往来日益重要，但国内外学者仅在个别行业有所提及，尚未在总体上对中拉依赖关系提供充分的研究和论述。此外，美国作为同样与拉美联系密切的国家，在当前的中美关系局势下，其对于中拉乃至中国对外整体依赖关系的影响也值得进一步挖掘。

如上所述，我们对于复合相互依赖理论及其发展较为认可，但从中国对外依赖及与拉美国家合作实践的角度考虑，这一理论及当前的应用仍然存在一定缺陷，需要结合当前国际形势，运用实证及案例研究方法，补充这一理论的不足之处。

（三）对经济依赖理论的进一步分析

结合本书的研究目的，我们针对“经济依赖关系对国家间经贸合作的影响”的已有文献，做了进一步的分析，试图探讨影响“经济依赖关系对国家间经贸合作的影响”的深层因素。

1. 双边政治关系和国际大环境两大重要因素。经过对已有文献研究所处时期及其历史背景的梳理，我们发现有两个重要因素深刻地影响着双边依赖关系对国际经贸合作的作用，即“双边政治关系”与“国际大环境”。

（1）双边政治关系地位高于经济依赖关系。1979 年，肯尼思·华尔兹（Kenneth Waltz）出版了《国际政治理论》一书，指出各国面对共同获益的可能时更关心分配情况，倾向于加强独立并减少相互依赖，政治关系相较经济关系属于更高议程。根据此前分析，我们赞同肯尼思·华尔兹等学者对政治关系与经济关系地位差异的看法，即二者并非平等，存在着高低议程之分。在现实中，不同政治体制和制度背景的国家间也不乏多方位、高水平的经济合作，背后更为重要的影响因素是国家间的政治互信。良好的政治互信有助于国家之间构建稳定的政治环境，为企业的跨国经营提供安全的发展环境，免于遭受动荡的政局和波动的经济形势的影响，减少了开展对外贸易和投资的不确定性，促进了双边经济合作的顺利开展（Morrow，1999；杜映昕等，2017；邝艳湘等，2017；李兵等，2022）。而当面临领土争端、干涉内政乃至军事冲突等负面的政治关系时，双方密切的经贸活动不可避免地会产生阻碍作用，而经贸这类“低政治”领域的议题并不能有效抵消安全、军事等“高政治”领域的矛盾（高程等，2022）。这与复合相互依赖的理想模式并不完全一致。近年来大国间的经贸摩擦乃至军事冲突就是最好的例证。

（2）国际大环境对“经济依赖关系对两国经济合作的影响”产生明显作用。各国之间的相互联系交织形成了国际整体的政治和经济格局，两国间经贸关系的调整不仅受到两国自身政治关系的影响，同时也不可忽视国际社会大环境中错综复杂的动因。对于经贸依赖关系对国际经济合作的影响，不同国际环境下表现并不一致。20 世纪末至 21 世纪前 10 年，“冷战”结束后经济全球化发展迅速，国内外学者的观点相对统一，认为经贸依赖有助于促进和平、降低冲突烈度，并且是推动区域经济合作的重要力量。这一时期即使仍然存在政治分歧和政体差异，国际交往中和平与合作仍然是主旋律，

"以经稳政"乃至"以经促政"效用明显。

但这一时代特征在2008年金融危机之后特别是2016年以来发生了明显转变。金融危机后美欧等发达国家经济增长乏力，国内收入差距扩大，导致"逆全球化"思潮兴起，贸易保护主义之下国际经贸摩擦频现，美国与中国、欧盟乃至加拿大和墨西哥之间多次相互施加关税措施，大国地缘政治利益矛盾加剧。这一情境下，经济依赖关系反而成为了"冲突之源"，贸易冲突、经济制裁的影响不仅阻碍了冲突双方的经济合作，也对全球经贸网络中的第三国造成了不利影响。

因此，在研究经济依赖关系时，我们不仅应该对国家间本身具有的政治关系进行区分，同样不应回避或者混淆不同时期的整体国际环境，才能更好地在当前把握我国与不同国家间开展国际交往的合理途径和战略。

2. 经济依赖关系对国际经济合作的"四象限"分析范式。根据不同时期的国际环境和国家间的政治关系变化，我们对前述有关经济依赖关系对国际经济合作影响的相关文献进行了进一步梳理，进而划分出四个关系象限（见图2－3）。在不同象限中，由于国际环境和双边政治关系的前提条件不同，国家间依赖关系发挥的作用会有差异，这在很大程度上解释了为何此前文献中结论不统一的状况，也更有利于把握依赖关系的经济影响。

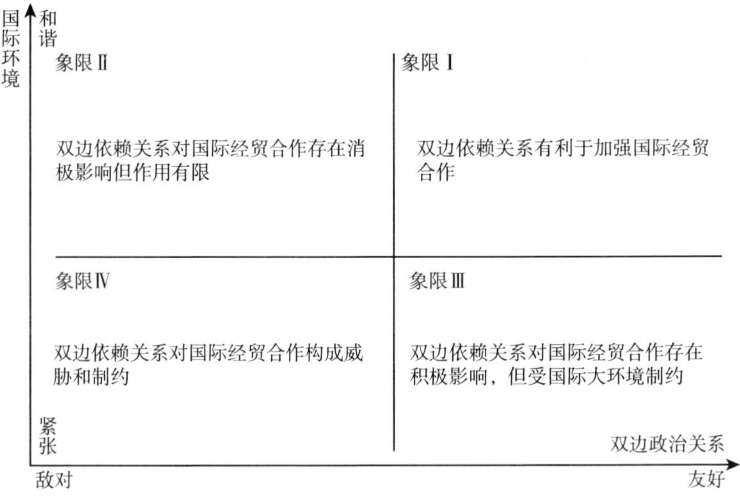

图2－3　两大因素支持的"四象限"分析范式

（1）象限Ⅰ：背景条件为双边政治关系友好，且国际环境和谐。我们关注象限Ⅰ（图2－3的右上角部分），这一象限具有国际环境和谐、两国双边政治关系友好的基本特征，这构成了探讨这一象限中两国经济依赖关系对两国间经济合作的影响关系的主要背景。我们认为，在上述背景下，两国的经济依赖关系对于两国的经济合作关系必然起到积极的推动作用，即两国经济的相互依赖程度越高，就越会进一步促进两国的经济合作关系的发展（Baltag，2008；Camelia et al.，2015；侯文霞等，2008；保健云，2010；牛恒磊等，2017）。如前所述，21世纪前10年处于全球化和谐阶段，这一时期中国与东盟的经贸发展历程就是这一结论最好的例证。一方面，中国与东盟各国在20世纪90年代前就已建交，双方并无重大价值观分歧，双边政治关系友好；另一方面，双方也具有共同的发展诉求，在产业链上合作空间较大。因此，在这一时期，双边经贸依赖关系持续走强，2009年中国已经成为了马来西亚、越南的第一大贸易伙伴和泰国、缅甸的第二大贸易伙伴；同时中国与东盟地区签订了一系列自贸协定，① 双方优势互补、产业链深度融合，近年来更是通过RCEP更加紧密地连接在一起。②

（2）象限Ⅳ：背景条件为双边政治关系敌对，且国际环境紧张。在象限Ⅳ中（图2－3左下角部分），这一象限的特征与象限Ⅰ截然相反，在紧张的国际环境中，两国之间的政治关系还存在冲突乃至敌对状态。在这种情况下，我们认为，经贸依赖关系反而成为了国际经济合作的“冲突之源”。即相互依赖关系已然变成了“武器”，两国之间经济依赖度越高，依赖程度较低的一方可以利用这一依赖关系对依赖程度较高的一方挑起贸易摩擦乃至进行经济制裁，进而破坏国际经贸合作的发展趋势（王悠然，2019；刘林青等，2019；Silva & Selden，2020）。

（3）象限Ⅱ：背景条件为双边政治关系敌对，但国际环境和谐。我们回

---

① 2002年11月4日，《中国—东盟全面经济合作框架协议》正式签署，2004年11月、2007年1月和2009年8月，我国与东盟先后签署自贸区货物贸易协定、服务贸易协定和投资协定。2010年1月1日，中国—东盟自贸区全面建成。

② 2012年，东盟发起《区域全面经济伙伴关系协定》（Regional Comprehensive Economic Partnership，RCEP）；2020年11月15日，东盟10国和中国、日本、韩国、澳大利亚、新西兰共15个亚太国家正式签署该协定。

到国际环境和谐的大背景，关注象限Ⅱ（图2－3的左上角部分）。这一象限具有两国双边政治关系仍然处于敌对状态，但国际环境由紧张变为和谐的特征。我们认为，在上述背景下，两国经济依赖关系对于两国经济合作虽存在消极影响，但影响程度有限。尽管全球大环境有利于增进互信、加强合作，但受限于长期双边政治冲突，双边国际合作增长乏力（王毛平，2009；Gartzke & Westerwinter，2016；邝艳湘等，2017）。在苏联解体后，美国和俄罗斯之间曾有过短暂的“蜜月期”。“9・11”事件后，美国对俄政策曾有暂时调整，2002年双方签署了《美俄法律互助条约》，共同打击犯罪和恐怖主义，双边贸易也在2001～2006年持续提升。然而2007年美国在波兰建立了导弹防御系统计划，遭到了俄罗斯的强烈反对；次年俄罗斯发动了俄罗斯—格鲁吉亚战争，对美国主导的北约东扩予以强硬回击，美俄政治关系又一次走向恶化，经贸增速震荡放缓，2009年在金融危机背景下跌幅更是远超美国总体外贸降幅。但当时国际环境总体相对和谐，2010年之后美俄经贸往来有所恢复，直至2014年乌克兰危机爆发，彻底终结了美俄关系向好发展的进程，其后美俄两国合作空间全面收窄，再也难以弥合长期的战略分歧。

（4）象限Ⅲ：背景条件为双边政治关系友好，但国际环境紧张。我们关注象限Ⅲ（图2－3的右下角部分），这一象限相较于象限Ⅰ，仍然保持两国双边政治关系友好的基本特征，但国际环境处于紧张和大国对抗的局面。我们认为，当国际环境趋于紧张，大国对抗愈发明显的大背景下，即使两国双边政治关系友好，经贸依赖关系对国际合作的积极效应也会受到限制。即两国经济相互依赖关系越高，对于两国经济合作仍存在促进作用，但影响效果因国际大环境而折损（史沛然，2019；曹廷，2020；Urdinez et al.，2020）。这一结论与当前中国与拉美国家间经贸合作的现状相互契合。中国和美国均是拉美国家的重要经济合作伙伴，在2018年以来，美国对中国与拉美间的合作频频提出担忧、质疑乃至打压，甚至在美洲峰会等平台公开宣扬“中国威胁论”。尽管中拉长期保持良好的政治关系，特别是近十几年中拉经贸往来日益密切，但美方的言论也引起了拉美国内对于中拉贸易及投资的顾虑和警惕，对于中企在拉美的正常经营造成了一定的困扰。

（四）经济依赖理论对本书的启示

综合以上研究成果，我们对于本书的研究话题可以得到以下几点重要启示。

第一，两国的经济依赖关系并不能直接促成双边合作的不断发展。这一观点对于在全球化的氛围中快速发展了几十年的中国尤为重要。事实上，如前所述，在历史发展的长河中，两国间的经济关系相互依赖，也曾与部分国家多次产生摩擦乃至对峙，但 2008 年金融危机前罕见的全球化盛世，很容易给人们造成“世界已经进入了和平且共荣发展轨道”的美好印象。面对当前全球复杂的政治局面以及疫情后全球经济的低迷状态，我们在发展国际关系时必须保持清醒的头脑。

第二，影响两国的经济依赖关系与经贸合作关系的两大深层要素是两国间政治关系和全球大环境。其中，“两国的政治关系”是相对明确的关系。这一定程度上解释了在中美贸易摩擦之后，随着全球地缘政治局势恶化，我国经济发展与安全所面临的系统性挑战；而“全球大环境”则包含较多的因素，它提示我们，在考虑两国的经济依赖关系和经贸合作关系时，要放眼全球，要将全球的政治态势和经济形势考虑在内，而不能仅着眼于纯粹的两国关系。在当前的国际大环境下，美国推行制造业供应链“近岸外包”“友岸外包”，在 2022 年 6 月第九届美洲峰会上又启动“美洲经济繁荣伙伴关系”（APEP）倡议，以重新布局和巩固西半球经济交流合作，减少对中国制造业的依赖，这些动作都无疑增加了中国同拉美等发展中国家和地区合作的不稳定因素。

第三，即使如本书所阐述的，两国的经济依赖关系并不能直接促成双边合作的不断发展，但对于与我国友好的国家，我们仍然要积极把握机会，在充分理解和考虑这些国家在复杂的国际局势中的切身利益的同时，也要积极地通过促进双方经济的依赖关系，去努力推动双边的经贸合作与发展。以拉美地区为例，21 世纪以来双边经贸合作持续快速增加，成为中外友好关系的压舱石。2018 年之前，国际整体环境相对温和，中国与拉美国家的合作主要从“发展角度”考虑，双边经贸依赖关系不断提升有助于发挥各自比较优势，实现经济产业互补，增强政治互信，持续推进共赢发展。2017 年以来，中国提出的“一带一路”倡议吸引了许多拉美国家加入，“一带一路”成为中拉合作的“新平台、新抓手”,[①] 至今已有 22 个拉美国家与中国签署了“一带一路”合作备忘录，中拉贸易、投资关系进一步深化。由于中拉之间基本不存在地缘冲突等政治不利因素，在当前国际大环境相对恶化的状态下，我国更应在考虑依赖关系的条件下，着力推动和发展与拉美的经贸关系，进一步加强双边依赖，努力探讨与拉美平等互利、共赢发展的机会与策略，真正起到“以经稳政”甚至“以经促政”的积极作用。

二、研究设计与研究方法

（一）研究设计

正如第一章所述，当前中国面临着“百年未有之大变局”，“后疫情”时代里中美关系、俄乌冲突交织的国际局势对中国未来经济发展提出了新的现实挑战；同时，中国作为全球第二大经济体和第一大货物贸易国、第二大投资来源国和外资流入国，自身发展依然需要世界，也深刻影响着世界经济。诚然，我国适时提出了构建“双循环”新发展格局和“全球发展倡议”的中国方案，但在实践层面仍然面临美国等西方国家的重重阻碍乃至经济威胁与制裁。对于中国在全球化进程中与世界各地形成的经贸依赖关系，此前的经济依赖理论无法直接解释其对中国今后经济发展的影响，更难以回答我国应当如何同更多友好国家，特别是拉美地区具有强烈发展意愿的国家间开展国际合作与交流，进而找到共赢发展的正确道路。

因此，为了准确把握中国与世界各国之间的经贸依赖关系，深刻理解我国与拉美国家间经贸关系及其对双方经济安全与发展的影响，在明确拉美地

① 中国现代国际关系研究院拉美研究所课题组，曹廷．中拉“一带一路”合作：挑战与深化路径［J］．国际问题研究，2020（2）：79－92.

区发展诉求的基础上，探究中拉经贸共赢发展策略，本书将基于前文所述的分析范式和研究启示从以下两个方面开展研究。

1. 理解中国的外向性和对外经济依赖关系。第一步，从我国宏观经济的角度，整体把握中国经济整体的外向性表现。我们将主要抓住国际贸易和对外直接投资（FDI）的现状及变化趋势，与中国经济总量、国内贸易与投资相互联系，结合国际背景的变化，探究中国经济之于国际经济大环境的整体依赖程度。

第二步，从我国产业发展的角度，具体分析中国在不同行业、与全球不同国家和地区的对外依赖关系。我们梳理近十年来中国在对外贸易和投资领域的行业（品类）结构、地域分布等特征及其变化趋势并结合当前中外政治关系，研究中国主要在哪些领域同哪些国家和地区形成了何等的依赖关系，以及这一关系对中国产业平稳持续发展的影响。

2. 以中拉关系为例寻找合作共赢之路。第一，展现中国与拉美的经贸发展的基本状况与趋势。从国际贸易、国际投资和外交关系角度分析中拉经贸关系的总体发展现状和变动态势，明确当前中拉关系所处的国际大环境与双边政治经济条件。

第二，从中拉发展基础的角度，分析拉美国家的外向性和中拉经济依赖关系。先从中国角度出发，分析拉美地区在中国对外经贸关系中所处地位以及中国对拉的依赖关系；再从典型拉美国家角度，探究中国在其主要行业中所处的地位，同时对比中拉间依赖关系的对称性。考虑到中美关系的大背景及拉美与美国的密切关系，我们也对美拉经贸关系的依赖性进行了研究，并与中拉经贸依赖关系进行了比较分析。

第三，从拉美发展诉求的角度，全面梳理拉美区域及典型国家的经贸发展取向。通过分析巴西、智利、秘鲁、阿根廷、秘鲁等国家的整体外贸和投资环境，判断并理解拉美区域及其典型国家在重点行业和领域的发展取向，为后续探讨中拉发展提供合作基础。

第四，对当前中拉经贸发展状况进行综合评价与思考。结合中拉依赖关系与拉美发展取向，从整体层面和结构性层面进行评价，并对中拉及美拉经贸结构性发展现状进行比较。梳理拉美地区应重点关注的国家、产业及发展领域，并提出当前中拉合作面临的系统性挑战。最终，基于以上分析结果，对中拉经贸关系的进一步合作策略提出建议。

第五，从中拉合作发展策略的视角，具体提供中拉经贸的典型案例与合作启示。具体而言，在第八章和第九章，笔者基于此前的长期深耕中国企业投资拉美的研究基础，精选在巴西和智利的中国企业经营实例，从中提炼中国企业如何在开放中与东道国共赢，实现产业的可持续发展。

（二）研究方法

针对以上研究内容设计，本书综合运用了文献调研、实证分析、案例研究等方法进行了系统化的研究。

1. 文献调研法。本书第二章从复合相互依赖理论入手，广泛搜检中外文献，梳理经济依赖理论发展至今的核心概念、主要观点和当前仍在探讨的重要议题。在充分借鉴其中的主流研究思想的基础上，总结此前文献的研究缺憾，构建了经济依赖关系对国际经济合作的“四象限”分析范式，并结合相关实证工具在第三章至第五章测算并分析我国的经济外向性和对外依赖关系及其影响。此外，本书对拉美政府和智库的政策文件与报告进行了调研跟踪，在第六章最大程度上把握拉美地区和巴西、智利等典型国家在农业、能矿业、制造业等主要行业和绿色经济、数字经济、基础设施建设等重点领域的发展取向。

2. 实证分析法。本书第三章针对我国的经济外向性表现，计算了外贸依存度、投资依存度等主流指标，并与发达国家、主要大国进行比较，综合评价中国经济整体对外依赖程度。[①] 在经贸依赖关系方面，本书第四章和第五章利用贸易和投资的份额及集中度计算了我国对外经贸依赖的脆弱程度和敏感程度，结合依赖关系的不对称性，对中国与主要经济伙伴及拉美典型国家

---

① 本书主要数据来源包括 UNComtrade 数据库、CEPII 数据库、Wind 经济数据库、UNCTAD 数据库、EPS 数据库、Dussel 数据库、WDI 数据库、中国国家统计局、中国工业年鉴、ECLAC 等拉美智库报告、在拉企业访谈等。

间的经贸关系进行了实证分析,[①] 从中拉双向视角分析了拉美国家的外向性特征和中拉经贸依赖关系，并同美拉经贸依赖关系作了相互比较。

3. 案例研究法。本书第八章至第九章分别选择中智农业、中巴电力等中拉经贸关系中的典型合作案例，在把握国别经济特征和双边经贸外交关系的基础上，结合两国发展取向，通过收集公开数据、对企业主管开展访谈、线上线下调研等方式获取案例信息，依托现有理论基础开展案例分析，从微观层面剖析中拉依赖关系及其影响，归纳总结企业与政府间不同层次的合作举措，进而在实践层面为中国企业今后开展海外投资经营提供有益参考。

---

① 在数据覆盖范围上，由于2020～2022年数据（特别是双边数据）可获得性有限，且受疫情及俄乌冲突影响较大，所以相关分析主要采用2010～2019年数据，部分可得数据已更新至2020年。

第二部分

中国与世界：中国经济的外向性与对外依赖关系

第三章

中国经济整体外向性表现

中国经济在改革开放后经过40余年的发展，经济建设取得了举世瞩目的成绩，这和中国经济发展采取的外向性政策密切相关。本章将从中国自身实际出发，从经济总量、内外贸易与投资等角度分析中国经济整体的外向性表现，并与发达国家和经济大国进行比较，以探究中国经济对于国际经济大环境的整体依赖程度，为后续的研究提供了总体判断与参考。

一、经济外向性的定义及测算方法

（一）经济外向性的定义

经济外向性，又称经济外向度（economic openness），其最早由安格斯·麦迪森（Angus Maddison）在《1820—1992年世界经济监测》报告中提出，他构建了经济外向性指标Impex（进出口贸易额/GDP，即外贸依存度），用以衡量国民经济中非国内交易发生的程度（Maddison，1995）。后续随着国际经济活动的日益丰富，很多学者在国际贸易之外关于经济外向性又补充了许多测度指标，如资本开放度、金融开放度、生产依存度、贸易结构水平、投资结构水平、经济效益水平等（谢守红，2003；Gräbner，2019）。其中外贸依存度和投资依存度是经济外向性讨论最主要的两个维度（Eiji，2019）。

（二）测算方法

参考杨凤阁等（2002）、李明武（2011）、藤井英二（2019）等做法，本书拟采用贸易依存度和投资依存度作为中国经济外向性的测量指标。具体而言，将分别计算出口贸易占 GDP 的比重（即出口依存度）、进口贸易占 GDP 的比重（即进口依存度）、进出口贸易占 GDP 的比重（即外贸依存度）共同衡量中国贸易层面的外向性。类似地，将分别计算对外直接投资占 GDP 的比重（即 OFDI 依存度）、外商直接投资占 GDP 的比重（即 IFDI 依存度）、总投资额占 GDP 的比重（即投资依存度）以刻画中国投资层面的外向性。

此外，参考武剑（2002）和沈坤荣等（2003）等学者的观点，本书补充了对外贸易占国内贸易（即社会消费品零售总额）的比重和对外直接投资占国内投资（即固定资产投资总额）的比重，从狭义的贸易和投资角度测算中国的外向性。

二、中国经济整体外向性特征及发展趋势

我们将分析中国经济整体的外向性表现。具体来看，我们主要把握中国经济总量、国内贸易与投资、对外贸易与投资的现状及变化趋势，并探究中国经济对于国际经济大环境的整体依赖程度，进而为后续的研究提供大局判断与参考。

（一）总体表现

1. 国内经济。21 世纪以来，我国 GDP 迅速增长，2006 ~ 2012 年，各年增速达 10% ~ 12%。2012 年以来，我国经济迈入新常态，GDP 年均增

长率有所下降，2016～2018 年略有回升后趋于平缓，2020 年我国 GDP 总量超过 100 万亿元（约 15 万亿美元）。国内社会消费品零售总额和国内固定资产投资有类似趋势，2006～2015 年增长平稳，2016 年之后增速有所降低（见图 3－1）。

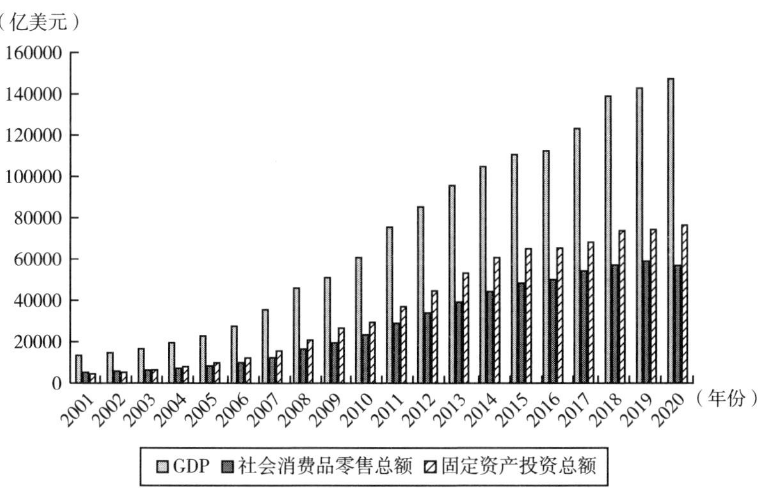

图 3－1　2001～2020 年中国 GDP、国内贸易及投资趋势

资料来源：国家统计局。

2. 国际贸易与投资。

（1）国际贸易。2001～2020 年，我国对外贸易整体呈上升趋势，贸易顺差逐年扩大。2008 年受全球金融危机影响，中国对外贸易出口及进口都出现下降，随着 2010 年外贸形势好转后增速大幅回升。2015 年由于全球经济低迷和大宗商品价格大幅下跌，中国对外贸易双向同降，直到 2017 年才止跌反弹。2020 年我国出口总额达 2.59 万亿美元，进口总额达 2.06 万亿美元（见图 3－2）。

（2）国际直接投资。2001～2019 年，我国对外直接投资（OFDI）流量在 2016 年前保持增长态势，2016 年后受到外汇管制、中美经贸摩擦等影响，连续 3 年回落；吸引外资（IFDI）流量总体平稳增长，仅在 2008 年受金融危机影响有小幅下降（见图 3－3）。双边直接投资存量近 20 年间不断增长，

2019 年我国对外直接投资存量为 2.10 万亿美元，吸引外资存量为 1.77 万亿美元（见图 3－4）。

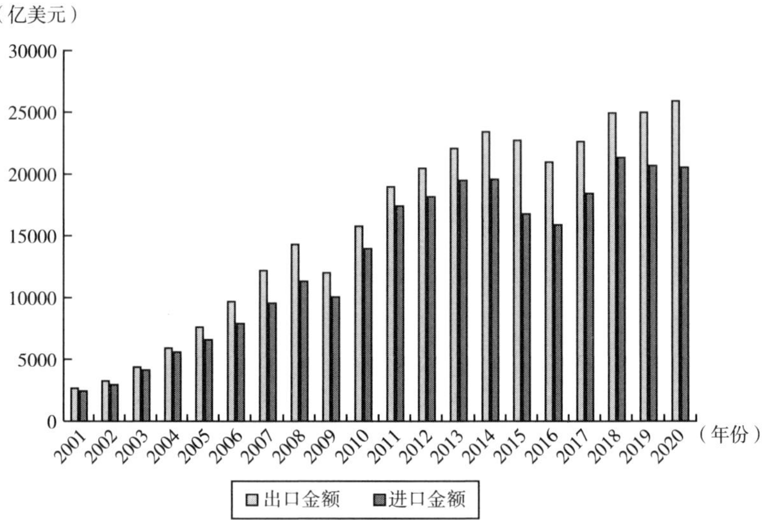

图 3－2　2001～2020 年中国对外贸易趋势

资料来源：世界银行。

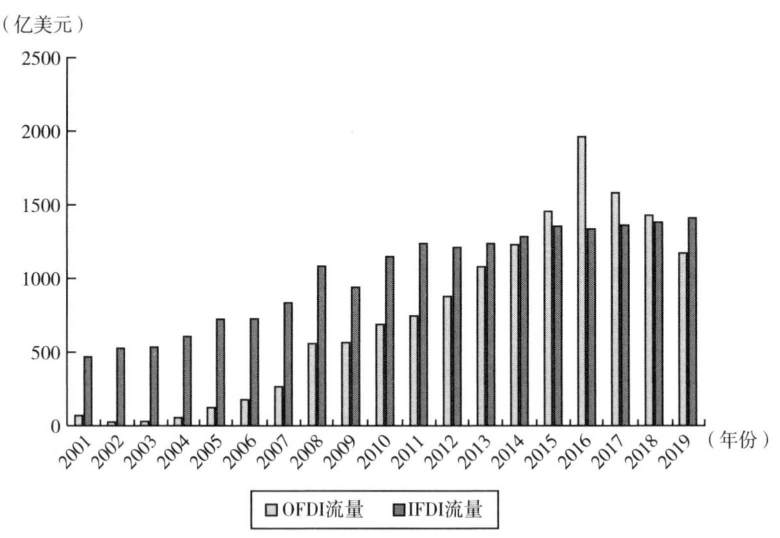

图 3－3　2001～2019 年中国对外投资与吸引外资流量趋势

资料来源：世界银行。

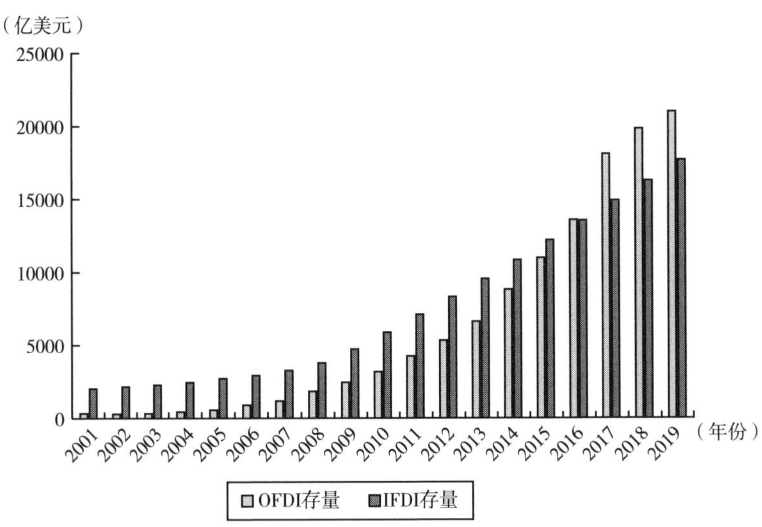

图 3－4　2001～2019 年中国对外投资与吸引外资存量趋势

资料来源：世界银行。

（二）外贸依存度

自 2001 年以来，中国外贸依存度的变化经历了先上升后逐渐下降的趋势。2001～2006 年是快速上升阶段。中国加入 WTO 以来，参与全球价值链程度不断加深，在出口导向型贸易政策的背景下，这一阶段中国整体对外贸易规模不断上升，外贸依存度也不断上升。进口、出口依存度均呈现上升的趋势。

2006 年至今，外贸依存度呈稳步下降的趋势，以 2006～2015 年下降趋势更为明显。受全球产业链重构、国内要素禀赋变化等因素影响，对外经济在中国经济结构中的地位不断下降。2006～2020 年，外贸依存度从 63.9%下降为 31.5%，其中出口依存度、进口依存度分别由 2006 年的 35.2% 和 28.7%下降至 17.6%和 14.0%（见图 3－5）。

与此同时，我国进出口总额占国内贸易（社会消费品零售总额）比例同样降幅很大，由 2006 年的 177.4%下降至 2020 年的 81.8%（见图 3－6）。

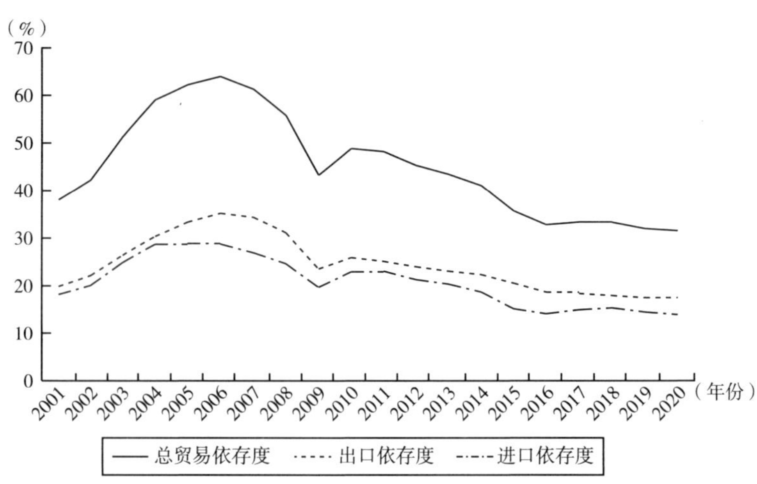

图 3-5　2001~2020 年中国对外贸易依存度趋势

资料来源：世界银行，国家统计局。

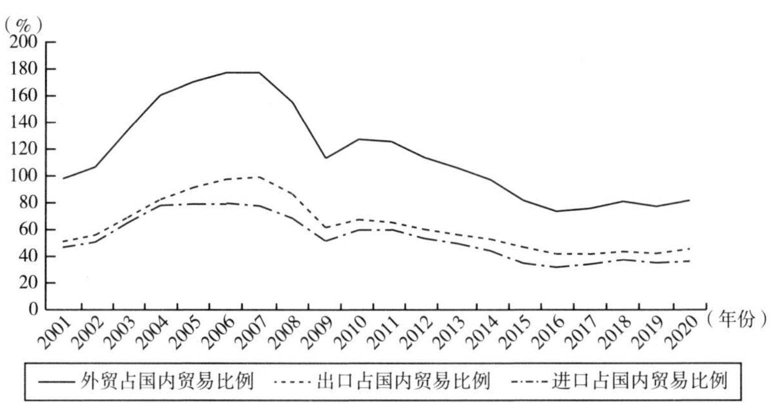

图 3-6　2001~2020 年中国进出口总额占国内贸易（社会消费品零售总额）趋势

资料来源：世界银行，国家统计局。

（三）投资依存度

与贸易依存度不同，我国投资依存度总体在 21 世纪初并没有显著提升期，而是保持下降态势，由 2001 年的 4.0% 下降至 2019 年的 1.8%，为近

20 年来最低水平。其中，IFDI 占 GDP 比例影响较大，由 2001 年的 3.5% 降至 2019 年的 0.9%；OFDI 占 GDP 比例在 2016 年前呈上升态势，但由于体量相较 IFDI 较小，对于总投资依存度变化影响不大；2017 年之后同样转为下降，2019 年这一比例为 0.8%（见图 3-7）。

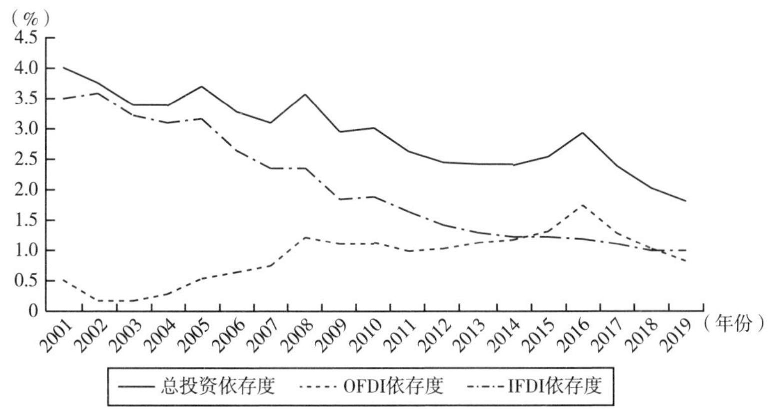

图 3-7　2001～2019 年中国对外投资依存度趋势

资料来源：世界银行。

我国 FDI 占国内投资（固定资产投资）比例与中国对外投资依存度类似，由 2001 年的 11.9% 下降至 2019 年的 3.5%（见图 3-8）。

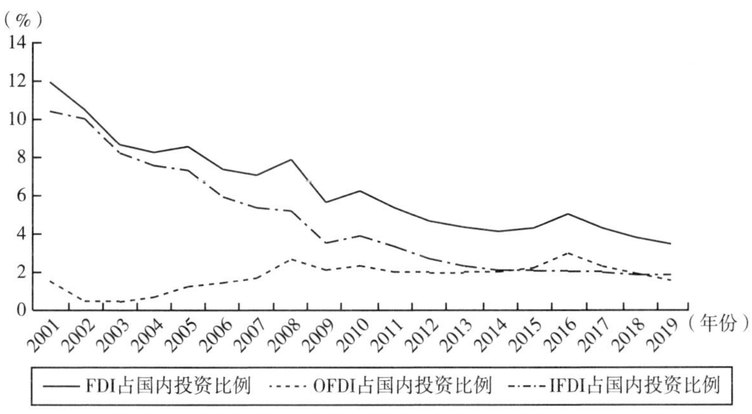

图 3-8　2001～2019 年中国 FDI 占国内投资（固定资产投资）比例趋势

资料来源：世界银行。

三、中国与典型国家经济外向性比较

国家经济外向性与一国的发展水平和经济体量密切相关。往往越是发达的国家对外开放程度越高，而经济体量越大的国家对外依存度相对较低。在这里，我们将中国的经济外向性与发达国家以及经济总量高的国家分别进行比较，以呈现出中国作为一个发展中经济大国在不同国家组中的位置。

（一）与发达国家比较：中国低于发达国家平均水平，但高于美国、日本

与发达国家对比来看，中国的经济外向性较低，体现在外贸依存度和投资依存度两个方面。从外贸依存度来看，如图 3－9 所示，2020 年，我国外贸依存度为 34.5%，低于全球发达国家平均值 56.7%，同样低于如瑞士、德国、韩国等在内的全球主要发达国家。首先，部分发达国家在特定品类上

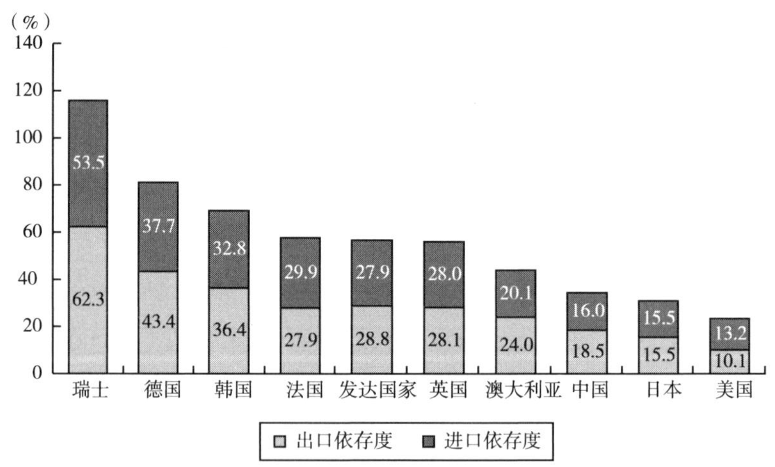

图 3－9　2020 年中国与主要发达经济体的外贸依存度

资料来源：世界银行。

的比较优势（技术、质量等），使其对外贸易在经济结构中占比更高。例如德国的出口依存度高达 43.4%，机械装备与汽车产品合计占总出口额的 36%。其次，瑞士、新加坡等发达国家国内市场规模狭小，更加需要依赖对外贸易，与之相比，中国的国内大市场能够产生足够需求。最后，值得注意的是，中国的外贸依存度高于美国和日本。作为全球第一和第三大经济体，美国和日本的外贸依存度分别为 23.3% 和 31.0%。

从投资依存度看，中国的经济外向性程度仍然不高（见图 3－10）。2019 年，中国的投资依存度比例为 2.0%，低于发达经济体平均值 3.3%。在主要发达经济体中，德国、日本、澳大利亚等国家投资依存度高，而英国、美国等国家投资依存度较低。中国的对外投资依存度和吸引外资依存度较为均衡，而德国、日本、韩国等国家的对外投资依存度高于吸引外资依存度，澳大利亚、英国和美国则恰好相反，体现出一定的不对称性。

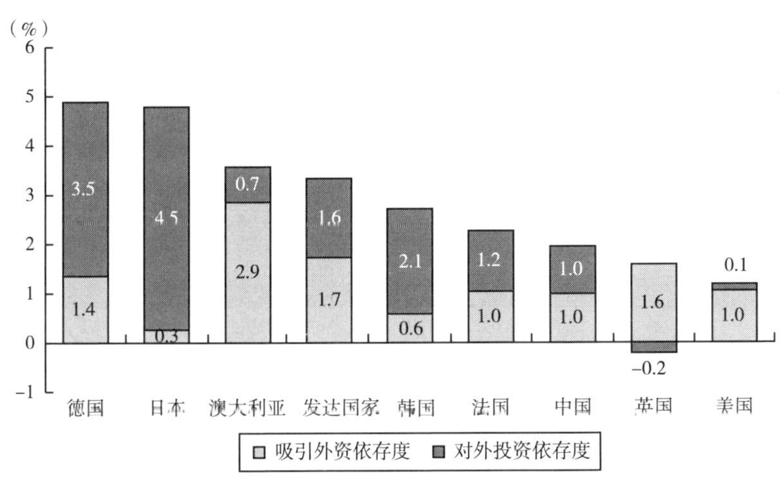

图 3－10　2019 年中国与主要发达经济体的投资依存度

资料来源：UNCTAD。

（二）与经济大国比较：中国在发展中大国中处于中等水平

在与发达国家经济外向性比较后，本节我们专注于展示中国与发展中经济大国之间的对比结果。如图 3 - 11 所示，我们发现，在发展中经济大国中，墨西哥和俄罗斯的外贸依存度均高于中国，其原因也有所不同。得益于与美国紧密的贸易关系，墨西哥能够利用美国开放的市场大幅度提升对外贸易水平。俄罗斯拥有丰富的油气资源，其向欧洲和中国输送的油气资源也可以极大程度刺激经济增长。与此相反，印度尼西亚、巴西的外贸依存度低于中国。虽然在各自区域中，其本地市场相对广阔，然而与中国不同的是，两国国内的基础设施质量不及中国。印度尼西亚本国的制造业发展水平较为落后，这使其难以进行加工贸易。巴西在本地制造业水平较高，然而作为大宗商品的主要出口国（大豆、铁矿石），其出口额受价格波动影响较大。因此和发展中大国相比，中国外贸依存度仍然处于中游。但考虑到发达国家的平均水平，整体的贸易依存度仍偏低。

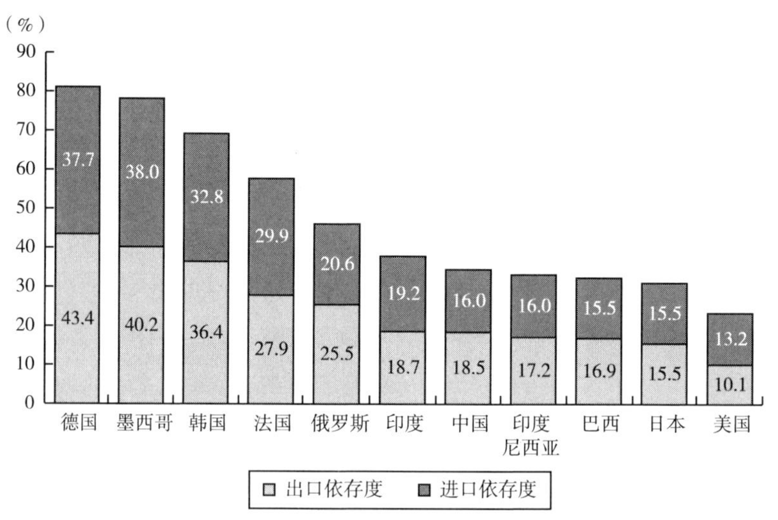

图 3 - 11　2020 年中国与部分经济大国的外贸依存度

资料来源：世界银行。

与外贸依存度不同的是，中国的投资依存度低于主要的经济大国，包括主要发展中大国如巴西、墨西哥、俄罗斯等（见图 3 - 12）。此外，主要发展中大国的吸引外资依存度显著高于对外投资依存度，但中国的吸引外资的依存度却几乎与对外投资的依存度相同。

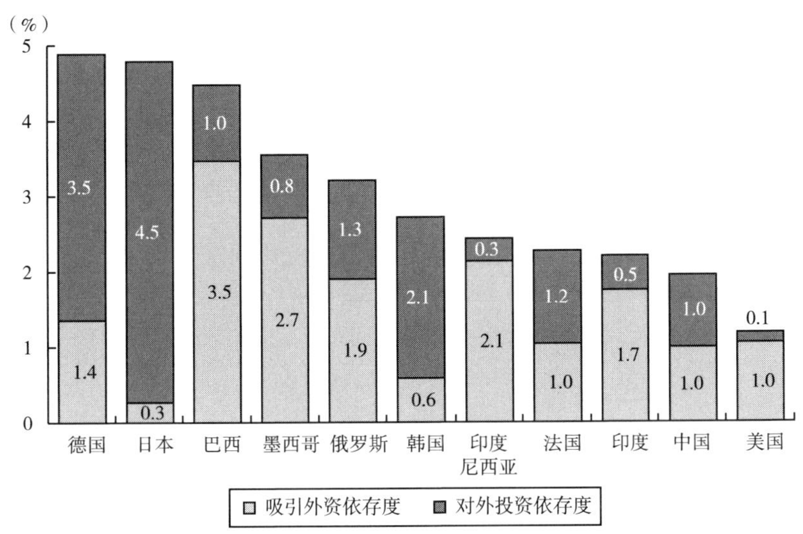

图 3－12　2019 年中国与部分经济大国的投资依存度

资料来源：UNCTAD。

（三）中国外向性的主要特征

本章从贸易与投资两个方面解析了 21 世纪以来中国经济的外向性与依赖关系的现状、变化趋势与国际比较情况。从贸易来看，进入 21 世纪以来，我国对外贸易整体不断攀升，虽然经历了 2008 年的全球金融危机和 2015 年的全球大宗商品价格下跌对贸易的负面影响，但中国的对外贸易发展势头仍旧强劲。我国的外贸依存度在 2001～2006 年受加入 WTO、出口导向型贸易政策等影响有明显的提升，最高曾达到 63.9%，但在 2006 年后却呈现出逐年下降的趋势，主要原因包括全球产业链重构、国内要素禀赋变化等。从投资方面来看，我国 OFDI 流量在 2016 年以前保持增长，但 2016～2019 年受到外汇管制、中美经贸摩擦等影响较大，连续三年下降，这也导致我国对外投资依存度的下降，而我国对于外资的依存度也整体上呈现下降趋势。

综合而言，中国拥有庞大的国内市场和相对平衡的外贸依存度、投资依存度，在经济外向性方面较各国并不突出。与发达国家相比，中国的外贸依存度低于全球发达国家平均水平，这部分归因于发达国家在技术和质量等方面的比较优势，有出口的相对竞争力；也有中国市场规模庞大的因素，使得中国并不过度依赖出口促进经济发展。与发展中大国相比，中国的外贸依存度仍处于中等水平，低于与美国有紧密贸易关系的墨西哥和高度依赖油气资源出口的俄罗斯，但高于整体制造业发展水平较为落后的印度尼西亚和依赖大宗商品出口的巴西。中国的投资依存度低于发达国家平均值，也低于一些主要的发展中大国，其与吸引外资依存度相比几乎相同，体现出一定的平衡性。从下一章开始，我们会根据依赖关系理论，结合我国与各国形成的复杂经贸依赖关系做进一步的讨论。

第四章

中国对外经贸依赖关系

在对中国经济外向性总体把握的基础上，本章将依据前文所述的经济相互依赖理论，从国际贸易和投资维度出发，构建经济依赖衡量指标，从国家、行业和综合三个层次对中国对外依赖关系进行分析。并结合中美博弈背景，对中美贸易特别是集成电路等典型行业进行专题探究，分析我国与美欧、日韩以及拉美地区的依赖关系，以便判断我国在双边经贸关系中的实际地位。

一、经济依赖关系的概念与指标构建

（一）经济依赖关系的定义

根据罗伯特·基欧汉和约瑟夫·奈对于相互依赖概念的描述，相互依赖是指“以国家之间或不同国家的行为体之间相互影响为特征的情形”（Keohane & Nye，1977），而经济相互依赖则是他们在经济领域的集中体现。依赖关系可以通过敏感性和脆弱性进行衡量，其中，敏感性指“在现有政策框架内作出反应的程度，即某国发生变化导致另一国产生有代价的变化的速度有多快，代价有多大”，其实质对应着依赖关系的重要程度；脆弱性则取决于“如果现有政策改变后，行动体仍需承受由外部事件所产生的成本”（Keohane & Nye，1977），相较于敏感性，更强调依赖关系的不可替代性。

为便于讨论，本书将依赖程度极低的情况定义为“不存在依赖”，据此，根据依赖关系的非对称性，参考唐立久（1991）、沈伟等（2022）等的表述将“一方存在依赖，另一方不存在依赖”的情况定义为“单向依赖”；将“双方彼此均存在依赖”的情况定义为“双向依赖”。

（二）经济依赖指标的构建

参考冯永琦（2017）、熊亮（2020）等的做法，考虑到一方面我国的经济外向性主要体现在国际贸易，国际投资在我国经济体量中占比较低；另一方面，双边国际投资数据本身的可获得性与可靠性较低，存在大量的免税岛投资和转移投资。因此，本章主要从国际贸易维度出发，从国家、行业及综合三个层次对中国对外依赖关系进行分析。

1. 国家层面依赖关系的衡量。国家层面的分析即要回答我国总体上对哪些国家存在依赖关系。如表 4 - 1 所示，我们首先计算了双边贸易份额（即 i 国和 j 国间贸易在 i 国总贸易额中所占比例），作为国家间敏感性依赖的衡量指标 SD_{ij}，该指标数值越高，说明两国间贸易对于本国的重要程度越高。

表 4 - 1　　国家、行业层面依赖关系衡量指标及判断标准

层次	敏感性依赖	脆弱性依赖	判断标准
国家层面	$SD_{ij} = \frac{X_{ij}}{X_i}$	$VD_{ij} = SD_{ij} \times \sqrt{\sum_{j=1}^{n}\left(\frac{X_{ij}}{X_i}\right)^2}$	$SD_{ij} > 10\%$ 且 $VD_{ij} > 10\%$，强依赖关系； $SD_{ij} > 10\%$ 但 $VD_{ij} \leqslant 10\%$，弱依赖关系； 其他情况，无依赖关系
行业/产品层面	$SD_{ik} = \frac{X_{ik}}{X_i}$	$VD_{ih} = SD_{ik} \times \sqrt{\sum_{j=1}^{n}\left(\frac{X_{ijh}}{X_{ih}}\right)^2}$	$SD_{ik} > 5\%$ 且 $VD_{ih} > 20\%$，有依赖关系； 其他情况，无依赖关系

注：为保证与敏感性依赖关系的数量级相当（0 ~ 1），实际计算时对脆弱性指标统一乘 10 处理。

其次，我们计算了国别层面的贸易集中度（即 i 国对外贸易的赫芬达尔－赫希曼指数，HHI_i），其与敏感性依赖指标（SD_{ij}）的乘积作为国家间脆弱性依赖的衡量指标（VD_{ij}），该指标数值越高，说明两国间贸易对于本国而言的可替代性越低。

最后，我们给出了国家层面依赖关系的判断标准：（1）如果对某国敏感性依赖程度超过 10%，且脆弱性依赖程度达到或超过 10%，[①] 则国家间存在敏感且脆弱的依赖关系（或称“强依赖关系”）；（2）如果对某国敏感性依赖程度超过 10%，但脆弱性依赖程度低于 10%，则国家间存在敏感不脆弱的依赖关系（或称“弱依赖关系”）；（3）其他情况下，国家间不存在明显的依赖关系（或称“无依赖关系”）。（4）如果两国彼此间均构成依赖关系（例如 i 国对 j 国具有出口依赖，j 国对 i 国同时具有进口依赖），则存在双向依赖关系。

2. 行业层面依赖关系的衡量。行业层面分析即要回答：我国在哪些行业对什么产品存在依赖关系。首先，我们计算了 HS1 位编码[②]的行业贸易份额（即 i 国 k 行业的贸易在 i 国贸易额中所占比例），作为国家对特定行业的敏感性依赖的衡量指标（SD_{ik}），该指标数值越高，说明该行业的贸易对于本国的重要程度越高。[③]

其次，我们计算了 HS6 位编码的产品贸易集中度（即 i 国对 h 产品的国别维度赫芬达尔－赫希曼指数，HHI_{ih}），参考欧盟委员会报告（2021），若该指数阈值超过 0.4 则产品的供应链较为脆弱，其与所在行业内贸易份额的乘积作为脆弱性依赖指标（VD_{ih}），该指标数值越高，说明该类商品贸易对于本国而言越难找到替代途径。此外，我们也给出了各细分产品在行业中的占比，以及最主要集中进行贸易的国家（$Top3_{ik}$）。

---

① 借鉴美国与欧盟的《并购指南》，若市场的 HHI 指数大于 10%，则行业属于寡占型；否则属于竞争型。

② HS1 位编码目录将贸易产品分为 20 大类，相较于 HS2 位编码在行业比较上更为清晰。例如，机电产品（第 16 类）包含了机械装备和电子设备；矿产品（第 5 类）包含了石料水泥、矿砂矿渣、矿物燃料；纺织原料及制品（第 11 类）包含了蚕丝、棉花、针织品等。

③ HS6 位编码目录的细分产品共计 5039 种，考虑到单个产品贸易份额过低，因此采用 HS1 编码的行业大类作为行业及细分产品的敏感性依赖程度的测算，更具有参考价值。

最后，我们给出了产品层面依赖关系的判断标准：（1）如果对某类产品的敏感性依赖程度超过 5%，[①] 且脆弱性依赖程度超过 20%，则对该类产品贸易存在依赖关系（或称“依赖产品”）；（2）其他情况下，对某类产品的贸易不存在明显的依赖关系。[②]

3. 综合层面依赖关系的衡量。综合层面分析即要回答：对重点国家在哪些行业存在依赖。首先，结合此前筛选出的存在依赖关系的国家及行业，我们计算了特定行业贸易中的国别份额（即 i 国和 j 国 k 行业的贸易额在 i 国 k 行业总贸易额中所占比例），作为国家—行业层面依赖的衡量指标（SD_{ijk}），该指标数值越高，说明在本国对于特定产品的贸易中，部分国家的重要程度越高。

其次，我们同样计算在重点国家的特定产品中我国所占份额作为对应的依赖指标（SD_{jik}），并计算两类依赖关系的不对称性。

最后，我们将综合考虑中国在全球的主要合作伙伴与竞争对手，分析未来重点加强双边合作和潜在面临制裁风险的重要领域，以制定相应针对性的合作发展战略。

（三）数据来源

国际贸易数据方面，本书使用 CEPII-BACI 数据库提供的全球双边 HS6 位（2002 版本）产品进出口数据。HS 是世界海关组织主持制定的一部供国际贸易各方共同使用的商品分类编码体系，HS 的前 6 位编码为国际通用编码。相较于 UN Comtrade 数据库，CEPII-BACI 数据库有效地解决了针对同一笔贸易双方报告差异过大的问题。为清晰地了解贸易品类的价值构成，根据 Broad Economic Categories Rev. 4（简称 BEC Rev. 4）识别了原材料、中间品（半成品和零部件）、资本品和消费品，BEC Rev. 4 与 HS2002 的分类对应码

---

① 由于 HS1 位编码目录将贸易产品分为 20 大类，5% 说明该行业已经超过行业平均占比，具有典型性。

② 对于敏感性行业的特定产品而言，若不存在脆弱性，则实际上对于一国经贸关系影响不大，故不再考虑属于敏感但不具备脆弱依赖关系的产品。

来自联合国统计司。若无明确指出，中国贸易数据统计口径为大陆地区（不含港、澳、台地区）。

二、中国对外经贸依赖关系的测算

（一）国家层面的依赖关系

在对中国整体外向性表现把握的基础上，本书从国际贸易这一具有典型代表性的角度切入，从国家、行业及综合三个层面对中国对外依赖关系进行分析，并进一步地，为了对这一依赖关系的稳定性进行思考，也对主要依赖国家或地区及其重点行业的相互依赖关系予以探讨。

1. 中国主要对外依赖国家。根据前述对国家层面依赖关系及其判别标准的阐述，从外贸总量上看，我国对美国存在敏感但不脆弱的依赖关系。如表4－2所示，美国是我国第一大贸易伙伴，2019 年在我国对外贸易总额中占比（SD_{ij}）13.0%。日本、韩国、德国、澳大利亚等发达国家，以及越南、俄罗斯、巴西等发展中国家均是我国的重要贸易伙伴，占比在2.4%～6.9%之间。我国对外贸易总体上相对分散，外贸集中度（HHI_i）为4.2%，远低于世界平均水平（13.0%）。经计算，我国对于美国的脆弱性依赖程度（VD_{ij}）为5.5%，因此，外贸整体上我国对美国存在敏感性依赖，但相对并不算脆弱。

从出口方面看，我国对美国存在敏感性依赖关系。如表4－3所示，美国是我国第一大出口目的地，2019 年在我国出口贸易中占比超过1/6。作为世界第一大经济体，美国本土市场对于我国外贸企业的发展仍然十分关键。我国作为制造业大国，出口商品遍布世界各地，出口集中度（HHI_i）为5.4%，仍低于世界平均水平（16%）。日本、韩国、德国、英国、荷兰等发达国家和越南、墨西哥、印度等发展中国家是我国的主要出口目的地，占比在2.3%～5.9%之间。因此，出口整体上我国对美国存在敏感性依赖，相对也不算脆弱。

表 4-2　　2019 年中国外贸总体依赖关系（Top10）

排序	国家/地区	贸易额（亿美元）	在中国外贸占比（SD_{ij}）（%）	中国外贸集中度（HHI_i）（%）	脆弱性依赖程度（VD_{ij}）（%）
1	美国	5563.2	13.0	4.2	5.5
2	日本	2970.8	6.9		2.9
3	韩国	2546.5	5.9		2.5
4	德国	2104.7	4.9		2.1
5	澳大利亚	1695.2	3.9		1.7
6	越南	1315.6	3.1		1.3
7	俄罗斯	1103.1	2.6		1.1
8	巴西	1021.9	2.4		1.0
9	马来西亚	989.7	2.3		1.0
10	英国	954.4	2.2		0.9

资料来源：CEPII-BACI 数据库。

表 4-3　　2019 年中国出口总体依赖关系（Top10）

排序	国家/地区	贸易额（亿美元）	在中国出口占比（SD_{ij}）（%）	中国出口集中度（HHI_i）（%）	脆弱性依赖程度（VD_{ij}）（%）
1	美国	4476.4	16.9	5.4	7.2
2	日本	1571.9	5.9		2.5
3	韩国	1113.0	4.2		1.8
4	德国	1061.7	4.0		1.7
5	越南	835.1	3.2		1.3
6	墨西哥	702.9	2.7		1.1
7	印度	699.4	2.6		1.1
8	英国	653.0	2.5		1.0
9	荷兰	606.2	2.3		1.0
10	澳大利亚	560.5	2.1		1.1

资料来源：CEPII-BACI 数据库。

从进口方面看，整体上我国并没有明显的对外依赖国家。相较于出口，中国进口集中度更低（4.1%），自美国的进口占比也明显低很多，仅占6.6%，位列我国第四大进口来源国（见表4－4）。但值得注意的是，排名前5的其余4个国家中，韩国、日本、澳大利亚和德国均是美国的传统盟友，而且日、韩两国作为美国IT产业链中重要的设备与中间品供应商，其与中国之间的贸易往来中存在着明显的“美国要素”，因此我国实际上对于美国进口层面的依赖程度应该超过了当前的贸易份额。这就要求我们深入产业链，从行业角度分析我国对外依存状态。此外，巴西、俄罗斯、马来西亚以及沙特阿拉伯均是我国的重要进口来源国，对我国进口贸易占比在2.9%～3.9%之间。

表4－4　　2019年中国进口总体依赖关系（Top10）

排序	国家/地区	贸易额（亿美元）	在中国进口占比（SD_{ij}）（%）	中国进口集中度（HHI_i）（%）	脆弱性依赖程度（VD_{ij}）（%）
1	韩国	1433.5	8.7	4.1	3.7
2	日本	1398.8	8.5		3.6
3	澳大利亚	1134.8	6.9		2.9
4	美国	1086.7	6.6		2.8
5	德国	1043.0	6.3		2.7
6	巴西	640.3	3.9		1.6
7	俄罗斯	583.3	3.5		1.5
8	马来西亚	516.0	3.1		1.3
9	沙特阿拉伯	486.4	2.9		1.2
10	越南	480.5	2.9		1.2

资料来源：CEPII-BACI数据库。

2. 主要贸易伙伴对中国的依赖程度。在明确我国对外贸易国别分布情况后，我们从主要贸易伙伴的视角出发，重点关注经贸依赖关系的对称性。

从外贸总量上看，在中国主要贸易伙伴中，中国同美国存在双向依赖关系，且美国对中国的依赖关系在敏感性和脆弱性上都更突出。中美贸易在美国对外贸易中占比（SD_{ji}）为14.1%，在墨西哥之后位列第2（见表4－5）。美国本土的贸易集中度更高，因此在贸易份额和集中度方面均高于中国。实际上，中国在除美国之外的所有主要贸易伙伴中均位列当地外贸第1位，日韩、越南等亚洲国家和澳大利亚、巴西、俄罗斯等资源大国对中国均存在单向依赖关系。

表4－5　　2019年中国同主要贸易伙伴相互依赖程度（Top10）

排序	国家/地区	在当地外贸占比（SD_{ji}）（%）	当地外贸集中度（HHI_j）（%）	脆弱性依赖程度（VD_{ji}）（%）	在当地外贸排名	敏感性依赖对称性（较中国）	脆弱性依赖对称性（较中国）
1	美国	14.1	7.3	10.3	2	1.1	1.9
2	日本	21.1	8.2	17.4	1	3.1	6.0
3	韩国	23.8	8.9	21.3	1	4.0	8.5
4	德国	8.2	4.3	3.5	1	1.7	1.7
5	澳大利亚	33.7	14.3	48.1	1	8.5	28.8
6	越南	23.7	10.3	24.3	1	7.7	18.8
7	俄罗斯	16.6	5.3	8.8	1	6.5	8.1
8	巴西	24.1	9.2	22.3	1	10.1	22.2
9	马来西亚	19.3	8.0	15.4	1	8.4	15.8
10	英国	8.6	5.1	4.4	3	3.9	4.7

资料来源：CEPII-BACI数据库。

对于中国出口的主要贸易伙伴而言，中美之间存在相互依赖关系，日本、韩国、越南、墨西哥、印度、荷兰均对中国存在敏感性依赖，其中越南和墨西哥对中国还存在脆弱性依赖。中国是世界上最主要的进口来源国之一，生产和组装了大量的消费品和资本品，在绝大部分国家处于第1进口国地位，在当地进口占比（SD_{ji}）超过10%。在墨西哥、英国和荷兰的进口中占比相对较低，但也位列第2位（见表4－6）。

对于中国进口的主要贸易伙伴而言，如表4－7所示，澳大利亚和巴西对中国存在敏感且脆弱的依赖关系，中国在澳大利亚出口中占比接近40%。

此外，韩国、日本、俄罗斯、马来西亚以及沙特阿拉伯也对中国存在敏感性依赖。正如前文所述，美国、德国对中国出口规模尚不足以构成明显的依赖关系，但借助日、韩产业链销往中国的各类电子元器件及相关技术中仍然体现了中美之间千丝万缕的联系。因此，我们将深入产业，进一步探究中国在哪些行业和产品上对外存在依赖关系。

表 4－6　　2019 年中国同主要出口伙伴间相互依赖程度（Top10）

排序	国家/地区	在当地进口占比（SD_{ji}）（%）	当地进口集中度（HHI_j）（%）	脆弱性依赖程度（VD_{ji}）（%）	在当地进口排名	敏感性依赖对称性（较中国）	脆弱性依赖对称性（较中国）
1	美国	18.6	8.5	15.8	1	1.1	2.2
2	日本	23.2	8.4	19.4	1	3.9	7.7
3	韩国	22.5	8.6	19.3	1	5.3	10.8
4	德国	9.2	4.5	4.1	1	2.3	2.4
5	越南	32.5	15.5	50.3	1	10.3	37.7
6	墨西哥	16.6	29.6	49.0	2	6.2	43.6
7	印度	14.7	4.7	6.9	1	5.5	6.2
8	英国	9.7	5.3	5.1	2	3.9	4.9
9	荷兰	10.7	6.1	6.5	2	4.7	6.7
10	澳大利亚	26.1	10.0	26.2	1	12.3	22.9

资料来源：CEPII-BACI 数据库。

表 4－7　　2019 年中国同主要进口伙伴间相互依赖程度（Top10）

排序	国家/地区	在当地出口占比（SD_{ji}）（%）	当地出口集中度（HHI_j）（%）	脆弱性依赖程度（VD_{ji}）（%）	在当地出口排名	敏感性依赖对称性（较中国）	脆弱性依赖对称性（较中国）
1	韩国	24.9	9.8	24.4	1	2.9	6.6
2	日本	19.2	8.8	16.9	1	2.3	4.7
3	澳大利亚	39.4	19.0	74.9	1	5.7	25.8

续表

排序	国家/地区	在当地出口占比（SD_{ji}）（%）	当地出口集中度（HHI_j）（%）	脆弱性依赖程度（VD_{ji}）（%）	在当地出口排名	敏感性依赖对称性（较中国）	脆弱性依赖对称性（较中国）
4	美国	7.1	6.3	4.5	3	1.1	1.6
5	德国	7.4	4.3	3.2	3	1.2	1.2
6	巴西	27.6	10.2	28.2	1	7.1	17.2
7	俄罗斯	13.9	4.7	6.6	1	3.9	4.4
8	马来西亚	16.9	7.8	13.1	1	5.4	10.0
9	沙特阿拉伯	20.6	8.2	16.9	1	7.0	13.6
10	越南	16.1	9.4	15.1	2	5.5	12.7

资料来源：CEPII-BACI 数据库。

（二）行业层面的依赖关系

我国行业分布齐全，诸多行业均与不同国家存在原料、技术、市场等多方面的联系，而单纯从国家层面分析无法了解不同依赖关系的行业属性。因此本书也从行业层面分析了我国的对外依赖关系。

1. 中国对外贸易行业分布及特征。如表 4－8 所示，在出口方向上，按照海关 HS1 位编码的行业大类划分，我国主要出口贸易品类包括：机电产品及零部件（47.6%）、纺织原料及纺织制品（9.3%）、贱金属及其制品（7.4%）、杂项制品（家具、玩具等）（7.0%）和化学工业及其相关工业的产品（5.3%）等。如表 4－9 所示，在进口方向上，我国主要进口贸易品类包括：矿产品（28.1%），机电产品及零部件（24.7%），化学工业及其相关工业的产品（8.3%），车辆、航空器、船舶及有关运输设备（5.8%），光学、医疗等仪器、钟表、乐器（5.4%）等。

表 4-8 **2019 年中国主要出口行业及价值构成**

排序	HS1 行业	贸易额（亿美元）	出口占比（SD_{ik}）（%）	价值构成
1	机电产品及零部件	12579.0	47.6	中间品（39%）+资本品（53%）+消费品（7%）
2	纺织原料及纺织制品	2453.4	9.3	中间品（33%）+消费品（67%）
3	贱金属及其制品	1949.2	7.4	中间品（84%）+资本品（5%）+消费品（11%）
4	杂项制品（家具、玩具等）	1843.6	7.0	中间品（22%）+资本品（1%）+消费品（77%）
5	化学工业及其相关工业的产品	1404.5	5.3	中间品（88%）+消费品（12%）

资料来源：CEPII-BACI 数据库。

表 4-9 **2019 年中国主要进口行业及价值构成**

排序	HS1 行业	贸易额（亿美元）	进口占比（SD_{ik}）（%）	价值构成
1	矿产品	4643.8	28.1	原材料（86%）+中间品（2%）+消费品（13%）
2	机电产品及零部件	4078.4	24.7	中间品（72%）+资本品（26%）+消费品（2%）
3	化学工业及其相关工业的产品	1364.3	8.3	中间品（76%）+消费品（24%）
4	车辆、航空器、船舶及有关运输设备	963.2	5.8	中间品（29%）+资本品（22%）+消费品（49%）
5	光学、医疗等仪器，钟表；乐器	893.2	5.4	中间品（19%）+资本品（61%）+消费品（20%）

资料来源：CEPII-BACI 数据库。

根据 BEC 分类对商品用途进行区分后，可以对我国在上述行业的价值链定位更加清晰。在我国主要贸易品类中，机电行业和化工行业具有明显的“大进大出”的特征，需要进口大量中间品，同时向海外市场出口产成品及深加工半成品，因此对于进口供应和出口市场均存在较大依赖关系。采矿业、车船制造和精密仪器分别属于“资源密集型”和“技术密集型”行业，主要表现为进口大量相关原材料和制成品，以供应工业生产和居民消费。而纺织服饰和钢铁冶金在出口方面表现较为突出，说明我国这两个行业对于海外市场较为依赖。

（1）“大进大出”典型行业：机电产品、化工产品。在“两头在外型”行业中，机电产品方面，我国主要进口大量中间品及零部件（72%，例如集成电路、电脑部件等），在国内进行加工组装，再向海外出口制成品（60%，例如电脑、手机等）和部分半成品（33%，例如集成电路、机械零部件等）。根据中国海关数据，我国机电产品总体上一般贸易比例大于加工贸易，但是在集成电路、自动数据处理设备及部件、液晶显示板等主要出口产品中仍以加工贸易为主。

化工产品方面，我国主要进口制备技术难度较高的中间品（76%，例如对二甲苯、高纯硅、敏化乳剂等），在国内进行加工生产，制备成广泛使用的工业用品（88%，例如着色剂、涂料等）以及部分消费品（12%，例如烟花制品、胶卷等）。此外，我国还大量进口了科研投入较高的制成品（24%，例如药品、化妆品等）以供国内消费者使用。

（2）“资源/技术依赖”典型行业：能矿行业、精密仪器。在“资源/技术依赖型”行业中，能矿行业方面，我国主要进口原油（46.3%）、铁矿（19.4%）、石油气（10.2%）、铜矿（6.6%）、煤炭（3.7%）和锰矿（1.2%）等原材料。能矿资源对于我国的经济建设和科技发展不可或缺。我国矿产资源门类和储量虽然不低，但是人均占有量仅居世界第58位，且面临着开采地质条件复杂（例如煤炭）、部分能源矿产增产潜力有限（例如铜矿、油田）等不利局面，因此长期对外依存度较高。

精密仪器方面，我国主要进口产品中，主要进口了激光器（27.2%）、测量仪器（12.1%）、医学仪器（9.5%）等资本品用于工业生产或科研创新。正如庄松林（2021）所述，精密仪器是国家创新驱动发展的“奠基石”，同时也是经济发展及产业转型升级的“倍增器”，对GDP的拉动在60%以上。但精密仪器产业领域也是我国的“卡脖子”领域。高端产品几乎全部依赖进口，全产业链每年贸易逆差达千亿美元，仅次于芯片和石油。

(3)“市场依赖”典型行业：纺织服饰、家具玩具、钢铁冶金。在“市场依赖型”行业中，纺织服饰方面，我国以制成品出口为主（67%，例如西装、运动衫等），以及部分行业半成品（33%，例如机织物等）。纺织业是我国早期重要的外销部分，我国是世界最大的纺织品生产国和出口国，纺织业对外依赖主要体现在海外市场方面。

家具玩具方面，也主要出口制成品（78%），还有少量的中间品（22%，例如灯具、配套座椅等）。

钢铁冶金方面，我国主要出口了钢铁、铝、铜、镁等中间品（84%）以及部分金属制品（12%，例如铁锅、铝罐等），钢铁等金属是建筑、机械设备加工的必要中间品投入。值得注意的是，炼铁、炼铜所需的原材料和煤炭也是我国主要进口品类，因此冶金行业在上游原料和下游市场均有一定的对外依赖性。

2. 中国主要对外依赖产品。前文主要通过行业比例和价值构成呈现了我国外贸领域对外存在敏感性依赖的行业特征，但各个行业中真正所谓“卡脖子”的产品行业在满足进口供应或出口销路方面存在明显的国别集中特点。参考欧盟委员会报告（2021），我们计算了 HS6 位编码的产品贸易集中度 HHI_{ih}，若该指数阈值超过 0.4，则体现出产品的供应链较为脆弱。若这类产品在前文所列行业中，则该产品同时满足敏感性和脆弱性依赖特征，属于依赖产品。通过上述筛选，在我国对外贸易的 4910 种产品中，共发现 205 种出口依赖产品和 410 种进口依赖产品。以下分别从出口和进口两个方向进行讨论。

(1) 中国出口依赖产品。在出口方面，表 4 - 10 列示了我国在机电产品（HS1：16）、纺织制品（HS1：11）、贱金属制品（HS1：15）、杂项制品（HS1：20）和化工产品（HS1：6）中出口占比较高行业中产品集中度（HHI_{ih}）大于 40% 且贸易额较高的细分产品。从产品特征上看，一方面我国出口商品中既有磁带、烘干机、烤炉、家具、座椅等制成品存在市场集中的情况；同时晶体管、不锈钢、铜、氧化锂等中间品和零部件也面临着产业链聚集的现状。

表 4-10　　2019 年中国出口依赖产品目录（行业 Top5）

HS1 行业	HS6 代码	HS6 品类	贸易额（亿美元）	产品集中度（HHI_{ih}）（%）	Top3 国家/地区
机电产品	854121	电气设备：晶体管	14.9	41.5	韩国、美国、越南
	852313	宽度超过 6.5 毫米的磁带	6.0	55.8	新加坡、印度尼西亚、土耳其
	851430	炉子和烤箱：工业或实验室	4.8	47.2	印度尼西亚、马来西亚、越南
	845129	烘干机：烘干布草容量超过 10 公斤	2.9	53.8	泰国、马来西亚、新加坡
	845410	转换器：用于冶金或金属铸造厂的类型	2.2	51.1	德国、韩国、新加坡
纺织制品	551449	印花，合成短纤维（聚酯除外）	6.7	93.2	意大利、英国、日本
	510211	未梳克什米尔山羊细绒毛	2.9	60.9	马达加斯加、意大利、秘鲁
	551599	未另列明的合成短纤维	1.3	46.0	缅甸、尼泊尔、沙特阿拉伯
	580190	未另列明的纺织材料的机织绒毛	1.1	53.8	吉尔吉斯斯坦、格鲁吉亚、印度尼西亚
	510531	已梳克什米尔山羊细绒毛	0.9	50.7	埃及、尼日利亚、越南
贱金属制品	720838	铁或非合金钢：卷材，厚度 3 ~ 4.75 毫米	1.9	49.8	韩国、沙特阿拉伯、印度尼西亚
	720837	铁或非合金钢：卷材，厚度 4.75 ~10 毫米	1.1	44.7	韩国、印度尼西亚、危地马拉
	722012	不锈钢：平轧，宽度小于 600 毫米	1.0	53.1	越南、芬兰、印度尼西亚
	750400	镍：粉末和薄片	0.8	51.3	越南、韩国、德国
	740319	铜：精炼，未锻造	0.4	43.4	韩国、日本、加拿大

续表

HS1 行业	HS6 代码	HS6 品类	贸易额（亿美元）	产品集中度（HHI_{ih}）（%）	Top3 国家/地区
杂项制品	940340	家具：木制，厨房用	13.6	45.9	美国、日本、德国
	950410	视频游戏：与电视接收器一起使用的一种	6.2	50.7	美国、马来西亚、澳大利亚
	940110	座椅：一种用于飞机的座椅	1.2	40.2	墨西哥、沙特阿拉伯、乌克兰
	961420	管道及零件	0.1	41.4	沙特阿拉伯、乌克兰、卡塔尔
化工产品	284190	金属酸盐或过氧金属酸盐	7.1	63.8	韩国、西班牙、日本
	282520	氧化锂和氢氧化锂	6.9	46.7	日本、韩国、印度
	284800	磷化物	4.3	47.9	韩国、日本、美国
	300431	药物：含有胰岛素（但不含抗生素）	3.8	57.0	韩国、日本、马来西亚
	282200	钴氧化物和氢氧化物	2.2	42.6	丹麦、澳大利亚、巴基斯坦

资料来源：CEPII-BACI 数据库。

从国别分布上看，一方面，我国出口依赖产品在美国、日本、韩国、德国等发达国家有广泛分布。产品类别既包括晶体管、冶金器件、镍、铜、化工产品等中间投入品，也涵盖家具、游戏等部分制成品，这反映出我国对发达国家同时存在着市场依赖和产业链依赖的双重情况。另一方面，出口依赖产品也分布在越南、印度尼西亚、马来西亚等东南亚国家和尼泊尔、吉尔吉斯斯坦等中亚国家。其中，东南亚国家主要分布的产品品类包括磁带、烤炉、烘干机等机电制成品，这主要来源于东南亚近些年电商物流的快速发展，成为了我国机电产品外销的重要地区；此外我国部分钢材也在越南、印度尼西亚等国集中销售，以满足当地快速发展的工业。而中亚国家由于独特的编织工艺和技术，成为了我国纺织半成品及部分原料的重要买家。

（2）中国进口依赖产品。在进口方面，表4－11列示了我国在能矿产品（HS1：5）、机电产品（HS1：16）、化工产品（HS1：6）、运输设备（HS1：17）和精密仪器（HS1：18）等进口占比较高行业中产品集中度（HHI_{ih}）大于40%且贸易额较高的细分产品。从产品特征上看，我国进口依赖商品中既有铁矿、铬矿、天然气、煤等天然能矿资源，也有胰岛素、氧金属盐等化工制品以及发动机、耳机、车辆船舶、仪表在内的技术密集型产品，用以满足工业生产和生产生活的广泛需要。

表4－11　　2019年中国进口依赖产品目录（行业top5）

HS1行业	HS6代码	HS6品类	贸易额（亿美元）	产品集中度（HHI_{ih}）（%）	Top3国家/地区
能矿产品	260111	铁矿石和精矿：非结块	800.5	54.6	澳大利亚、巴西、南非
	271121	石油气和其他气态碳氢化合物：气态、天然气	128.7	47.8	南非、土耳其、巴基斯坦
	270210	褐煤：不论是否粉碎，但未结块，不包括喷射	37.4	71.0	印度尼西亚、菲律宾、俄罗斯
	270119	煤：（无烟煤和烟煤除外），不论是否粉碎但未结块	24.4	68.4	印度尼西亚、菲律宾、俄罗斯
	261000	铬矿石和精矿	16.3	51.7	土库曼斯坦、缅甸、哈萨克斯坦
机电产品	840734	发动机：往复式活塞发动机	20.5	44.6%	日本、德国、瑞典
	851830	头戴式受话器和耳塞式耳机	16.3	68.2%	新加坡、美国、德国
	851220	照明或视觉信号设备：用于机动车辆	16.0	41.2	德国、墨西哥、日本
	841869	制冷或冷冻设备：热泵	6.8	48.9	越南、阿联酋、马来西亚
	852313	宽度超过6.5毫米的磁带	6.5	71.0	新加坡、马来西亚、日本

续表

HS1行业	HS6代码	HS6 品类	贸易额（亿美元）	产品集中度（HHI_{ih}）（%）	Top3 国家/地区
化工产品	293399	杂环化合物	13.1	42.9	韩国、日本、南非
	284410	铀：天然铀及其化合物、合金、分散体	10.3	41.6	哈萨克斯坦、纳米比亚、乌兹别克斯坦
	292429	环酰胺（包括环氨基甲酸酯）及其衍生物：脲	9.7	83.3	挪威、意大利、印度
	293712	胰岛素及其盐类	8.7	99.0	爱尔兰、瑞士、英国
	284190	金属酸盐或过氧金属酸盐	7.0	49.5	丹麦、美国、马来西亚
运输设备	870322	车辆：火花点火内燃往复式活塞发动机	14.6	43.9	德国、英国、荷兰
	890190	船只：用于人员和货物运输的船只	10.9	61.7	德国、瑞典、荷兰
	870423	车辆：用于货物运输	7.7	49.1	韩国、德国、日本
	890590	船只：轻型、救火艇、浮吊和其他船只	3.7	46.1	新加坡、阿联酋、意大利
	890520	浮动或潜水钻井或生产平台	3.2	66.9	日本、加拿大、韩国
精密仪器	900219	镜头：物镜	18.2	60.0	日本、越南、菲律宾
	910221	手表：自动上弦	12.3	95.1	德国、马来西亚、日本
	902920	仪表：速度指示器和转速计；频闪仪	5.7	75.1	瑞士、新加坡、英国
	910121	手表：贵金属或包贵金属的表壳	3.5	62.9	瑞士、日本、泰国
	910211	手表：电动	3.5	64.9	瑞士、日本、德国

资料来源：CEPII-BACI 数据库。

从国别分布上看，资源类依赖产品中能矿类主要来自于澳大利亚、巴西、南非、印度尼西亚、俄罗斯、土库曼斯坦等传统资源出口大国。化工类主要来自于韩国、挪威等欧美发达国家，其制备工艺和技术使得产品具有较高竞争力和垄断优势。技术密集型机电、运输和精密仪器同样主要来自于德国、日本、美国、瑞士等发达国家，其在高端制造业长期的技术储备具有独到优势，部分品类的市场集中度甚至超过75%。总体上看，这类产品与传统的由发达国家掌握核心技术甚至被“卡脖子”的产品较为一致，是涉及国计民生的重要产品。

（三）综合层面的依赖关系

在从国家总体和具体行业两个维度探究了中国对外依赖关系后，我们发现，在总量上看我国对外仅与美国存在敏感性依赖关系，并且与其他国家的贸易关系中往往处于依赖程度更低的地位；但是在具体行业和产品上，我国仍然与欧、美、日、韩等发达国家和地区间存在明显的出口方向的市场依赖和进口方向的技术依赖，同时也对东南亚、拉美以及非洲等发展中国家存在出口方向的产业链段依赖和进口方向的资源依赖关系。因此，我们有必要针对重点国家归纳主要的依赖行业，并与重点国家对中国的依赖关系进行比较，以便判断我国在双边经贸关系中的实际地位。

1. 典型产业中主要国家对中国的依赖程度及比较。进出双高行业方面，如表4－12所示，在机电行业，中国不论在出口还是进口方面同样是绝大部分国家的最重要贸易伙伴，而且均大于其在我国贸易中的占比（SD_{ijk}）。如表4－13所示，在化工行业，中国在韩国、日本的进出口两方面均有较高占比；但是在美国的进口和出口占比低于在我国外贸中的比例，存在一定的风险。

表4－12　　中国与典型国家相互依赖关系——机电行业（Top3）

行业大类	贸易伙伴	与中国的贸易方向	在中国排序	在中国占比（SD_{ijk}）（%）	在伙伴国占比（SD_{jik}）（%）
机电行业	美国	进口	1	17.7	30.5
	日本	进口	2	5.4	46.1
	韩国	进口	3	4.7	38.1
	韩国	出口	1	14.7	31.5
	日本	出口	2	11.6	22.9
	马来西亚	出口	3	6.2	13.0

资料来源：CEPII-BACI数据库。

表 4－13　　　中国与典型国家相互依赖关系——化工行业（Top3）

行业大类	贸易伙伴	与中国的贸易方向	在中国排序	在中国占比（SD_{ijk}）（%）	在伙伴国占比（SD_{jik}）（%）
化工行业	美国	进口	1	10.7	6.2
	印度	进口	2	9.9	28.3
	韩国	进口	3	7.6	24.1
	日本	出口	1	13.3	27.5
	韩国	出口	2	13.3	43.0
	美国	出口	3	10.3	7.5

资料来源：CEPII-BACI 数据库。

在进口单高行业方面，矿业进口领域，中国是澳大利亚、俄罗斯、巴西、沙特等国的最重要的贸易伙伴，其中在澳大利亚和巴西占比超过 50%（见表 4－14）。在精密仪器进口领域，中国在日本、韩国的贸易占比都超过 25%，但是在美国和德国占比相对较低，其中在美出口占比低于在我国的比例（见表 4－15）。

表 4－14　　　中国与典型国家相互依赖关系——能矿行业（Top3）

行业大类	贸易伙伴	与中国的贸易方向	在中国排序	在中国占比（SD_{ijk}）（%）	在伙伴国占比（SD_{jik}）（%）
能矿业	澳大利亚	出口	1	18.2	55.2
	俄罗斯	出口	2	8.6	18.5
	巴西	出口	3	8.2	53.0

资料来源：CEPII-BACI 数据库。

表 4－15　　　中国与典型国家相互依赖关系——精密仪器（Top3）

行业大类	贸易伙伴	与中国的贸易方向	在中国排序	在中国占比（SD_{ijk}）（%）	在伙伴国占比（SD_{jik}）（%）
精密仪器	日本	出口	1	15.3	28.4
	韩国	出口	2	12.6	46.5
	美国	出口	3	12.1	10.5

资料来源：CEPII-BACI 数据库。

最后，在出口单高行业中，在纺织业出口方面，我国在日本、越南占比近半，在美国占比也超过 30%，仍然具有较强的竞争力（见表 4－16）。在冶金（贱金属）行业出口方面，我国在韩国、越南占比均远大于其在我国的比例，但是在美国的比例相对接近（见表 4－17）。

表 4－16　　中国与典型国家相互依赖关系——纺织行业（Top3）

行业大类	贸易伙伴	与中国的贸易方向	在中国排序	在中国占比（SD_{ijk}）	在伙伴国占比（SD_{jik}）
纺织行业	美国	进口	1	16. 4	32. 6
	日本	进口	2	7. 4	55. 6
	越南	进口	3	5. 8	49. 7

资料来源：CEPII-BACI 数据库。

表 4－17　　中国与典型国家相互依赖关系——冶金行业（Top3）

行业大类	贸易伙伴	与中国的贸易方向	在中国排序	在中国占比（SD_{ijk}）（%）	在伙伴国占比（SD_{jik}）（%）
冶金行业	美国	进口	1	11. 6	19. 5
	韩国	进口	2	6. 2	31. 4
	越南	进口	3	5. 0	35. 2

资料来源：CEPII-BACI 数据库。

2. 典型国家与中国的依赖关系——以中美为例。美国长期以来一直是我国最大对外贸易伙伴，近年来中美博弈背景下双方经贸关系变化更是值得高度关注。本节使用 CEPII-BACI 数据库对中美贸易总体趋势、分行业发展趋势、依赖关系以及中美两国与第三国间的贸易进行分析。

（1）中美贸易总体发展趋势。中美贸易自 2007 年金融危机以来，总体呈增长态势，但近年来出现较大波动。如图 4－1 所示，2007～2022 年中国对美国进口、出口总额变化，大致可以被分为三个阶段。

贸易增长阶段（2007～2013 年）：这一阶段中美进出口额稳步增长。中国对美国的出口额从 2007 年的 2331. 7 亿美元增加到了 2014 年的 3971. 0 亿美元，进口额从 645. 8 亿美元增加到了 1240. 2 亿美元。

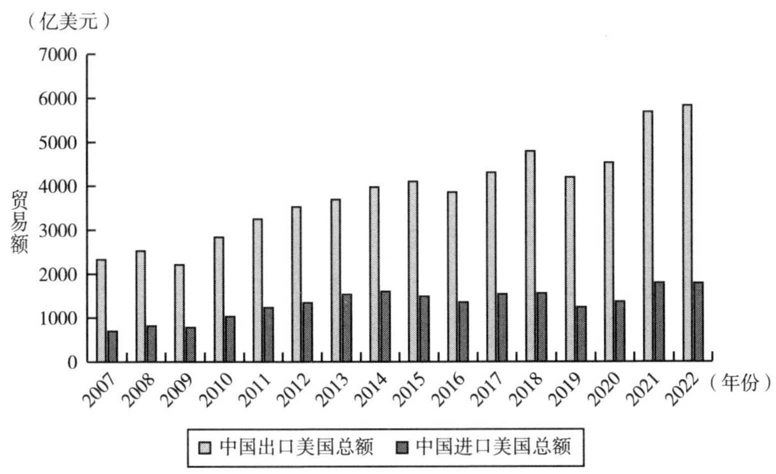

图 4－1　2007～2022 年中国对美国进口、出口总额变化情况

资料来源：CEPII-BACI 数据库。

贸易波动阶段（2014～2017 年）：受全球经济低迷的影响，这一阶段在中国对美国的出口额增速放缓的同时，进口额有所下降，2016 年甚至出现了进出口双降的情况。

贸易摩擦阶段（2018 年至今）：2018 年后，中国从美国进出口总额在 2019 年出现明显下降，其中出口额由 2018 年的 4792.7 亿美元下降到了 2019 年的 4193.2 亿美元。2021 年拜登政府期间中美贸易额重新回到 2018 年的经贸摩擦前水平，但 2022 年全年增速仍处于较低水平，中国从美国进口额甚至下降 1.2%。

（2）中美贸易分行业发展趋势。从中国对美国出口角度看，机电产品为我国主要对美国出口产品，且规模不断扩大。其中，占比最高的机电产品（HS16）出口规模不断扩大，年平均增长率为 5.3%。第二名、第三名分别为杂项制品（HS20，主要包含玩具、家具等商品）、纺织原料及纺织制品（HS11）。而动物产品（HS1）和能矿产品（HS5）本身并非我国出口优势产品，出口额呈现下降趋势。

从中国自美国进口角度看，机电产品同样占比最高，能矿产品、化工产品均增速较快。其中，机电产品（HS16）2022 年进口额达到 379.5 亿美元。

动植物产品（HS1&2）、能矿产品（HS5）和化工产品（HS6）2020年后进口明显增加。而运输设备（HS17）、木浆制品（HS9&10）等进口额呈现先增加后减少的趋势。

（3）中美贸易直接依赖关系。从出口角度看，中国对美国的出口依赖高于美国对中国的出口依赖。如图4－2（a）所示，2007～2018年中国对美国的出口额占中国出口总额的比例存在波动，但总体趋势保持稳定。这一比例在2019年后出现明显下降，2022年略有回升。美国对中国的出口额占美国出口总额的比例同样存在波动性，但2017年前保持增长态势。2018年后这一比例出现了较大幅度的下降，在2020～2021年受疫情影响反弹上升，当前这一比例不足7%，远低于中国对美国16%的依赖程度。

从进口角度看，美国对中国的进口依赖高于中国对美国的进口依赖。如图4－2（b）所示，2007～2022年，美国自中国的进口额占美国进口总额的比例一直保持在16%以上。2018年后中国在美进口占比有所下降，2022年下降到了不足16%。中国自美国的进口额占中国进口总额的比例曾在2015比例高达10.1%，但在2019年又下降至6.7%。

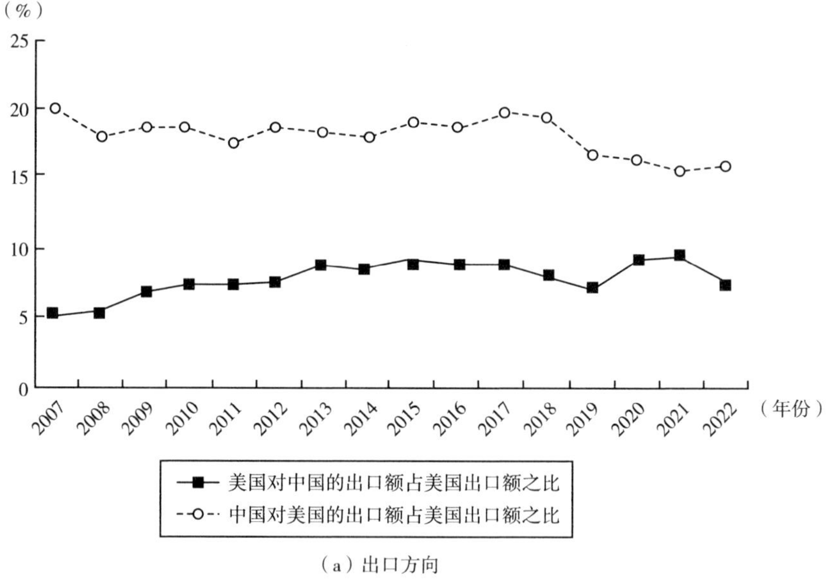

（a）出口方向

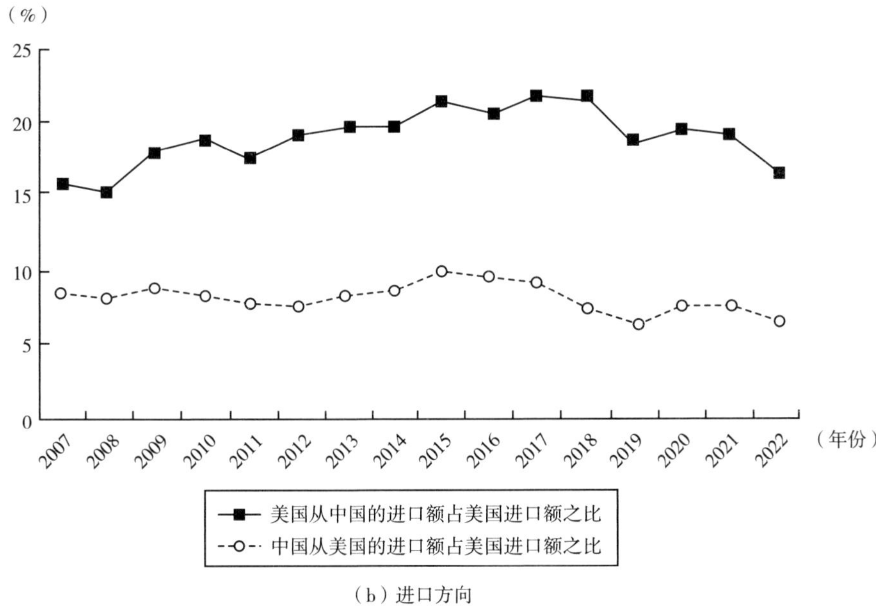

(b) 进口方向

图 4-2　2007~2022 年中美两国出口、进口角度依赖关系比较

资料来源：CEPII-BACI 数据库。

从贸易伙伴角度看，美国一直是中国最大的外贸对象，中国在美国也长期位居前三地位。在中国主要贸易伙伴中，韩国和日本交替位列我国第 2 位和第 3 位贸易伙伴。欧洲地区的主要贸易对象为德国和英国。在美国主要贸易伙伴中，加拿大、墨西哥以及中国是美国的主要贸易伙伴。中国 2014~2018 年一度成为美国最大贸易伙伴，近年来贸易位次存在波动，但从进口角度来看，中国仍然是美国最人的进口国（见表 4-18）。

然而，尽管总量上美国对我国出口规模占我国进口比例并非最高，但借助日韩产业链销往中国的各类电子元器件及相关技术中仍然体现了中美之间千丝万缕的联系；并且考虑到美国和日、韩等国与美国的传统盟友关系，中国对美国的依赖关系难以用直接贸易占比进行完全刻画。考虑到半导体作为机电产品这一中美合作重要产业的关键中间品，对其全球产业链进行分析对于深刻理解中美依赖关系十分必要。

表 4 – 18　　2007 ~ 2022 年中国、美国主要贸易伙伴历年变化情况

(a) 中国

排名	2007 年	2011 年	2015 年	2019 年	2022 年
1	美国	美国	美国	美国	美国
2	日本	日本	日本	日本	韩国
3	韩国	韩国	韩国	韩国	日本
4	德国	德国	德国	德国	越南
5	英国	澳大利亚	澳大利亚	澳大利亚	德国

(b) 美国

排名	2007 年	2011 年	2015 年	2019 年	2022 年
1	加拿大	加拿大	中国	墨西哥	加拿大
2	中国	中国	加拿大	中国	墨西哥
3	墨西哥	墨西哥	墨西哥	加拿大	中国
4	日本	日本	日本	日本	日本
5	德国	德国	德国	德国	德国

资料来源：CEPII-BACI 数据库。

(4) 中美半导体产业分工及间接依赖关系。中美两国外贸芯片半导体被比作“21 世纪的石油”，对于经济竞争力和国家安全至关重要，在中美贸易及科技竞争中具有战略性质，也被美国视为与中国进行科技竞争的关键武器。

第一，我们先关注半导体产业链及国别分布。半导体是现代技术高度集成的精密产品，其设计和制造过程要求包括材料、机械加工等在内的诸多相关科学领域的技术支撑。半导体产业链分工呈现高度全球化、一体化、专业化。根据波士顿咨询行业报告（2021），半导体产业链包括基础研究、EDA（电子设计自动化）/core IP（核心知识产权）、芯片设计、半导体制造设备和材料，以及半导体制造（晶圆制造、封装、测试等）。

其中，美国由于其在科技人才、世界一流大学及研究机构等方面的优势，在 EDA、IP、芯片设计和先进制造设备研发等密集型环节具有主导地位。中国、日本、韩国等亚洲国家则主要在半导体制造环节走在前列。

从半导体产能分布看，根据 2019 年全球芯片制造产能统计（见图 4 – 3），

中国、日本和韩国占据主要地位。其中，中国产能占比最高（中国大陆和中国台湾地区分别占比16%和20%），其后是韩国（19%）和日本（17%），且彼此之间在技术水平存在一定的差距。其中，韩国在存储芯片上的比较优势明显，占据全球产能的44%，中国在逻辑芯片制造领域占据重要地位，其中中国大陆主要在成熟工艺芯片制造方面占比较高，而中国台湾则主导逻辑芯片制造，在10纳米以下的先进制程中拥有领先地位（92%）。美国、欧洲及其他地区的芯片制造产能较为有限，其中美国的芯片制造产能仅占全球份额的13%。

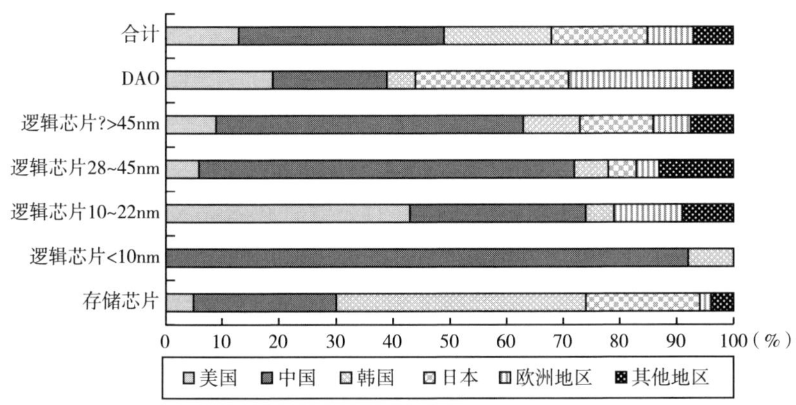

图4-3　2019年全球半导体制造产业链分布

资料来源：Antonio et al. Strengthening the Global Semiconductor Supply Chain in an Uncertain Era [R]. BCG, 2021.

第二，我们关注中国在半导体产业链的依赖关系。从中国角度看，中国是世界上最大的芯片消费国。2022年，我国芯片进口达5384亿件，进口额为4156亿美元，超过我国石油进口额的3655亿美元。2022年全球芯片销售额为5735亿美元，中国进口芯片额约占全球芯片销售市场的72.5%。除了芯片外，制造芯片的半导体设备进口额我国也是世界第一，2021年达到410亿美元，进口依赖度超过70%。日本和韩国是我国机电相关设备、零部件、原材料的重要提供方。2021年，我国机电产品（HS16）自日本、韩国进口1.5万亿元，占比达25.7%。其中，中国对日本半导体制造设备的依赖程度最甚，尤以刻蚀机、光刻机、热处理设备的依赖程度最深，从日本的进口额分别达到 63.1%、89% 和 59.1%。

从伙伴国角度看，当前，全球产业分工细化，全球产业链紧密交织，在半导体产业中，根据国际贸易数据，半导体原材料方面，日本是世界最大的半导体原材料出口国，全球超过 50% 的半导体原材料供应商都来自日本，部分重要材料日本甚至占比近 90%。半导体设备方面，日本也有相当强大的优势。半导体制造必备的 26 种设备中，日本至少有 10 种设备的市场份额超过 50%，其中电子束描画设备、显影设备、清洗设备、氧化炉等重要前端半导体设备几乎垄断市场；后端设备上，日本的划片机和成型器也是世界第一供应来源。中国从日本进口的半导体设备，大约占日本半导体设备出口总额的 25% ~40%。2022 年，日本向中国出口的半导体设备、材料的金额超过了 90 亿美元，中国是日企的第一出口国，占到 31% 的比例；2021 年，这一数值更是达到近 40%。

因此，在半导体产业领域，中国与日、韩存在着高度相互依赖关系。中国对部分零部件的进口依赖程度大于日本对中国出口市场的依赖程度。

第三，我们梳理了美国及其盟友对中国半导体领域限制政策。近年来，美国一方面以“国家安全”为由对我国高科技企业频频发起制裁，并逐渐扩大打击手段和范围；另一方面，美国也加强与盟友和合作伙伴间经济合作，在供应链联合对中国进行限制。

一方面，美国通过外交经济手段联合日、韩等国，致力于形成“经济同盟”“产业联盟”。2021 年 5 月，美国联合欧洲、日本、韩国等国家和地区的 64 家全球半导体上下游巨头企业组成了美国半导体联盟（SIAC）。2021 年 9 月，美、日、澳、印四国举行首脑会谈，强化在半导体供应链领域合作，推进建立安全通信网，试图进一步阻滞半导体材料和制造装置的对联盟外国家的供应。2021 年 10 月，美国在 G20 峰会期间召开了“全球供应链弹性峰会”，鼓动盟友共建美国主导的全球供应链。2022 年 5 月，拜登率团访问日、韩两国，加快推动构建半导体供应链，与日本达成强化半导体、先进蓄电池等供应链合作，与韩国在供应链预警系统方面达成合作。

另一方面，美国也利用自身全球经济地位对日、韩等国企业进行出口限制等。2019 年初，日本电信公司 NTT 就因为担心失去与美国政府及大企业的合作关系，表示不使用华为 5G 产品。华为与日、韩企业合作受到严重制约，中国与日、韩之间的产业链遭受重创。2021 年 6 月初，拜登政府签署新的禁止美国实体投资的中国企业名单，要求美国实体未来 12 月内剥离所持相关资产。这种干预对中国与日、韩产业合作提出了很大挑战。三星等日、韩企业都在评估与中国相关的产业链受美国政策的影响。此外，美国是《瓦森纳协定》[①] 的主要推动者，日本和韩国都是《瓦森纳协定》成员国，对中国出口受到军民两用商品和技术清单限制，该清单涵盖了先进材料、材料处理、电子器件、计算机、电信与信息安全、传感与激光、导航与航空电子仪器、船舶与海事设备、推进系统九大类，很多领域都是中国与日、韩产业合作的重点。2023 年 5 月 23 日，日本经济产业省正式公布了《外汇法》法令修正案，将先进芯片制造设备等 23 个品类追加列入出口管制对象，于 7 月 23 日实施。

因此，以半导体产业为例，中国对美国的依赖关系并非简单由两国贸易所体现的直接依赖关系，由于产业链分工和布局，必须考虑到日、韩等国在产业链段上的地位，以及我国同日、韩的依赖关系。美国利用其经济地位和政治同盟，能够直接或间接影响日、韩等国的产业政策，进而使中国对美国的间接依赖更加突出。

3. 中国对外依赖综合分析。逆全球化动向下，国际关系紧张意味着产业链上下游环节之间的交易成本上升，国际序列生产受到挑战，产生了供给侧风险。以美欧等技术扩散为核心的高科技产业链合作模式难以为继，高科技领域“卡脖子”问题凸显、备受关注。如图 4 – 4 所示，在全球价值链位置上，中国面临的“卡脖子”风险并非仅存在于高科技领域。日本和美国的指数较高则是由于他们位于中上游的研发等环节，主要输出知识产权、关键零部件等中间品。俄罗斯、澳大利亚两国的指数最高是对这些国家主要输出最上游的矿产、油、气等自然资源的体现。中国位于全球产业链分工的下游，非常靠近终端的消费者。这意味着从跨国生产角度看，中国不但需要美国等

① 《瓦森纳协定》全称为《关于常规武器与两用产品和技术出口控制的瓦森纳协定》，共有包括美国、日本、英国、俄罗斯等 40 个成员国，并没有正式列举被管制的国家，只在口头上将伊朗、伊拉克、朝鲜和利比亚 4 国列入管制对象。

国的高端设备、知识产权、关键零部件等高科技产品投入，也需要资源输出国的原材料投入。以本国自然资源生产、消费占全球比重为例，除煤炭外，从铁矿铜矿等工业金属，到石油这样的传统能源，再到对新能源有重要意义的镍钴锂，中国均处于供不应求状态，对海外供给的依赖度较高。在高科技和自然资源领域均存在“卡脖子”风险。

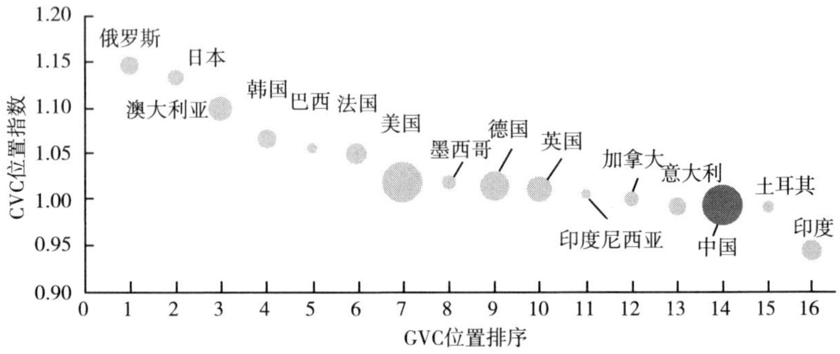

图 4-4 2019 年全球价值链位置指数

资料来源：全球价值链指数（GVC Index）。

综合上述国家层面和行业（产品）层面对中国对外依赖关系的分析，我们发现：美国是我国当前对外最为依赖的国家。这一方面体现在我国对美国市场具有依赖关系，向美国大量出口机械设备、电子产品、纺织品等工业制成品及部分食品烟酒；另一方面，尽管我国进口并未对美国直接构成依赖关系，但在高新科技产品例如生物医药、电子信息、新材料等领域对美国构成依赖关系。尤其值得关注的是，中国并非美国第一出口贸易伙伴，美国近年来也在不断试图进行区域产业链建设，进一步降低对中国的经贸依赖。在当前中美经贸关系仍未缓解的状况下，中美“脱钩”等问题需要中国政府及涉美业务企业更加谨慎对待。

日本、韩国、越南、马来西亚等亚洲国家和德国、澳大利亚等欧洲发达国家作为我国的重要贸易伙伴，对于中国市场及产业链具有依赖关系。在电子、机械和设备领域，中国已经全面融入全球价值链，既是重要供应方，也是主要消费市场。在轻工制造和劳动密集型产业而言，上述国家高度依赖中国的产出。上游资源型产业随着中国制造业的增长大幅提升了对原材料和中间品的需求，对中国的依存度均有所提高。但部分资源产品进口高度集中于澳大利亚等国家，有可能损害中国进口企业利益，抬升下游企业生产成本。以自澳大利亚进口的铁矿石为例，近些年，澳大利亚频繁利用铁矿石贸易给中国施压，对下游钢铁等行业产业链安全带来较大影响。

拉美地区近年来在中国外贸占比不断攀升，且拉美主要经济体对中国具有依赖关系。拉美地区整体上对于中国具有重要地位，但单个国家来看即使经济体量最大的巴西也仅占中国外贸份额不足3%。中国对于拉美单个国家依赖性远低于拉美国家对中国的依赖性。但拉美国家自然资源丰富、发展潜力巨大，中拉经贸关系对于我国产业发展和结构升级具有重要意义。考虑到拉美地区国家众多，各国发展情况不一，对中国以及美国的依赖关系差异较大，因此有必要对中国与拉美国家间的依赖关系进行更细致的剖析。

第三部分

中国与拉美：中拉经贸依赖关系及共赢发展

| 第五章 |

安全的视角：拉美国家的外向性特征与中拉经贸依赖关系

拉美地区相较中国对外开放历史更早，在外向性发展的过程中同样日益重视经济和产业安全发展的问题。因此，本章将延续此前对中国外向性和对外依赖关系的分析模式，从拉美国家视角出发，首先把握拉美地区及典型国家的经济基础和外向性特征，明确对外贸易与吸引投资对于拉美国家经济发展的重要地位；其次从中拉双方视角梳理中拉之间的经贸依赖关系，并与美拉关系进行比较，从侧面分析中拉依赖关系的综合意义。

一、拉美地区及典型国家的外向性特征

（一）拉美地区及典型国家的经济基础

对于拉美地区的经济发展情况，本节主要考察了各国的 GDP、人均收入、产业结构、对外依存度等指标的现状及增速。[①] 从经济体量看，拉美经济总体上集中度高，经济体量国别差距大。如图 5－1 所示，2020 年，

① 由于 GDP、人均收入、产业结构等指标受疫情影响不大，综合考虑数据可比性及时效性，重点考虑对比 2020 年的情况。而各指标的增速受疫情影响，因此考虑 2017～2019 年的平均增速。

拉美经济规模排名前五的国家占拉美地区整体 GDP 的 78.4%。加勒比 14 国经济体量较小，合计占比仅 3.6%。从经济增速来看，2017 ~ 2019 年，拉美地区平均年均增速为 -0.6%，低于全球水平（3.9%），同样国别差距较大在经济规模前五的国家中，平均增速为 -1.9%，低于拉美平均水平。值得注意的是，加勒比 14 国平均经济增速为 -0.7%，略低于拉美平均水平。

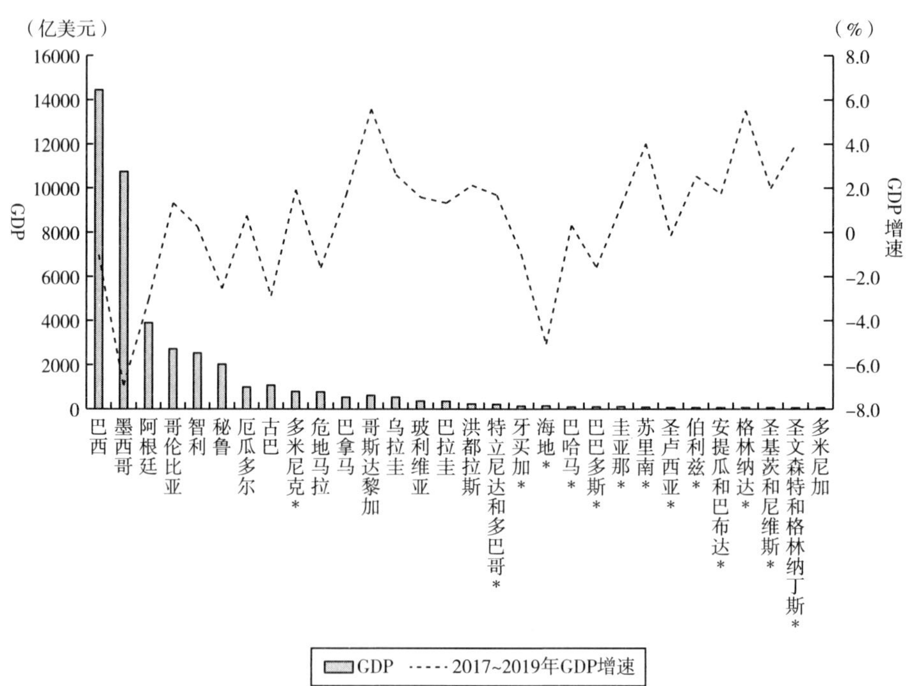

图 5-1　2020 年拉美国家经济规模及平均增速

注：加*的国家为加勒比国家。

资料来源：世界银行。

如图 5-2 所示，从人均收入看，拉美国家整体处于中高收入水平，[①] 且国别差距显著，人均收入最高和最低的国家差距达 20 余倍。增速上，2017 ~

① 按照世界银行 2020 年标准，高收入国家、中高收入国家、中低收入国家的门槛分别为高于 12535 美元、4045 美元和 1036 美元。2020 年，拉美国家人均收入为 7245 美元，属于中高收入水平。

2019 年，拉美总体人均收入增速为 0.5%，低于全球水平（1.04%）。

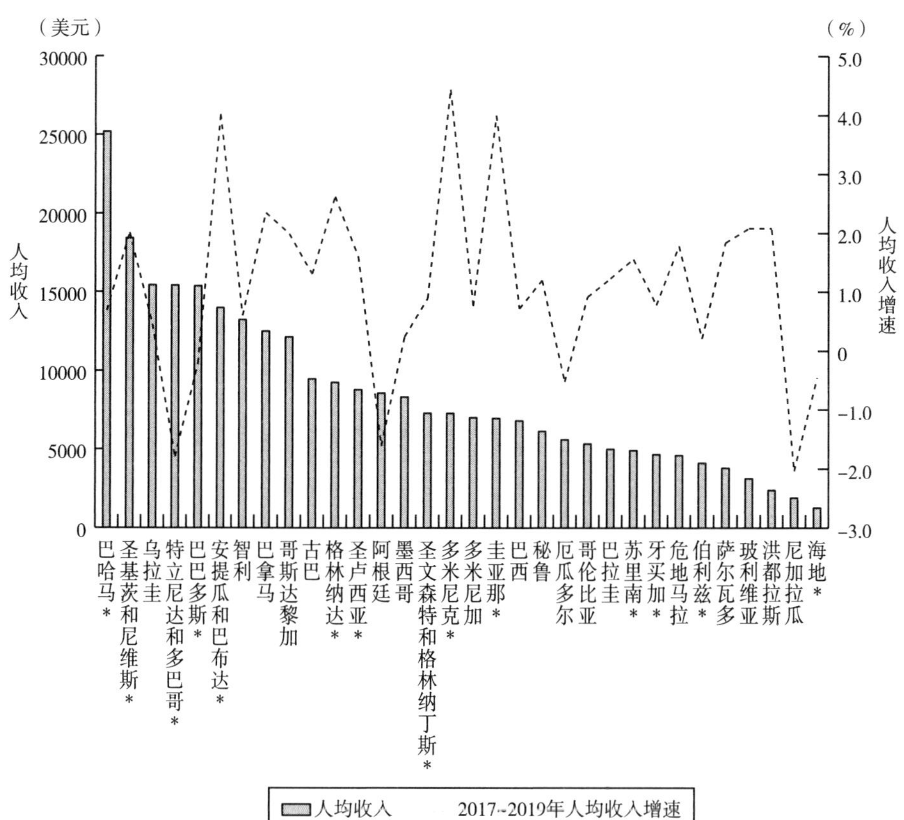

图 5－2　2020 年拉美国家人均收入及其平均增速

注：加 * 的国家为加勒比国家。

资料来源：世界银行。

如图 5－3 所示，从产业结构来看，拉美国家总体上以第三产业为主。第三产业占比较高（67.6%），高于全球水平（64.8%），拉美国家第一产业占比偏低（6.5%）。近年来，拉美国家第二产业占比增加，而第一产业和第三产业占比均下降。与其他收入水平国家整体的第二产业和第三产业占比变动方向相反（低收入国家除外），而第一产业占比变动方向相同。

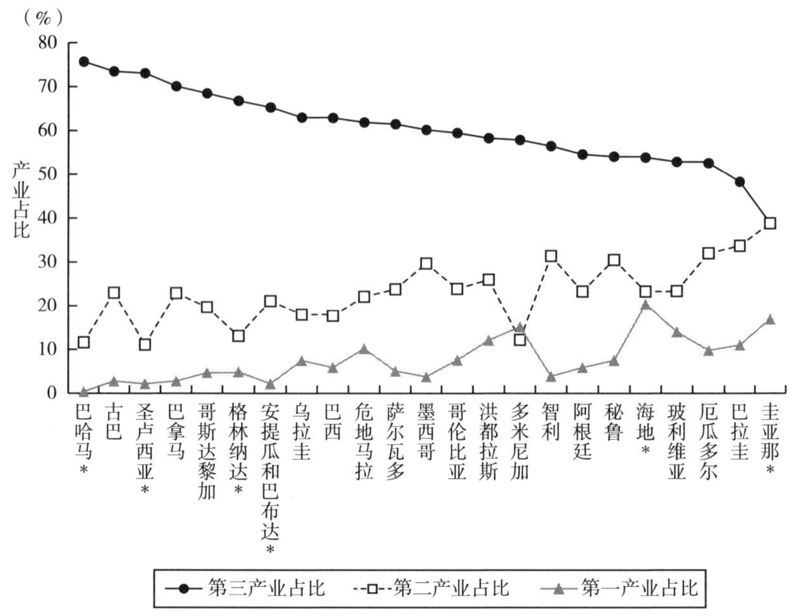

图 5-3　2020 年拉美国家三次产业占比情况

注：加 * 的国家为加勒比国家。

资料来源：世界银行。

（二）拉美地区及典型国家的经济外向性

从经济外向性看，拉美国家在外贸和投资依存度整体处于高位，高于同收入水平其他国家，其中加勒比国家表现尤为突出。如图 5-4 所示，在贸易依存度方面，拉美经济体量前五的国家中，墨西哥、智利对外依存度较高，超过 50%；阿根廷、巴西、哥伦比亚外贸依存度低，低于 30%。此外，加勒比国家普遍超过 40%。

在投资依存度方面，拉美国家直接投资占 GDP 比重并不算高，但吸引外资依存度显著高于对外投资依存度。与外贸依存度类似，加勒比国家投资依存度在拉美国家中位次较高，智利和哥伦比亚作为体量较大的国家也吸引了大量外来投资（见表 5-1）。

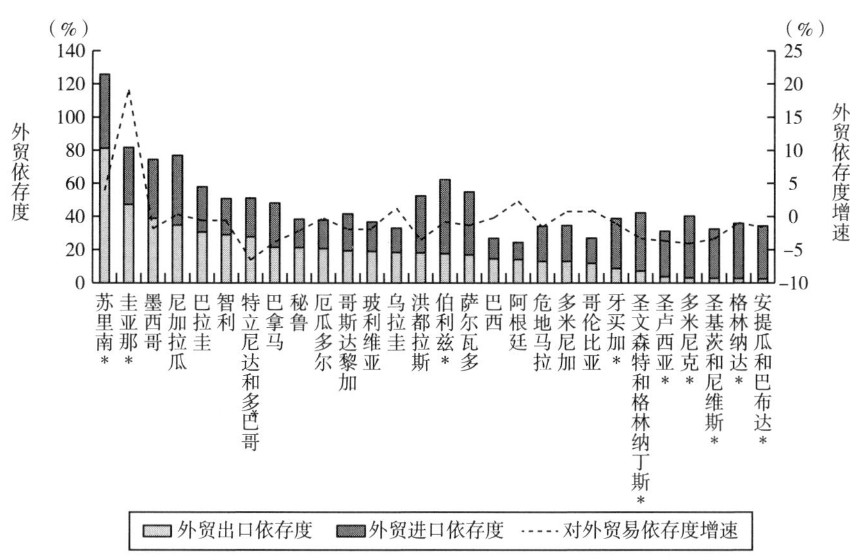

图 5-4 拉美国家 2020 年外贸依存度及 2017～2019 年平均增速

注：加*的国家为加勒比国家。

资料来源：世界银行。

表 5-1　　2020 年拉美主要国家直接投资依存度　　单位：%

国家	直接投资依存度	对外投资依存度	吸引外资依存度
圭亚那*	33.8	0.2	33.5
格林纳达*	14.0	0	14.0
圣文森特和格林纳丁斯*	8.6	-0.4	9.0
智利	7.9	4.6	3.3
多米尼克	5.0	0	5.0
伯利兹*	4.9	0.3	4.7
哥伦比亚	3.6	0.7	2.8
墨西哥	3.3	0.6	2.7
哥斯达黎加	2.9	0.1	2.8
牙买加*	2.7	0	2.6
安提瓜和巴布达*	2.3	0.7	1.6
阿根廷	1.4	0.3	1.1
巴拿马	1.2	0.1	1.1
秘鲁	0.7	0.2	0.5

续表

国家	直接投资依存度	对外投资依存度	吸引外资依存度
海地*	0.2	0	0.2
巴西	-0.1	-1.8	1.7
苏里南*	-0.9	0	-0.9
特立尼达和多巴哥*	-1.2	0.8	-2.0
圣卢西亚*	-1.5	-2.4	0.9
玻利维亚	-3.1	-0.3	-2.9

注：按对外贸易依存度降序排列，* 表示为加勒比国家。

资料来源：根据联合国贸发会、世界银行相关数据计算，详见 https：//unctadstat. unctad. org/wds/TableViewer/tableView. aspx？ReportId =96740，https：//data. worldbank. org/indicator.

二、中国与拉美典型国家的经贸依赖关系

从中国的国家安全角度出发，我们研究的主要标的为：中国对拉美国家在国家/行业层面的依赖关系；拉美国家对中国的依赖关系；中拉间的双向依赖关系。进一步，考虑到拉美国家与美国经贸往来同样紧密，类似地，我们设置了美拉依赖关系的研究标的，还将中拉与美拉的依赖关系进行了对比。

在依赖关系判断标准上，考虑到拉美对外经贸特征的集中性，我们对经济依赖关系的国家/行业层面的判别标准进行了适度简化：（1）如果在贸易或投资的总体/行业占比超过 10%，即存在弱依赖关系。（2）如果该比例超过 50%，则构成强依赖关系。[①]（3）如果两国在国家/行业层面彼此间均构成依赖关系，则存在双向依赖关系。

（一）中国视角

1. 中国对拉美在国家层面的依赖关系。

（1）在国家层面，中国不存在对拉美任何国家的依赖关系。

① 这一概念与第三章所用敏感性和脆弱性指标内容一致，均表示重要且难以替代的依赖关系。

（2）如表5－2所示，从贸易角度，在中国进口占比最高的拉美国家为巴西（3.8%），而墨西哥在中国的出口占比最高（1.9%），均不构成依赖关系。

（3）从投资角度，[①] 在流量和存量上，中国在拉美投资最多的国家均为巴西，但其在中国OFDI占比不足1%，与依赖关系标准相差很大。

（4）变动趋势上，中国对大部分拉美国家进口和出口方面均呈上升态势。其中巴西、智利、秘鲁、墨西哥、哥伦比亚在我国外贸占比增幅相对较大。

表5－2　2019年中国—拉美贸易国家层面依赖关系　单位：%

国家	进口方面					出口方面				
	中国进口金额（百万美元）	中国进口占比（%）	中国进口位次	中国进口增速（%）	中国进口占比变动（%）	中国出口金额（百万美元）	中国出口占比（%）	中国出口位次	中国出口增速（%）	中国出口占比变动（%）
巴西	79203.6	3.8	8	24.2	0.9	35477.0	1.4	20	20.5	0.4
智利	26291.3	1.3	19	13.8	0.1	14687.7	0.6	33	5.1	0
秘鲁	15212.4	0.7	28	20.1	0.1	8508.6	0.3	43	14.3	0.1
墨西哥	14343.8	0.7	30	13.0	0	46377.9	1.9	15	14.5	0.3
阿根廷	7392.3	0.4	43	14.8	0	6883.2	0.3	49	－1.5	－0.1
哥伦比亚	6276.6	0.3	46	48.9	0.1	9225.7	0.4	41	12.4	0
委内瑞拉	4788.4	0.2	52	－4.6	－0.1	1539.9	0.1	103	－12.9	－0.1
厄瓜多尔	3605.0	0.2	62	94.5	0.1	3632.4	0.1	66	20.3	0
乌拉圭	2968.2	0.1	66	17.5	0	1949.8	0.1	92	3.4	0
哥斯达黎加	720.4	0	91	1.1	0	1518.5	0.1	104	0.6	0
特立尼达和多巴哥	682.0	0	93	96.6	0	363.5	0	141	2.0	0
古巴	491.9	0	98	26.6	0	790.4	0	124	－18.5	－0.1
多米尼加共和国	471.6	0	99	87.3	0	2393.0	0.1	80	17.8	0

① 由于拉美国家对中国的直接投资（FDI）金额极少，且主要以贸易支持性企业为主，故在此以中拉贸易依赖关系分析为主，下面的美拉依赖关系同理。

续表

国家	进口方面					出口方面				
	中国进口金额（百万美元）	中国进口占比（%）	中国进口位次	中国进口增速（%）	中国进口占比变动（%）	中国出口金额（百万美元）	中国出口占比（%）	中国出口位次	中国出口增速（%）	中国出口占比变动（%）
巴拿马	443.9	0	103	359.7	0	7948.2	0.3	45	8.5	0
玻利维亚	324.1	0	112	-0.2	0	854.0	0	121	13.4	0
危地马拉	193.0	0	125	31.0	0	2401.4	0.1	79	9.9	0
萨尔瓦多	113.3	0	134	49.0	0	1001.3	0	117	10.0	0
巴哈马	78.6	0	139	17.4	0	355.6	0	142	-0.3	0
苏里南	53.5	0	146	27.6	0	234.7	0	153	24.3	0
圭亚那	46.0	0	148	20.9	0	273.0	0	149	18.4	0
尼加拉瓜	45.6	0	149	51.6	0	501.8	0	135	-6.5	0
洪都拉斯	31.8	0	158	4.7	0	940.5	0	119	10.3	0
牙买加	29.3	0	161	28.7	0	670.4	0	127	11.1	0
巴巴多斯	20.3	0	164	2.9	0	155.7	0	156	38.5	0
巴拉圭	16.6	0	168	-8.7	0	1431.0	0.1	107	7.5	0
海地	4.5	0	176	-9.9	0	561.1	0	133	8.1	0
多米尼克	0.5	0	184	-17.2	0	33.9	0	186	0.4	0
圣基茨和尼维斯	0.4	0	186	-6.1	0	9.7	0	200	47.7	0
圣卢西亚	0.2	0	190	130.3	0	21.5	0	191	9.6	0
伯利兹	0.1	0	191	-28.0	0	116.8	0	162	10.1	0
安提瓜和巴布达	0.1	0	195	32.0	0	71.9	0	174	-15.4	0
格林纳达	0	0	213	-24.1	0	14.6	0	196	33.3	0
圣文森特和格林纳丁斯	0	0	216	-32.7	0	21.3	0	192	7.4	0

注：鉴于双边数据的可得性，对于依赖关系计算截止时间为 2019 年；增速及占比变动计算范围为 2017 ~ 2019 年。

资料来源：CEPII-BACI 数据库。

2. 中国对拉美在行业层面的依赖关系。

（1）如表 5 - 3 所示，在行业层面，中国主要对巴西（大豆、铁矿）、智利（铜矿、钼矿、锂盐）、秘鲁（铜矿、钼矿）、阿根廷（大豆、牛肉、

表 5-3　　2019 年中国—拉美贸易行业层面依赖关系

国家	进口方面				出口方面			
	行业大类	细分品类	拉美在中国的行业占比（%）	拉美在中国的行业占比变动（%）	行业大类	细分品类	拉美在中国的行业占比（%）	拉美在中国的行业占比变动（%）
古巴	食饮烟酒	固体甘蔗糖、甜菜糖及化学纯蔗糖	14.1	-0.9	车辆船舶	铁道及电车道非机动客车；行李车、邮政车和其他铁道及电车道非机动特殊用途车辆（品目8604 的货品除外）	59.5	59.5
					机电产品	书本装订机器，包括锁线订书机	11.1	11.1
巴西	植物产品	大豆（不论是否破碎）	65.1	19.4	车辆船舶	灯船、消防船、挖泥船、起重船及其他不以航行为主要功能的船舶；浮船坞；浮动或潜水时钻探或生产平台	22.5	19.8
	动物产品	冻牛肉	26.4	-4.7	能矿产品	铜矿砂及其精矿	29.3	29.3
	贱金属制品	铁合金	14.3	3.0				
	食饮烟酒	烟草；烟草废料	42.0	26.9				
	能矿产品	铁矿砂及其精矿，包括焙烧黄铁矿	22.1	0.2	化工产品	杀虫剂、杀鼠剂、杀菌剂、除草剂、抗萌剂、植物生长调节剂、消毒剂及类似产品，零售形状、零售包装或制成制剂及成品（例如，经琉璜处理的带子、杀虫灯芯、蜡烛及捕蝇纸）	12.0	5.1
	木浆纸品	烧碱木浆或硫酸盐木浆，但溶解级的除外	27.0	4.3				

续表

国家	进口方面				出口方面			
	行业大类	细分品类	拉美在中国的行业占比（%）	拉美在中国的行业占比变动（%）	行业大类	细分品类	拉美在中国的行业占比（%）	拉美在中国的行业占比变动（%）
智利	能矿产品	铜矿砂及其精矿	35.4	7.2	化工产品	硫酸；发烟硫酸	41.3	41.3
	木浆纸品	烧碱木浆或硫酸盐木浆，但溶解级的除外	11.9	-0.7	食饮烟酒	未加糖或其他甜物质的可可粉	12.4	7.6
	植物产品	鲜的杏、樱桃、桃（包括油桃）、梅及李	86.9	7.6				
	能矿产品	钼矿砂及其精矿	30.0	12.0				
	贱金属制品	未锻轧的精炼铜及铜合金	29.8	-5.8				
	植物产品	鲜或干的葡萄	36.9	-4.7				
秘鲁	能矿产品	铜矿砂及其精矿	26.6	-1.2				
	食饮烟酒	不适于供人食用的肉、杂碎、鱼、甲壳动物、软体动物或其他水生无脊椎动物的渣粉及团粒；油渣	51.8	10.7				
	植物产品	鲜或干的葡萄	22.7	-0.5				
	能矿产品	钼矿砂及其精矿	10.4	0.2				

续表

国家	进口方面				出口方面			
	行业大类	细分品类	拉美在中国的行业占比（%）	拉美在中国的行业占比变动（%）	行业大类	细分品类	拉美在中国的行业占比（%）	拉美在中国的行业占比变动（%）
阿根廷	植物产品	大豆，不论是否破碎	10.1	0.6				
	化工产品	碳酸盐；过碳酸盐；含氨基甲酸铵的商品碳酸铵	28.0	9.6				
	动物产品	冻牛肉	22.5	13.2				
乌拉圭	动物产品	冻牛肉	13.8	-7.5				
	纺织制品	羊毛及动物细毛或粗毛的废料，包括废纱线，但不包括回收纤维	28.7	12.1				
委内瑞拉	贱金属制品	直接从铁矿还原所得的铁产品及其他海绵铁产品，块、团、团粒及类似形状；按重量计纯度≥99.94%的铁，块、团、团粒及类似形状	17.2	17.2	食饮烟酒	提炼豆油所得的油渣饼及其他固体残渣，不论是否碾磨或制成团粒	14.0	14.0
					化工产品	制成的供微生物（包括病毒及类似品）或植物、人体、动物细胞生长或维持用的培养基	11.0	11.0
巴拿马					机电产品	本章其他品目未列名的机器零件，不具有电气接插件、绝缘体、线圈、触点或其他电气器材特征的	16.0	0.7
					动物产品	鲜、冷牛肉	96.6	96.6

续表

国家	进口方面				出口方面			
	行业大类	细分品类	拉美在中国的行业占比（%）	拉美在中国的行业占比变动（%）	行业大类	细分品类	拉美在中国的行业占比（%）	拉美在中国的行业占比变动（%）
巴拉圭					纺织制品	人造纤维长丝丝束	13.5	13.5
厄瓜多尔	鞋帽伞毛	编结的帽坯或用任何材料的条带拼制而成的帽胚，未楦制成形，也未加帽边、衬里或装饰物	15.9	-74.5				
	植物产品	鲜或干的香蕉，包括芭蕉	27.3	5.7				
	动物产品	活、鲜、冷、冻、干、盐腌、盐渍、熏制的带壳或去壳甲壳动物；蒸过或用水煮过的带壳甲壳动物；可供人食用的甲壳动物的细粉、粗粉及团粒	26.3	21.8				
玻利维亚	植物产品	荞麦、谷子及加那利草子；其他谷物	32.1	32.1				
	食饮烟酒	麦芽酿造的啤酒	19.5	12.7				
	机电产品	自行车或机动车辆用的电气照明或信号装置（品目8539的物品除外）、电动风挡刮水器、除霜器及去雾器	10.8	8.2				

续表

国家	进口方面				出口方面			
	行业大类	细分品类	拉美在中国的行业占比（%）	拉美在中国的行业占比变动（%）	行业大类	细分品类	拉美在中国的行业占比（%）	拉美在中国的行业占比变动（%）
玻利维亚	车辆船舶	娱乐或运动用快艇及其他船舶；划艇及轻舟	24.8	12.1				
	能矿产品	钼矿砂及其精矿	19.2	0.9				
墨西哥	机电产品	自行车或机动车辆用的电气照明或信号装置（品目8539的物品除外）、电动风挡刮水器、除霜器及去雾器	10.8	8.2				
	车辆船舶	娱乐或运动用快艇及其他船舶；划艇及轻舟	24.8	12.1				
	能矿产品	钼矿砂及其精矿	19.2	0.9				
	食饮烟酒	麦芽酿造的啤酒	19.5	12.7				

注：阴影部分表示细分品类存在依赖或占比提升。
资料来源：CEPII-BACI 数据库。

锂盐)、乌拉圭（牛肉）、玻利维亚（钼矿、荞麦）、厄瓜多尔（香蕉）、墨西哥（钼矿）、委内瑞拉（铁产品）、古巴（蔗糖）等存在进口依赖；并对巴西（非航行用船）、智利（硫酸）、委内瑞拉（豆油）、巴拿马（机电零部件）、巴拉圭（人造纤维）、古巴（铁路客车）等存在出口依赖。

（2）变动趋势上，中国对绝大部分上述依赖品类的贸易同样呈上升态势，对行业依赖关系有所加深。

（二）拉美视角

1. 拉美对中国在国家层面的依赖关系。

（1）在国家层面，拉美大部分国家对中国存在贸易依赖关系。

（2）如表5－4所示，从贸易角度，智利、秘鲁、巴西、乌拉圭、厄瓜多尔、哥伦比亚、阿根廷等国在进出口方面均对中国存在依赖关系，玻利维亚、墨西哥、哥斯达黎加等9国在进口方面对中国存在依赖关系。

表5－4　2019年拉美—中国贸易国家层面依赖关系

国家	出口方面					进口方面				
	出口中国金额（百万美元）	出口中国占比（%）	出口中国位次	出口中国增速（%）	出口中国占比变动（%）	进口中国金额（百万美元）	进口中国占比（%）	进口中国位次	进口中国增速（%）	进口中国占比变动（%）
智利	22570.6	32.4	1	10.0	3.8	16554.8	23.8	1	5.4	－0.3
秘鲁	13546.0	29.4	1	19.8	5.9	10265.2	24.2	1	8.5	1.5
巴西	63357.5	28.1	1	26.8	9.1	35270.8	19.9	1	17.0	2.9
乌拉圭	1911.6	24.9	1	38.2	12.1	1611.9	19.5	2	1.8	0.7
厄瓜多尔	2896.8	13.0	2	113.8	9.1	3837.7	18.9	2	8.1	－0.2
哥伦比亚	4564.9	11.6	2	101.7	7.9	10966.8	20.8	2	9.2	1.6
阿根廷	6817.9	10.5	2	17.9	2.8	9258.7	18.8	2	－3.8	0.1
玻利维亚	403.6	4.5	8	－5.4	－2.1	2126.5	21.7	1	8.3	1.8
牙买加	36.2	2.3	8	8.2	－0.1	492.2	7.8	2	19.9	1.3
危地马拉	190.5	1.7	11	50.8	1.0	2227.1	11.2	2	7.0	0.3

续表

国家	出口方面					进口方面				
	出口中国金额（百万美元）	出口中国占比（%）	出口中国位次	出口中国增速（%）	出口中国占比变动（%）	进口中国金额（百万美元）	进口中国占比（%）	进口中国位次	进口中国增速（%）	进口中国占比变动（%）
苏里南	24.5	1.7	6	41.5	0.8	144.7	8.5	4	47.9	3.4
墨西哥	6930.3	1.5	5	9.5	0.1	83032.5	18.2	2	6.5	0.3
圭亚那	21.1	1.3	14	9.6	0.2	217.6	5.4	4	28.3	-1.9
哥斯达黎加	122.1	1.1	16	56.1	0.6	2123.5	13.2	2	0.8	-0.4
萨尔瓦多	51.8	0.9	10	250.4	0.8	1657.6	14.3	2	6.1	0
尼加拉瓜	28.6	0.5	16	39.2	0.3	893.9	12.8	2	-7.3	-2.6
伯利兹	0.6	0.3	25	-16.7	-0.3	134.1	13.6	2	6.9	1.9
洪都拉斯	5.4	0.2	34	-23.5	-0.3	1475.8	16.1	2	9.6	1.6
圣卢西亚	0.1	0.1	28	-29.2	-0.8	33.7	5.4	3	52.8	3.5
巴拉圭	10.7	0.1	40	-16.2	-0.1	1923.7	15.8	4	-9.1	-11.4
安提瓜和巴布达	0	0.1	34	-21.8	0	41.7	7.4	2	35.5	3.2
巴巴多斯	0	0	62	-33.3	-4.3	92.1	5.8	4	-7.3	-1.5
圣文森特和格林纳丁斯	0	0	38	-24.6	0	20.7	6.2	4	3.5	0.6

资料来源：CEPII-BACI 数据库。

（3）如表 5－5 所示，从投资角度，根据中国及拉美国家官方口径统计，绝大部分拉美国家对来自中国的 FDI 不存在依赖关系。仅在特立尼达和多巴哥的投资流量占比（12.7%）和在委内瑞拉的投资存量占比（13.9%）体现了中国的投资地位。

（4）变动趋势上，大部分拉美国家对中国的进出口方面均呈上升态势，部分加勒比国家的出口降幅较大。投资方面，中国对大部分拉美国家的投资较 10 年前有明显上升，在巴西、智利、阿根廷等国投资流量和存量均已翻番。不过由于当前占比仍然偏低，短期内难以形成依赖关系。

表 5-5　　2019 年拉美—中国投资国家层面依赖关系

国家	IFDI 中国流量（百万美元）	IFDI 中国存量（百万美元）	IFDI 流量在拉占比（%）	IFDI 存量在拉占比（%）	IFDI 中国流量增速（%）	IFDI 中国存量增速（%）	IFDI 中国流量占比变动（%）	IFDI 中国存量占比变动（%）
巴西	859.9	4434.8	1.3	0.6	97.1	116.0	0.7	0.5
智利	605.7	1171.9	4.8	0.4	137.0	128.7	4.6	0.4
阿根廷	353.6	1808.4	5.3	2.6	131.8	124.6	5.1	2.3
秘鲁	352.0	1398.9	4.4	1.2	104.9	101.4	2.7	-0.3
墨西哥	163.6	1161.1	0.5	0.2	119.9	123.3	0.4	0.2
玻利维亚	51.9	472.3	-23.9	4.0	136.0	122.7	-24.4	3.1
苏里南	40.6	132.7	-208.1	6.5	120.6	95.9	-205.5	6.5
特立尼达和多巴哥	23.4	660.5	12.7	7.8		210.9	12.7	7.8
哥伦比亚	19.2	307.1	0.1	0.1	106.5	132.2	0	0.1
哥斯达黎加	6.8	35.0	0.2	0.1	163.6	135.9	0.2	0.1
洪都拉斯	4.8	15.6	1.0	0.1			1.0	0.1
巴拿马	3.3	550.0	0.1	0.9	-98.5	103.2	-0.9	-0.2
格林纳达	3.0	27.1	2.3	2.2		98.4	2.3	2.2
尼加拉瓜	2.9	6.2	0.6	0.1			0.6	0.1
乌拉圭	1.9	229.4	0.1	0.7	117.4	145.7	0.1	0.7
多米尼加	0.2	0.3	0	0		100.9	0	0
危地马拉	0	0.1	0	0			0	0
圣卢西亚	-0.6	4.2	-1.9	0.4			-1.9	0.4
巴拉圭	-0.8		-0.2		-100.3		-6.2	-1.2
巴哈马	-1.3	162.0	-0.2	0.6		166.9	-0.2	0.6
圭亚那	-4.4	193.4	-0.3	3.2	-101.6	72.6	-14.6	-7.1
巴巴多斯	-8.1	59.1	-3.8	0.8	112.4	134.3	-3.3	0.7
古巴	-11.5	118.0			-87.3	96.3	0	0
厄瓜多尔	-61.2	647.7	-6.4	3.3	-115.9	116.6	-19.7	2.2
牙买加	-112.5	921.7	-16.9	5.3	-155.1	181.1	-17.9	5.3

续表

国家	IFDI 中国流量（百万美元）	IFDI 中国存量（百万美元）	IFDI 流量在拉占比（%）	IFDI 存量在拉占比（%）	IFDI 中国流量增速（%）	IFDI 中国存量增速（%）	IFDI 中国流量占比变动（%）	IFDI 中国存量占比变动（%）
委内瑞拉	-223.8	3431.3	-24.0	13.9	-114.5	124.6	-30.0	12.8
圣文森特和格林纳丁斯		43.2		2.9		83.3	-9.3	2.9
安提瓜和巴布达		5.4		0.5		114.4	0	0.5
多米尼克		3.2		1.0		-85.4	0	1.0

资料来源：根据联合国贸发会、中国商务部相关数据计算，详见 https://unctadstat.unctad.org/wds/TableViewer/tableView.aspx?ReportId=96740，http://www.gov.cn/xinwen/2021-09/29/content_5639984.htm。

2. 拉美对中国在行业层面的依赖关系。

（1）如表5-6所示，在行业层面，拉美国家对中国主要在动植物产品、能矿产品、贱金属制品、木杆制品、食饮烟酒具有出口依赖；对机电产品、车辆船舶、机电产品、化工产品、贱金属制品具有进口依赖，涉及巴西、智利、秘鲁、阿根廷、乌拉圭、哥伦比亚等9国。其中，巴西在能矿产品、植物产品，秘鲁在能矿产品、动物产品，智利在贱金属产品（49%）的出口超过或接近50%，属于绝对依赖。

（2）变动趋势上，中拉对上述绝大部分依赖品类的贸易呈上升态势，行业依赖关系不断深化。

3. 中国与拉美间的双向依赖关系。

（1）在国家层面，拉美国家与中国主要在贸易上构成单向依赖关系。

（2）在行业层面，中国与巴西（大豆、牛肉、铁矿及铁合金、烟草、木浆；船舶、杀虫剂）、智利（铜矿及铜合金、钼矿、锂盐、木浆、樱桃、葡萄；硫酸）、秘鲁（铜矿、钼矿、鱼粉、葡萄）、阿根廷（大豆、牛肉、锂盐）、乌拉圭（牛肉、动物毛料）、玻利维亚（钼矿、啤酒）；墨西哥（钼矿）、巴拉圭（人造纤维）存在双向依赖。上述绝大部分国家与中国的依赖关系呈深化趋势。

表 5-6　**2019 年拉美—中国、美国贸易行业层面依赖关系**

国家	出口方面							进口方面						
	本国行业位次	行业名称	行业出口依赖现状	中国在拉行业占比（%）	美国在拉行业占比（%）	中国在拉行业占比变动（%）	美国在拉行业占比变动（%）	本国行业位次	行业名称	行业进口依赖现状	中国在拉行业占比（%）	美国在拉行业占比（%）	中国在拉行业占比变动（%）	美国在拉行业占比变动（%）
巴西	1	能矿产品	依赖中国	53.0	9.5	11.0	3.3	1	机电产品	依赖中、美，更依赖中国	36.1	11.0	7.3	-6.2
	2	植物产品	依赖中国	50.8	3.0	2.6	-1.1	2	化工产品	依赖中、美，更依赖美国	14.1	18.2	2.7	-2.1
	3	食饮烟酒	依赖美国	4.6	10.8	-0.4	2.7	3	能矿产品	依赖美国	0.7	45.0	-0.2	18.2
	4	动物产品	依赖中国	27.2	2.1	14.4	0.3	4	车辆船航	依赖中国	18.1	6.8	7.8	-2.5
	5	贱金属制品	依赖美国	9.4	29.1	2.0	8.1	5	贱金属制品	依赖中国	17.6	4.9	-1.7	-4.7
乌拉圭	1	动物产品	依赖中国	44.1	7.5	20.7	-1.2	1	机电产品	依赖中、美，更依赖中国	41.8	0.6	9.4	-1.1
	2	植物产品	依赖中国	17.8	1.8	8.9	-0.2	2	化工产品	依赖中国	20.2	9.7	5.2	-0.5
	3	木杆制品	依赖中国	12.7	5.7	9.7	1.1	3	能矿产品	依赖美国	0.1	24.3	0	20.8
	4	化工产品	均不依赖	1.2	2.4	0.9	-0.5	4	车辆船舶	依赖中国	11.7	2.9	-1.8	0.2
	5	塑料橡胶	均不依赖	0	0.3	-0.2	-0.1	5	食饮烟酒	均不依赖	0.8	4.4	0	1.3
秘鲁	1	能矿产品	依赖中国	52.3	4.8	7.6	-0.6	1	机电产占	依赖中、美，更依赖中国	39.6	13.6	2.5	0.7
	2	宝石贵金属	均不依赖	0	6.7	0	-22.4	2	能矿产品	依赖美国	1.1	58.7	-0.3	9.9
	3	植物产品	依赖美国	3.6	38.8	1.2	2.5	3	化工产品	依赖中、美，更依赖美国	15.9	17.3	1.8	-0.5
	4	贱金属制品	依赖中、美，更依赖中国	28.1	13.7	0.8	-2.6	4	车辆船舶	依赖中、美，更依赖中国	17.6	10.9	3.8	-1.2
	5	食饮烟酒	依赖中、美，更依赖中国	35.0	12.2	6.8	-1.1	5	贱金属制品	依赖中国	40.0	9.2	4.8	-1.5
阿根廷	1	植物产品	依赖中国	20.0	2.3	-1.4	-0.8	1	机电产品	依赖中国	34.9	9.8	0.4	-1.2
	2	未分类商品	均不依赖	3.8	9.6	3.8	9.5	2	化工产品	依赖中、美，更依赖美国	16.6	19.2	1.7	-0.3
	3	食饮烟酒	均不依赖	0.8	4.4	0	0.4	3	车辆船舶	均不依赖	6.5	4.0	-1.3	-4.1
	4	动物产品	依赖中国	43.2	3.8	28.0	-2.0	4	能矿产品	依赖美国	0.9	27.6	0.2	5.0
	5	车辆船舶	均不依赖	0	1.0	0	-6.9	5	塑料橡胶	依赖中、美，更依赖美国	11.4	17.7	-0.4	0.7

续表

国家	出口方面							进口方面						
	本国行业位次	行业名称	行业出口依赖现状	中国在拉行业占比（%）	美国在拉行业占比（%）	中国在拉行业占比变动（%）	美国在拉行业占比变动（%）	本国行业位次	行业名称	行业进口依赖现状	中国在拉行业占比（%）	美国在拉行业占比（%）	中国在拉行业占比变动（%）	美国在拉行业占比变动（%）
智利	1	能矿产品	依赖中国	48.4	1.1	6.3	-0.2	1	机电产品	依赖中、美，更依赖中国	34.7	16.3	-0.9	0.3
	2	贱金属制品	依赖中、美，更依赖中国	41.4	16.7	-3.3	4.7	2	能矿产品	依赖美国	0.3	43.5	0.1	5.9
	3	植物产品	依赖中、美，更依赖中国	27.3	23.6	9.3	-8.6	3	车辆船舶	依赖中、美，更依赖中国	14.4	12.2	5.3	1.9
	4	动物产品	依赖中、美，更依赖美国	11.6	29.1	3.6	-0.4	4	化工产品	依赖中、美，更依赖美国	13.3	23.4	1.5	-0.1
	5	食饮烟酒	依赖中、美，更依赖美国	11.7	13.6	2.7	-0.9	5	贱金属制品	依赖中国	48.7	6.6	4.1	-0.5
玻利维亚	1	能矿产品	均不依赖	7.3	0.5	-2.2	-0.4	1	机电产品	依赖中国	32.0	9.7	4.7	-3.4
	2	宝石贵金属	均不依赖	0	7.6	0	-57.0	2	能矿产品	均不依赖	0.1	4.7	0	-10.6
	3	食饮烟酒	均不依赖	0	1.3	0	0.9	3	车辆船舶	依赖中国	25.5	4.6	6.1	-2.1
	4	植物产品	依赖美国	1.9	18.2	1.9	-0.3	4	化工产品	依赖中国	17.6	7.8	3.3	-1.3
	5	贱金属制品	依赖美国	3.1	46.6	-20.5	-0.6	5	赋金属制品	依赖中国	33.0	2.0	3.2	-1.8
苏里南	1	宝石贵金属	均不依赖	0	0	0	0	1	机电产品	依赖中、美，更依赖美国	10.0	36.7	5.0	-14.2
	2	未分类商品	均不依赖	0	0	0	0	2	未分类商品	均不依赖	0	0.1	0	0.0
	3	木杆制品	依赖中国	33.1	0.6	5.3	-0.2	3	能矿产品	依赖美国	0.1	10.6	0	8.8
	4	食饮烟酒	均不依赖	0.1	2.2	0	1.9	4	车辆船舶	依赖美国	4.2	15.6	0.8	-1.5
	5	植物产品	均不依赖	0	0	0	0	5	食饮烟酒	依赖美国	2.5	14.4	0.9	-1.7
巴拉圭	1	植物产品	均不依赖	0.1	1.7	-0.1	1.0	1	机电产品	依赖中、美，更依赖美国	20.4	46.3	-36.0	39.5
	2	能矿产品	均不依赖	0	0	0	0	2	化工产品	依赖中国	21.7	7.6	6.5	0.2
	3	动物产品	均不依赖	0	0.1	0	0	3	能矿产品	均不依赖	0	6.6	-1.2	-18.9
	4	食饮烟酒	均不依赖	0	3.7	0	-2.3	4	车辆船舶	依赖中国	12.7	5.2	-2.0	-0.2
	5	油脂产品	均不依赖	0.2	0.6	0.2	0	5	食饮烟酒	均不依赖	0.5	6.4	-0.1	2.0

续表

国家	出口方面							进口方面						
	本国行业位次	行业名称	行业出口依赖现状	中国在拉行业占比（%）	美国在拉行业占比（%）	中国在拉行业占比变动（%）	美国在拉行业占比变动（%）	本国行业位次	行业名称	行业进口依赖现状	中国在拉行业占比（%）	美国在拉行业占比（%）	中国在拉行业占比变动（%）	美国在拉行业占比变动（%）
厄瓜多尔	1	能矿产品	依赖美国	3.8	45.2	-0.8	-5.8	1	能矿产品	依赖美国	4.7	50.3	3.2	-19.1
	2	植物产品	依赖美国	5.1	23.7	2.6	-2.3	2	机电产品	依赖中、美，更依赖中国	34.9	7.7	-1.6	2.2
	3	动物产品	依赖中、美，更依赖中国	50.2	16.8	47.5	-7.5	3	化工产品	依赖中、美，更依赖美国	11.3	13.6	-0.5	0.5
	4	食饮烟酒	依赖美国	1.8	16.3	-2.6	-0.4	4	车辆船舶	依赖中国	22.0	3.5	6.6	-2.3
	5	木杆制品	依赖中、美，更依赖中国	28.5	19.7	12.6	-2.7	5	贱金属制品	依赖中国	42.7	6.9	2.4	0.0
哥伦比亚	1	能矿产品	依赖中、美，更依赖美国	18.8	33.6	12.8	-2.4	1	机电产品	依赖中、美，更依赖中国	42.5	13.7	3.1	-1.3
	2	植物产品	依赖美国	0.5	47.4	0.3	0.7	2	化工产品	依赖中、美，更依赖美国	11.2	30.3	-0.3	1.3
	3	宝石贵金属	依赖美国	0.1	30.1	0	-23.3	3	车辆船舶	依赖美国	7.0	12.1	0	8.5
	4	化工产品	均不依赖	0.7	4.9	0	-1.7	4	能矿产品	依赖美国	0.6	73.3	-0.5	0.4
	5	塑料橡胶	依赖美国	0.1	13.4	0	-0.1	5	贱金属制品	依赖中国	26.9	7.3	3.0	0.0
危地马拉	1	植物产品	依赖美国	0.5	55.0	0.4	-5.8	1	能矿产品	依赖美国	1.2	74.5	-1.0	-2.5
	2	食饮烟酒	依赖美国	1.8	15.1	1.4	1.7	2	机电产品	依赖中、美，更依赖美国	15.5	37.3	4.2	-6.0
	3	纺织制品	依赖美国	0.2	74.2	0.1	-2.5	3	化工产品	依赖中、美，更依赖美国	10.2	12.9	0.7	-1.0
	4	化工产品	均不依赖	0	2.1	0	-0.1	4	食饮烟酒	依赖美国	1.3	31.0	0.2	-1.2
	5	贱金属制品	依赖中国	19.1	2.9	9.6	-2.0	5	车辆船舶	依赖中、美，更依赖美国	10.8	37.2	1.1	-1.8
萨尔瓦多	1	纺织制品	依赖美国	0	72.6	0	-5.8	1	能矿产品	依赖美国	0.4	75.0	0	0.7
	2	食饮烟酒	依赖美国	5.4	17.7	5.4	-1.1	2	机电产品	依赖中、美，更依赖中国	40.1	12.1	4.2	-4.2
	3	塑料橡胶	均不依赖	0.1	4.1	0	-0.3	3	纺织制品	依赖中、美，更依赖美国	15.4	34.7	-2.0	-12.9
	4	木浆纸品	均不依赖	0	1.7	-0.9	-0.1	4	化工产品	依赖美国	9.3	18.1	0.3	-2.4
	5	化工产品	均不依赖	0	4.7	0	1.2	5	食饮烟酒	依赖美国	0.9	27.8	0.4	0.9

续表

国家	出口方面							进口方面						
	本国行业位次	行业名称	行业出口依赖现状	中国在拉行业占比（%）	美国在拉行业占比（%）	中国在拉行业占比变动（%）	美国在拉行业占比变动（%）	本国行业位次	行业名称	行业进口依赖现状	中国在拉行业占比（%）	美国在拉行业占比（%）	中国在拉行业占比变动（%）	美国在拉行业占比变动（%）
圭亚那	1	宝石贵金属	均不依赖	0	1.6	0	-24.0	1	车辆船舶	均不依赖	0.8	3.4	-4.2	-23.5
	2	植物产品	均不依赖	0	0.8	0	-0.7	2	机电产品	依赖美国	9.1	38.4	1.0	2.6
	3	能矿产品	依赖美国	4.0	19.3	-0.2	-0.2	3	能矿产品	依赖美国	0	11.1	0	0.8
	4	动物产品	依赖美国	9.8	30.9	6.2	-27.8	4	化工产品	依赖美国	2.8	57.7	-2.4	30.1
	5	食饮烟酒	依赖美国	0	17.9	0	6.4	5	贱金属制品	依赖中、美，更依赖美国	10.7	47.2	-12.5	13.3
巴巴多斯	1	能矿产品	均不依赖	0	0	0	0	1	能矿产品	依赖美国	0	19.4	0	-1.4
	2	食饮烟酒	依赖美国	0	27.7	0	-4.8	2	机电产品	依赖中、美，更依赖美国	15.5	53.2	0.7	2.5
	3	化工产品	均不依赖	0	7.4	0	-0.9	3	食饮烟酒	依赖美国	0.4	33.4	0.1	0.1
	4	精密仪器	依赖美国	0	60.4	-42.8	17.1	4	化工产品	依赖美国	1.9	46.5	0.3	1.3
	5	宝石贵金属	依赖美国	0	98.3	0	-0.3	5	车辆船舶	依赖美国	2.9	11.9	1.0	-4.6
伯利兹	1	食饮烟酒	依赖美国	0	16.1	0	-11.0	1	能矿产品	依赖美国	0	72.2	0	65.0
	2	植物产品	均不依赖	0	4.2	0	-22.0	2	机电产品	依赖中、美，更依赖美国	2.9	62.7	3.1	-3.5
	3	动物产品	依赖美国	0.1	67.1	0.1	1.7	3	食饮烟酒	依赖中、美，更依赖美国	15.5	23.5	4.4	1.3
	4	能矿产品	依赖美国	0	53.2	0	-10.6	4	化工产品	依赖美国	6.7	34.1	2.5	-4.3
	5	化工产品	依赖美国	0	48.4	0	-5.8	5	贱金属制品	依赖中、美，更依赖美国	13.1	31.8	5.0	-1.5
安提瓜和巴布达	1	宝石贵金属	均不依赖	0	4.3	0	-87.6	1	机电产品	依赖美国	7.8	66.6	-4.4	8.4
	2	能矿产品	均不依赖	0	3.3	0	-5.9	2	食饮烟酒	依赖美国	0.3	42.1	0.2	-2.6
	3	食饮烟酒	均不依赖	0	9.6	0	0.7	3	车辆船舶	依赖美国	1.8	23.7	0.9	-6.2
	4	车辆船舶	依赖美国	0	21.9	0	11.5	4	贱金属制品	依赖中、美，更依赖美国	31.2	38.3	22.7	-24.2
	5	贱金属制品	依赖美国	0	10.4	0	-12.9	5	动物产品	依赖美国	1.8	55.2	1.0	-0.1

续表

国家	出口方面							进口方面						
	本国行业位次	行业名称	行业出口依赖现状	中国在拉行业占比（%）	美国在拉行业占比（%）	中国在拉行业占比变动（%）	美国在拉行业占比变动（%）	本国行业位次	行业名称	行业进口依赖现状	中国在拉行业占比（%）	美国在拉行业占比（%）	中国在拉行业占比变动（%）	美国在拉行业占比变动（%）
洪都拉斯	1	植物产品	依赖美国	0	33.6	0	-8.7	1	能矿产品	依赖美国	1.2	87.2	1.1	-4.8
	2	食饮烟酒	依赖美国	0	25.6	0	-1.4	2	机电产品	依赖中、美，更依赖中国	39.5	16.3	3.4	-3.0
	3	动物产品	依赖美国	0	34.7	-0.3	-0.4	3	化工产品	依赖美国	6.3	16.3	0.9	-1.4
	4	油脂产品	依赖美国	0	13.3	0	12.0	4	食饮烟酒	依赖美国	0.6	32.1	0	2.5
	5	机电产品	依赖美国	0.6	86.8	-0.3	-1.7	5	贱金属制品	依赖中国	39.9	9.7	7.0	-0.6
牙买加	1	化工产品	依赖美国	1.3	10.2	-3.2	-0.9	1	能矿产品	依赖美国	0	58.7	0	24.5
	2	能矿产品	依赖美国	3.0	92.3	3.0	-2.7	2	机电产品	依赖中、美，更依赖美国	18.3	49.0	4.2	-1.3
	3	食饮烟酒	依赖美国	0	42.7	0	7.0	3	食饮烟酒	依赖美国	1.1	38.9	0.6	-6.4
	4	植物产品	依赖美国	1.1	49.3	0.5	6.4	4	车辆船舶	依赖美国	6.3	11.4	3.7	3.3
	5	动物产品	依赖美国	2.5	27.0	2.5	5.1	5	化工产品	依赖美国	4.4	50.8	0	1.6
圣卢西亚	1	食饮烟酒	依赖美国	0.2	14.4	0.2	2.3	1	能矿产品	依赖美国	0	37.4	0	-22.2
	2	机电产品	依赖美国	0	43.2	-0.1	-27.0	2	食饮烟酒	依赖美国	1.1	29.8	1.0	-2.4
	3	宝石贵金属	依赖美国	0.1	95.5	0.1	0	3	机电产品	依赖中、美，更依赖美国	14.8	54.8	10.9	-1.5
	4	植物产品	均不依赖	0	7.4	0	3.2	4	动物产品	依赖美国	0.2	55.0	0.2	2.0
	5	能矿产品	均不依赖	0	0.3	0	-5.1	5	车辆船舶	依赖美国	1.6	18.2	0.7	1.7
圣文森特和格林纳丁斯	1	植物产品	均不依赖	0	0.8	0	-0.3	1	机电产品	依赖中、美，更依赖美国	14.1	43.3	0.5	-4.6
	2	食饮烟酒	均不依赖	0	1.7	0	1.0	2	食饮烟酒	依赖美国	0.3	30.4	0	0.4
	3	贱金属制品	均不依赖	0	5.3	0	1.9	3	能矿产品	依赖美国	0	34.0	0	11.8
	4	动物产品	依赖美国	0	47.3	0	41.2	4	化工产品	依赖美国	2.3	40.5	0.7	-2.3
	5	机电产品	依赖美国	0.1	33.9	0.1	-11.3	5	动物产品	依赖美国	0.1	48.6	0.1	-4.8

续表

国家	出口方面							进口方面						
	本国行业位次	行业名称	行业出口依赖现状	中国在拉行业占比（%）	美国在拉行业占比（%）	中国在拉行业占比变动（%）	美国在拉行业占比变动（%）	本国行业位次	行业名称	行业进口依赖现状	中国在拉行业占比（%）	美国在拉行业占比（%）	中国在拉行业占比变动（%）	美国在拉行业占比变动（%）
哥斯达黎加	1	精密仪器	依赖美国	0.6	64.6	0.4	-5.6	1	机电产品	依赖中、美，更依赖美国	24.8	34.9	0.6	-2.2
	2	植物产品	依赖美国	0.4	45.1	0.2	-2.2	2	化工产与	依赖美国	6.8	19.8	-0.5	-0.4
	3	食饮烟酒	依赖美国	0.6	13.9	0.6	-1.2	3	能矿产品	依赖美国	0.3	80.6	-0.9	-9.7
	4	化工产品	均不依赖	0.1	4.4	0	1.7	4	塑料橡胶	依赖美国	9.7	49.3	-0.3	4.3
	5	塑料橡服	依赖美国	0.1	50.7	-0.1	11.3	5	贱金属制品	依赖中、美，更依赖美国	21.6	28.7	-0.2	3.3
尼加拉瓜	1	纺织制品	依赖美国	0.1	85.6	0.1	-5.8	1	纺织制品	依赖中、美，更依赖美国	18.8	30.7	-3.4	3.5
	2	动物产品	依赖美国	0.1	39.3	0.1	10.8	2	能矿产品	依赖美国	0	66.5	-1.4	31.0
	3	植物产品	依赖美国	0	40.5	0	-5.1	3	化工产品	均不依赖	7.4	9.9	-0.3	-7.5
	4	食饮烟酒	依赖美国	2.2	47.0	2.2	0.5	4	机电产品	依赖中、美，更依赖中国	28.2	20.8	-0.9	-2.5
	5	宝石贵金属	依赖美国	0	99.8	0	-0.1	5	食饮烟酒	依赖美国	0.3	17.9	-0.1	-1.9
墨西哥	1	机电产品	依赖美国	0.7	86.7	-0.2	-1.5	1	机电产品	依赖中、美，更依赖中国	29.4	28.9	-0.5	-2.5
	2	车辆船舶	依赖美国	1.0	83.8	-0.3	-0.3	2	车辆船舶	依赖美国	10.0	49.4	3.8	-3.1
	3	能矿产品	均不依赖	9.1	6.6	0.9	-36.3	3	能矿产品	依赖美国	2.4	88.9	1.3	-0.7
	4	精密仪器	依赖美国	1.0	92.5	0.3	0.3	4	贱金属制品	依赖中、美，更依赖美国	12.7	47.4	1.9	-4.6
	5	未分类商品	依赖美国	1.2	35.9	0.2	-6.2	5	塑料橡胶	依赖中、美，更依赖美国	11.3	60.6	1.6	-3.4

注：阴影部分表示存在依赖。
资料来源：CEPII-BACI 数据库。

三、中拉与美拉经贸依赖关系的比较与评述

（一）美国与拉美典型国家的经贸依赖关系

1. 美国视角。

（1）美国对拉美在国家层面的依赖关系。在国家层面，美国对于除墨西哥外的拉美国家均无依赖关系。如表 5－7 所示，从贸易角度，美国对墨西哥在出口和进口方向（14.1%，15.6%）均具有依赖关系。

表 5－7　　2019 年美国—拉美贸易国家层面依赖关系

国家	进口方面					出口方面				
	美国进口金额（百万美元）	美国进口占比（%）	美国进口位次	美国进口增速（%）	美国进口占比变动（%）	美国出口金额（百万美元）	美国出口占比（%）	美国出口位次	美国出口增速（%）	美国出口占比变动（%）
墨西哥	361320.9	14.1	2	7.4	0.9	256371.1	15.6	2	3.8	-0.3
巴西	32079.5	1.2	17	6.3	0	43083.2	2.6	9	14.2	0.5
哥伦比亚	14705.7	0.6	25	0.7	-0.1	14780.1	0.9	22	4.4	0
智利	11150.8	0.4	32	5.6	0	15776.2	1.0	20	7.3	0.1
厄瓜多尔	7354.7	0.3	36	4.4	0	5517.8	0.3	42	10.8	0
秘鲁	6514.3	0.3	41	0	0	9687.2	0.6	29	7.4	0
多米尼加共和国	5704.3	0.2	43	6.4	0	9207.7	0.6	30	6.3	0
哥斯达黎加	5417.4	0.2	45	6.1	0	6205.9	0.4	38	1.9	0
阿根廷	5120.1	0.2	48	1.4	0	8078.9	0.5	33	-1.8	-0.1
洪都拉斯	5067.3	0.2	49	1.4	0	5475.1	0.3	44	4.5	0
危地马拉	4310.1	0.2	53	0.2	0	6830.4	0.4	36	5.7	0
尼加拉瓜	3993.9	0.2	57	6.1	0	1652.5	0.1	68	3.9	0
特立尼达和多巴哥	3631.1	0.1	58	4.9	0	2820.0	0.2	55	6.8	0

续表

国家	进口方面					出口方面				
	美国进口金额（百万美元）	美国进口占比（%）	美国进口位次	美国进口增速（%）	美国进口占比变动（%）	美国出口金额（百万美元）	美国出口占比（%）	美国出口位次	美国出口增速（%）	美国出口占比变动（%）
萨尔瓦多	2554.0	0.1	62	-0.2	0	3373.5	0.2	50	5.3	0
委内瑞拉	2015.8	0.1	65	-27.5	-0.4	1272.2	0.1	74	-25.2	-0.3
海地	1087.7	0	76	6.2	0	1235.4	0.1	75	4.4	0
乌拉圭	542.7	0	91	-0.9	0	1710.6	0.1	67	17.8	0
巴拿马	468.3	0	94	3.3	0	7719.4	0.5	35	9.1	0.1
玻利维亚	462.0	0	95	-17.7	0	538.0	0	97	-6.1	0
巴哈马	426.3	0	96	12.9	0	3317.5	0.2	51	194.0	0
牙买加	407.3	0	97	8.6	0	2498.7	0.2	58	17.2	0
巴拉圭	173.2	0	109	3.0	0	2118.1	0.1	61	2.5	0
圭亚那	140.4	0	114	-22.7	0	672.1	0	89	17.1	0
苏里南	88.4	0	125	8.1	0	375.8	0	112	7.9	0
伯利兹	60.2	0	134	1.2	0	393.1	0	108	15.7	0
圣基茨和尼维斯	58.4	0	136	5.1	0	210.2	0	126	15.2	0
巴巴多斯	43.3	0	145	-5.3	0	568.6	0	94	6.0	0
格林纳达	16.0	0	161	5.1	0	118.2	0	141	12.1	0
圣卢西亚	14.0	0	163	-2.2	0	852.3	0.1	82	31.4	0
安提瓜和巴布达	11.0	0	169	-11.9	0	478.1	0	102	27.6	0
圣文森特和格林纳丁斯	5.4	0	182	21.3	0	102.0	0	148	3.0	0
古巴	2.6	0	195			286.8	0	120	6.2	0
多米尼克	2.2	0	198	-6.8	0	346.2	0	116	192.6	0

注：标有阴影的数字表示存在依赖关系。
资料来源：CEPII-BACI 数据库。

从投资角度，美国对拉美各国不存在投资依赖关系。其中，在流量和存量上，美国在拉美投资最多的国家均为墨西哥，但其在美国 OFDI 占比同样不足 1%，尚未构成依赖性。

变动趋势上，美国对大部分拉美国家进口和出口方面均呈上升态势，其中墨西哥在美国外贸占比增幅相对较大（0.9%）。

（2）美国对拉美在行业层面的依赖关系。如表 5－8 所示，在行业层面，美国对拉美的动植物产品（冻牛肉、大豆、水果）、食饮烟酒（烟草、啤酒）、能矿产品（铁矿、钼矿、钨矿、铝矿、磷酸钙）、贱金属制品（铁合金、铜合金、锡）、化工产品（碳酸盐）具有进口依赖；对车辆船舶（非航行船舶）、机电产品（零部件）、化工产品（硫化物、氨水、杀虫剂）具有出口依赖，品类与中国存在部分差异，且涉及国家远多于中国。其中，美国对巴西的铁矿与铁合金（50%，65%）、智利的樱桃与铜合金（84%，62%）、秘鲁的钼矿、碳酸钙（62%，98%）哥伦比亚的煤炭（60%）等进口，以及洪都拉斯的棉纱线（57%）、特立尼达和多巴哥的非航行船（66%）等出口超过 50%，属于绝对依赖。

变动趋势上，美国对大部分上述依赖品类的贸易同样呈上升态势，行业依赖关系有所加深。

2. 拉美视角。

（1）拉美对美国在国家层面的依赖关系。在国家层面，拉美大部分国家对美国存在依赖关系。

如表 5－9 所示，从贸易角度，墨西哥、智利、巴西、秘鲁、哥伦比亚等 21 国对美国具有依赖关系，其中，对于安提瓜和巴布达、圭亚那、苏里南等 5 国仅在进口方面存在依赖，而在墨西哥、尼加拉瓜的出口属于绝对依赖（77.8%，61.7%）。

如表 5－10 所示，从投资角度，墨西哥、巴西、秘鲁、阿根廷等超过半数拉美国家对来自美国的 FDI 存在依赖关系。在萨尔瓦多等小国的 IFDI 占比更是超过 50%。

表 5-8　　2019 年美国—拉美贸易行业层面依赖关系

国家	进口方面				出口方面			
	行业大类	细分品类	拉美在美国的行业占比（%）	拉美在美国的行业占比变动（%）	行业大类	细分品类	拉美在美国的行业占比（%）	拉美在美国的行业占比变动（%）
巴西	贱金属制品	铁合金	11.7	-4.5	化工产品	杀虫剂、杀鼠剂、杀菌剂、除草剂、抗萌剂、植物生长调节剂、消毒剂及类似产品，零售形状、零售包装或制成制剂及成品（例如，经琉璜处理的带子、杀虫灯芯、蜡烛及捕蝇纸）	21.0	6.3
	食饮烟酒	烟草；烟草废料	39.1	3.5	能矿产品	煤；煤砖、煤球及用煤制成的类似固体燃料	10.3	-2.6
	能矿产品	铁矿砂及其精矿，包括焙烧黄铁矿	50.3	-5.6	机电产品	专用于或主要用于品目 8425 至 8430 所列机械的零件	10.9	7.0
	木浆纸品	烧碱木浆或硫酸盐木浆，但溶解级的除外	40.9	4.2				
	车辆船舶	其他航空器（例如，直升机、飞机）；航天器（包括卫星）及运载工具，亚轨道运载工具	17.5	-5.0				
	贱金属制品	铁及非合金钢的半制成品	65.0	19.1				

续表

国家	进口方面				出口方面			
	行业大类	细分品类	拉美在美国的行业占比（%）	拉美在美国的行业占比变动（%）	行业大类	细分品类	拉美在美国的行业占比（%）	拉美在美国的行业占比变动（%）
智利	植物产品	鲜的杏、樱桃、桃（包括油桃）、梅及李	83.8	-2.2	食饮烟酒	麦芽酿造的啤酒	21.0	11.6
	能矿产品	钼矿砂及其精矿	14.5	-23.0	化工产品	氨及氨水	17.4	17.2
	动物产品	鲜、冷、冻鱼片及其他鱼肉（不论是否绞碎）	32.5	5.1				
	植物产品	鲜或干的柑桔属水果	30.7	3.3				
	贱金属制品	未锻轧的精炼铜及铜合金	62.4	13.8				
	植物产品	鲜或干的葡萄	41.3	-18.3				
秘鲁	植物产品	鲜或干的葡萄	22.9	8.0	化工产品	硫化物；多硫化物，不论是否已有化学定义	47.3	10.9
	能矿产品	钼矿砂及其精矿	62.3	12.4	能矿产品	贵金属矿砂及其精矿	10.4	10.4
	能矿产品	天然磷酸钙、天然磷酸铝钙及磷酸盐白垩	98.3	0				
	纺织制品	羊毛或动物细毛的纱线，供零售用	52.2	-0.8				

续表

国家	进口方面				出口方面			
	行业大类	细分品类	拉美在美国的行业占比（%）	拉美在美国的行业占比变动（%）	行业大类	细分品类	拉美在美国的行业占比（%）	拉美在美国的行业占比变动（%）
阿根廷	植物产品	玉米	18.9	8.3	化工产品	其他有机和无机化合物	11.2	-1.5
	化工产品	胶态贵金属；贵金属的无机或有机化合物，不论是否已有化学定义；贵金属汞齐	12.2	-14.9	纺织制品	粗梳羊毛纱线，非供零售用	10.3	10.3
	植物产品	大豆，不论是否破碎	24.0	13.1				
	化工产品	碳酸盐；过碳酸盐；含氨基甲酸铵的商品碳酸铵	14.5	-6.8				
乌拉圭	纺织制品	羊毛及动物细毛或粗毛的废料，包括废纱线，但不包括回收纤维	13.3	-0.3	油脂产品	动、植物油、脂及其分离品，全部或部分氢化、相互酯化、再脂化或反油酸化，不论是否精制，但未经化学改性	13.0	12.9
	皮革制品	经鞣制的不带毛牛皮（包括水牛皮）、马科动物皮及其坯革，不论是否剖层，但未经进一步加工	10.3	8.9				
委内瑞拉					动物产品	其他编号未列名的食用动物产品	17.9	11.3

续表

国家	进口方面				出口方面			
	行业大类	细分品类	拉美在美国的行业占比（%）	拉美在美国的行业占比变动（%）	行业大类	细分品类	拉美在美国的行业占比（%）	拉美在美国的行业占比变动（%）
巴拿马					食饮烟酒	未改性乙醇，按容量计酒精浓度<80%；蒸馏酒、利口酒及其他酒精饮料	13.6	2.4
					皮革制品	皮革或再生皮革制的衣服及衣着附件	11.2	-0.5
巴拉圭	动物产品	未经加工的人发，不论是否洗涤；废人发	11.7	11.7				
多米尼加共和国	食饮烟酒	烟草或烟草代用品制成的雪茄烟及卷烟	51.3	4.2	宝石贵金属	仿首饰	15.7	-2.0
	能矿产品	石灰石助熔剂；通常用于制造石灰或水泥的石灰石及其他钙质石	20.9	0.8	纺织制品	棉纱线（缝纫线除外），按重量计含棉量≥85%，非供零售用	21.1	2.2
厄瓜多尔	植物产品	鲜、冷、冻或干的木薯、竹芋、兰科植物块茎、菊芋、甘薯及含有高淀粉或菊粉的类似根茎，不论是否切片或制成团粒；西谷茎髓	15.9	1.3	贱金属制品	铅废碎料	22.6	-3.5

续表

国家	进口方面				出口方面			
	行业大类	细分品类	拉美在美国的行业占比（%）	拉美在美国的行业占比变动（%）	行业大类	细分品类	拉美在美国的行业占比（%）	拉美在美国的行业占比变动（%）
厄瓜多尔	鞋帽伞毛	编结的帽坯或用任何材料的条带拼制而成的帽胚，未楦制成形，也未加帽边、衬里或装饰物	20.6	3.1				
	植物产品	鲜或干的香蕉，包括芭蕉	15.5	-4.7				
玻利维亚	植物产品	荞麦、谷子及加那利草子；其他谷物	33.9	-0.7				
	贱金属制品	未锻轧锡	17.0	-1.6				
	能矿产品	钨矿砂及其精矿	41.4	12.3				
哥伦比亚	植物产品	咖啡，不论是否焙炒或浸除咖啡碱；咖啡豆荚及咖啡豆皮；含咖啡的咖啡代用品	20.8	0.8	化工产品	烃的卤化衍生物	12.1	-0.4
	能矿产品	煤；煤砖、煤球及用煤制成的类似固体燃料	60.3	-20.6	食饮烟酒	提炼豆油所得的油渣饼及其他固体残渣，不论是否碾磨或制成团粒	11.2	3.8

续表

国家	进口方面				出口方面			
	行业大类	细分品类	拉美在美国的行业占比（%）	拉美在美国的行业占比变动（%）	行业大类	细分品类	拉美在美国的行业占比（%）	拉美在美国的行业占比变动（%）
巴哈马	能矿产品	通常作混凝土粒料、铺路、铁道路基或其他路基的卵石、砾石及碎石，圆石子及燧石，不论是否热处理；矿渣、浮渣及类似的工业残渣，不论是否混有本编号第一部分所列的材料；沥青碎石，品名2515、2516所列各种石料的碎粒、碎屑及粉末，不论是否热处理	13.5	2.8	动物产品	鲜、冷、冻绵羊肉或山羊肉	10.7	4.0
					鞋帽伞毛	品目6601或6602所列物品的零件及装饰品	16.6	16.2
					石料陶瓷	天然石料（不包括板岩）制的长方砌石、路缘石、扁平石	20.1	1.8
哥斯达黎加	植物产品	鲜或干的椰枣、无花果、菠萝、鳄梨、番石榴、芒果及山竹果	14.2	-3.8	能矿产品	天然沥青（地沥青）、沥青页岩、油页岩及焦油砂；沥青岩	13.2	7.1
					贱金属制品	不锈钢丝	12.8	4.6
三亚那	能矿产品	铝矿砂及其精矿	15.7	5.0	贱金属制品	其他圆形截面钢铁管（例如，焊、铆及用类似方法接合的管），外径≥406.4mm	23.1	14.4
海地					植物产品	稻谷、大米	11.0	0.4

续表

国家	进口方面				出口方面			
	行业大类	细分品类	拉美在美国的行业占比（%）	拉美在美国的行业占比变动（%）	行业大类	细分品类	拉美在美国的行业占比（%）	拉美在美国的行业占比变动（%）
洪都拉斯	纺织制品	针织或钩编的T恤衫、汗衫及其他背心	12.4	-0.3	纺织制品	棉纱线（缝纫线除外），按重量计含棉量≥85%，非供零售用	57.4	3.3
	植物产品	鲜的甜瓜（包括西瓜）及木瓜	16.7	3.3	机电产品	针织机、缝编机及制粗松螺旋花线、网眼薄纱、花边、刺绣品、装饰带、编织带或网的机器及簇绒机	14.0	10.1
尼加拉瓜	纺织制品	针织或钩编的T恤衫、汗衫及其他背心	10.1	1.1	纺织制品	其他针织物或钩编织物	15.1	6.3
	动物产品	冻牛肉	11.1	5.6				
萨尔瓦多	石料陶瓷	石棉水泥、纤维素水泥或类似材料的制品	25.3	-2.3	纺织制品	合成纤维短纤纱线（缝纫线除外），非供零售用	13.5	3.4
	食饮烟酒	制糖后所剩的糖蜜	13.0	0.7	石料陶瓷	已加工石棉纤维；以石棉为基本成分或以石棉和碳酸镁为基本成分的混合物；上述混合物或石棉的制品（例如，纱线、机织物、服装、帽类、鞋靴、衬垫），不论是否加强，但品目6811或6813的货品除外	12.2	4.8
圣基茨和尼维斯					纺织制品	动物粗毛或马毛的纱线（包括马毛粗松螺旋化纤），不论是否供零售商用	55.3	55.3

续表

国家	进口方面				出口方面			
	行业大类	细分品类	拉美在美国的行业占比（%）	拉美在美国的行业占比变动（%）	行业大类	细分品类	拉美在美国的行业占比（%）	拉美在美国的行业占比变动（%）
苏里南	贱金属制品	铅废碎料	12.2	10.8	化工产品	硝酸；磺硝酸	12.6	8.7
特立尼达和多巴哥	贱金属制品	直接从铁矿还原所得的铁产品及其他海绵铁产品，块、团、团粒及类似形状；按重量计纯度≥99.94%的铁，块、团、团粒及类似形状	94.7	4.4	车辆船舶	灯船、消防船、挖泥船、起重船及其他不以航行为主要功能的船舶；浮船坞；浮动或潜水时钻探或生产平台	66.0	26.3
	化工产品	无环醇及其卤化、磺化、硝化或亚硝化衍生物	19.4	3.9	石料陶瓷	陶瓷套管、导管、槽管及管子配件	16.6	14.8
危地马拉	植物产品	鲜或干的香蕉，包括芭蕉	40.2	4.3	纺织制品	其他针织物或钩编织物	11.9	-5.7
	食饮烟酒	制糖后所剩的糖蜜	18.5	3.1	纺织制品	已梳的棉花	47.1	-10.9
牙买加	能矿产品	铝矿砂及其精矿	39.8	-5.3	纺织制品	其他品目未列名的金属线机织物及品目5605所列含金属纱线的有机织物，用于衣着、装饰及类似用途	12.3	8.3
	植物产品	暂时保藏（例如，使用二氧化硫气体、盐水、亚硫酸水或其他防腐液）的水果及坚果，但不适于直接食用的	12.5	3.7				

续表

国家	进口方面				出口方面			
	行业大类	细分品类	拉美在美国的行业占比（%）	拉美在美国的行业占比变动（%）	行业大类	细分品类	拉美在美国的行业占比（%）	拉美在美国的行业占比变动（%）
墨西哥	车辆船舶	主要用于载人的机动车辆（品目 8702 的货品除外），包括旅行小客车及赛车	21.2	7.3	能矿产品	石油及从沥青矿物提取的油类，但原油除外；以上述油为基本成分（按重量计不低于 70%）的其他品目未列名制品；废油	30.9	5.8
	机电产品	自动数据处理设备及其部件；其他品目未列名的磁性或光学阅读机、将数据以代码形式转录到数据记录媒体的机器及处理这些数据的机器	29.9	6.7	机电产品	专用于或主要用于品目 84.70 至 84.72 所列机器的零件、附件（罩套、提箱及类似品除外）	67.4	-0.7
	食饮烟酒	麦芽酿造的啤酒	69.2	6.6				
	机电产品	自行车或机动车辆用的电气照明或信号装置（品目 8539 的物品除外）、电动风挡刮水器、除霜器及去雾器	38.9	3.9				
	车辆船舶	娱乐或运动用快艇及其他船舶；划艇及轻舟	22.4	3.6				
	能矿产品	钼矿砂及其精矿	11.3	6.6				

资料来源：CEPII-BACI 数据库。

表 5－9　　2019 年拉美—美国贸易国家层面依赖关系

国家	出口方面					进口方面				
	出口美国金额（百万美元）	出口美国占比（%）	出口美国位次	出口美国增速（%）	出口美国占比变动（%）	进口美国金额（百万美元）	进口美国占比（%）	进口美国位次	进口美国增速（%）	进口美国占比变动（%）
墨西哥	358461.9	77.8	1	6.1	－3.2	206139.8	45.3	1	4.9	－1.2
尼加拉瓜	3523.7	61.7	1	9.6	6.6	1981.9	28.4	1	6.4	6.0
萨尔瓦多	2502.7	42.4	1	－0.9	－5.1	3453.2	29.8	1	2.9	－2.6
哥斯达黎加	4849.1	42.3	1	6.5	1.4	6190.7	38.4	1	2.8	1.1
牙买加	615.5	38.8	1	7.8	－2.7	2868.1	45.2	1	17.8	5.8
危地马拉	3849.5	34.1	1	1.8	－0.5	7368.4	37.1	1	4.2	－1.5
圣卢西亚	33.0	33.9	1	－12.1	－9.3	266.1	42.8	1	－5.0	－4.2
洪都拉斯	1029.9	33.3	1	－14.1	－10.5	3317.7	36.2	1	6.6	1.1
哥伦比亚	12265.7	31.1	1	6.8	－1.8	13375.3	25.4	1	4.0	－1.3
厄瓜多尔	6732.9	30.2	1	8.0	－2.2	4390.6	21.7	1	5.7	－1.6
伯利兹	62.1	25.4	2	－8.0	－7.8	435.8	44.2	1	7.5	6.7
巴巴多斯	92.6	20.9	2	－16.0	－13.6	594.5	37.6	1	－2.0	－1.6
智利	9494.3	13.6	2	4.0	－0.3	13451.5	19.3	2	10.1	1.9
巴西	29860.0	13.2	2	9.5	0.7	30417.4	17.2	2	8.7	－0.4
秘鲁	5748.2	12.5	2	－2.9	－5.0	8808.6	20.8	2	8.0	1.1
圣文森特和格林纳丁斯	4.1	10.7	5	53.6	7.0	136.2	40.8	1	－0.1	－0.2
安提瓜和巴布达	3.7	9.8	2	－21.0	－6.4	273.2	48.3	1	8.7	3.9
圭亚那	105.2	6.7	3	－21.6	－13.9	1020.7	25.4	1	42.6	－2.3
阿根廷	4109.5	6.3	3	－2.8	－1.4	6273.6	12.8	3	－3.4	0.3
乌拉圭	448.4	5.8	4	－0.2	－0.6	764.1	9.3	4	11.7	2.3
玻利维亚	454.1	5.1	6	－18.3	－8.8	617.8	6.3	5	－8.8	－3.5
巴拉圭	162.8	2.1	6	3.9	0.4	2346.9	19.3	2	64.6	11.0
苏里南	17.2	1.2	8	8.0	0.1	370.9	21.7	1	19.9	1.9

资料来源：CEPII-BACI 数据库。

表 5－10　　　　2019 年拉美—美国投资国家层面依赖关系

拉美国家	IFDI 美国流量（百万美元）	IFDI 美国存量（百万美元）	IFDI 流量在拉占比（%）	IFDI 存量在拉占比（%）	IFDI 美国流量增速（%）	IFDI 美国存量增速（%）	IFDI 美国流量占比变动（%）	IFDI 美国存量占比变动（%）
墨西哥	6530.0	114140.0	19.2	20.1	345.8	9.5	16.1	－6.9
巴巴多斯	4499.0	52612.0	2089.0	670.8	78.8	192.1	1697.6	452.2
秘鲁	1444.0	8781.0	17.9	7.6	39.7	－4.7	8.4	－14.9
阿根廷	1169.0	11487.0	17.5	16.3	71.1	5.9	42.0	4.3
巴哈马	755.0	49638.0	123.6	197.2	18825.0	4845.3	122.7	192.5
多米尼加	623.0	3672.0	20.6	8.7	73.6	47.1	8.2	－1.3
萨尔瓦多	538.0	4314.0	84.6	43.2	1070.8	26.8	95.0	4.7
巴拿马	513.0	7024.0	11.9	12.1	83.8	25.5	39.7	－10.3
智利	302.0	27235.0	2.4	10.2	－46.7	－15.9	－28.3	－14.7
哥斯达黎加	254.0	2465.0	9.2	5.6	210.8	12.3	13.9	－6.8
洪都拉斯	169.0	1813.0	33.9	11.0	－7.8	24.5	133	－6.5
哥伦比亚	117.0	8260.0	0.8	4.0	－25.4	3.9	－2.9	－5.2
玻利维亚	81.0	159.0	－37.4	1.4	7.9	－38.3	－48.3	－8.5
特立尼达和多巴哥	53.0	5919.0	28.8	70.0	215.6	855.0	32.1	63.0
圣基茨和尼维斯	44.0	579.0	47.7	32.6		7187.5	47.7	32.6
圣卢西亚	11.0	439.0	35.9	40.0			35.9	40.0
伯利兹	7.0	78.0	7.5	3.3	166.7	23.6	10.5	－0.3
格林纳达	4.0	49.0	3.1	3.9		300.0	3.1	3.9
安提瓜和巴布达	－1.0	5.0	－0.7	0.5		75.0	－0.7	0.5
圣文森特和格林纳丁斯	－1.0	5.0	－0.9	0.3		200.0	－0.9	0.3
海地	－4.0	24.0	－5.3	1.2	－50.3	－49.8	－118.2	－41.6
牙买加	－4.0	120.0	－0.6	0.7		1550.0	－0.6	1.3
危地马拉	－7.0	785.0	－0.7	4.7	－53.2	－20.9	－17.3	－24.9
乌拉圭	－28.0	1031.0	－1.5	3.3	－77.3	－9.1	－1.0	－6.8

续表

拉美国家	IFDI 美国流量（百万美元）	IFDI 美国存量（百万美元）	IFDI 流量在拉占比（%）	IFDI 存量在拉占比（%）	IFDI 美国流量增速（%）	IFDI 美国存量增速（%）	IFDI 美国流量占比变动（%）	IFDI 美国存量占比变动（%）
厄瓜多尔	-34.0	786.0	-3.5	4.0	-66.5	-24.1	-65.6	-8.8
尼加拉瓜	-50.0	4.0	-9.9	0			-9.9	0
苏里南	-50.0	255.0	256.4	12.6		422.2	256.4	12.6
委内瑞拉	-159.0	1641.0	-17.0	6.7	-66.9	-43.4	-46.9	-27.6
巴西	-350.0	84618.0	-0.5	12.0	-51.8	-1.1	-12.9	-1.5
巴拉圭		254.0		4.0	-50.0	28.9	-2.6	-0.9

资料来源：根据联合国贸发会、美国统计局相关数据计算，详见 https：//unctadstat. unctad. org/wds/TableViewer/tableView. aspx？ ReportId = 96740， https：//www. bea. gov/data/intl-trade-investment/direct-investment-country-and-industry。

变动趋势上，大部分拉美国家对美国的贸易呈上升态势，但部分加勒比国家的出口降幅较大。投资方面，美国对大部分拉美国家的投资较 10 年前有所上升，在一些加勒比小国增速较高，但在巴西、墨西哥、阿根廷等国的存量增长有限，在墨西哥、秘鲁、智利、乌拉圭、巴西等国 FDI 存量占比甚至出现了降低的情况。

（2）拉美对美国在行业层面的依赖关系。在行业层面，拉美国家对美国主要在动植物产品、能矿产品、贱金属制品、木杆制品、食饮烟酒、机电产品、纺织制品等多个品类具有进口依赖；对机电产品、车辆船舶、能矿产品（石油）、化工产品、食饮烟酒、贱金属制品具有出口依赖，涉及绝大部分拉美国家。其中墨西哥的机电产品、车辆船舶、精密仪器、萨尔瓦多的纺织制品、能矿产品等出口，以及厄瓜多尔等多国的能矿产品超过 50%，对美国属于绝对依赖。

变动趋势上，美拉对上述绝大部分依赖品类的贸易呈上升态势，行业依赖关系不断深化（同见表 5 -6）。

（3）美国与拉美间的双向依赖关系。在国家层面，美国与墨西哥存在贸易双向依赖关系，其余大部分拉美国家对美国在贸易和投资上具有单向依赖关系。

在行业层面，墨西哥（电子设备、钼矿、机动车、锂盐；石油、机电零部件）；巴西（铁矿、航空器；煤炭、电器零部件）；智利（钼矿、铜合金、锂盐、水果；氨水、啤酒）、秘鲁（钼矿、锂盐、水果；硫化物、贵金属矿）、阿根廷（玉米、大豆、锂盐；化工产品、纺织制品）、哥伦比亚（煤炭、咖啡）、玻利维亚（钨矿、锡）及加勒比国家（动植物、纺织制品；纺织原料）存在双向依赖关系。上述大部分国家与美国的依赖关系同样呈深化趋势。

（二）中拉、美拉依赖关系的比较

1. 中美角度。

（1）在国家层面，由于拉美国家整体经济体量较小且集中度高，中美对于拉美绝大部分国家均不存在贸易和投资上的依赖关系。但由于美墨加协定等合作因素与基础，美墨双方在贸易上具有双向依赖关系。

（2）在行业层面，中美对于动植物产品、能矿产品、贱金属制品等拉美传统优势领域的进口和机电产品、化工制品等中美制造优势品类的出口均具有行业依赖性，但国别分布有所差异。在进口方面，中国对于巴西（大豆、牛肉、铁合金）、智利（铜矿、钼矿、锂盐、樱桃）、阿根廷（牛肉、锂盐）、乌拉圭（牛肉、羊毛）、墨西哥（钼矿）、厄瓜多尔（香蕉）的依赖性更高；在出口方面，中国对于巴西（船舶）、智利（硫酸）、委内瑞拉（豆油）的依赖性更高。上述品类中，中国对绝大部分依赖关系呈上升态势，而美国对拉美的能矿产品（钼矿、铁矿、煤炭）依赖性有所降低。

2. 拉美角度。

（1）在国家层面，大部分国家对中美在贸易上均存在依赖关系，其中巴西、乌拉圭、秘鲁、阿根廷、智利、玻利维亚对中国依赖更多；而由于美国进入拉美地区投资时间较长，近半数国家对美国在投资上也存在依赖关系。

（2）在行业层面，由于中美的大市场等原因，拉美国家对于动植物产品、能矿产品、贱金属制品、食饮烟酒的出口和机电产品、化工产品、车辆船舶的进口均对中美具有行业依赖性，但依赖程度有所差异。其中，拉美普遍在机电产品、车辆船舶、个别化工产品的进口上更加依赖中国；在化工产品、食品烟酒、能矿产品（石油）的进口上更加依赖美国。上述品类中，绝大部分依赖关系呈现中美双升或中升美降的态势。

（三）中拉依赖关系的主要特征及评述

综合来看，我们认为巴西、智利、秘鲁、阿根廷、乌拉圭、玻利维亚对于中国更加依赖，且近年来依赖关系进一步提升；墨西哥、圭亚那、牙买加等诸多加勒比国家对于美国更加依赖，不过近年来中国的贸易占比有所提升，对美依赖程度有所降低。

正因如此，我们有必要进一步关注中拉间经贸关系的发展现状及趋势，并以巴西、智利、秘鲁、墨西哥等典型国家为例对拉美整体发展取向进行探究，判断中拉经贸依赖关系对于中拉经贸合作的实际影响与发展前景。

第六章

发展的视角：中拉经贸发展与拉美经贸发展取向

安全与发展是当前世界经济两大彼此交织的重要命题。第四章和第五章主要从经济和产业安全视角厘清了中拉经贸依赖关系及其重要地位，从本章开始，将更多着眼未来，从合作发展的角度思考中拉经贸发展的基础和方向。本章首先介绍了近十年来中拉经贸发展的现状，包括中拉贸易、投资及外交关系。其次梳理了拉美重点产业、重点领域的发展取向，其中重点产业包括农业、能矿业、制造业和服务业；重点领域则包括基础设施建设、绿色经济和数字经济等。

一、中拉经贸关系发展现状

（一）中拉贸易发展现状

1. 中拉贸易的整体趋势。自中国加入 WTO 以来，中拉贸易长期发展良好，整体呈上升态势（见图 6－1）。从中国对拉出口上看，2001～2021 年，中国对拉美总出口额从 80 亿美元上升至 2104 亿美元，年平均增速高达

18%。尽管2014~2016年中拉贸易额受外部经济复苏缓慢、大宗商品价格下降等因素影响有所下降，但之后随着世界经济恢复迅速反弹，2017~2021年中国对拉出口年均增长率为13%。

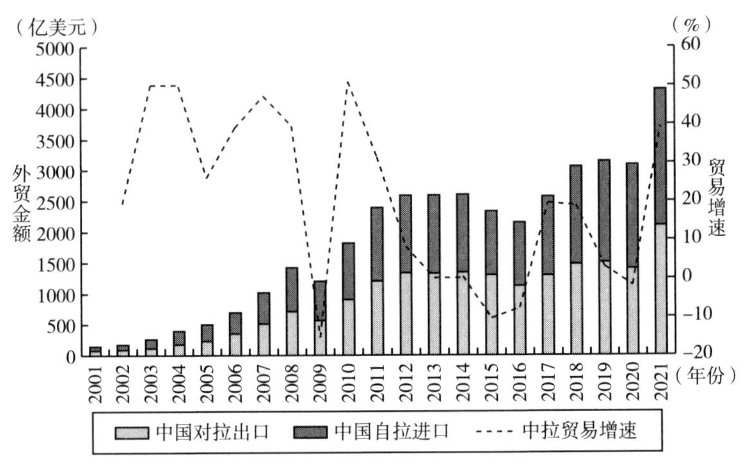

图6-1　2001~2021年中拉进出口贸易及增速

资料来源：CEPII-BACI数据库。

从中国自拉进口角度看，2001~2021年，中国自拉美总进口额从67亿美元上升至2206亿美元，年平均增速同样高达19%，远高于全球贸易增速。拉美主要国家中，中国对巴西、秘鲁、墨西哥、乌拉圭的进口增幅较高，均超过17%，2017~2021年中国自拉美进口贸易年均增长率仍然高达15%。拉美地区已经成长为我国对外贸易中的重要伙伴，总体贸易量仅次于中美贸易。同时，我国自2018年起已经成为拉美第二大贸易伙伴国，2021年占拉美进出口贸易比重分别达到17%和19%。

2. 中拉贸易的国别分布。2000~2021年，中国在拉美地区的贸易往来具有明显的国别集中特征，且集中程度近年来更加突出。2021年，中国对拉出口主要分布在墨西哥、巴西、智利、哥伦比亚、秘鲁、阿根廷等国家，前十大贸易伙伴占比约为92%（见图6-2），对巴西和墨西哥的出口占比约为54%，相比2001年提升了超过了7%（见图6-3）。

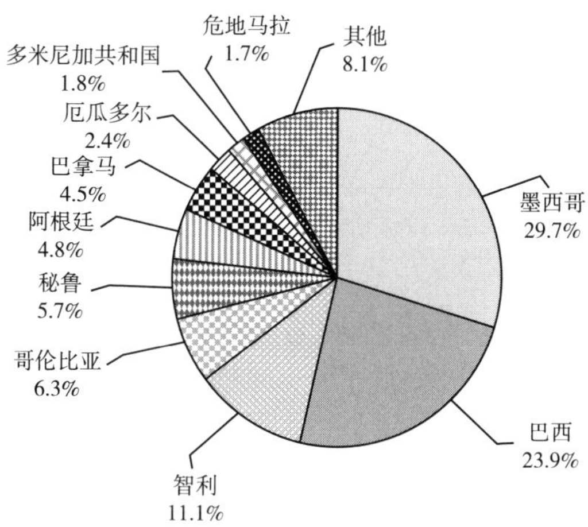

图 6－2　2021 年中国对拉出口的国别分布比例

资料来源：CEPII-BACI 数据库。

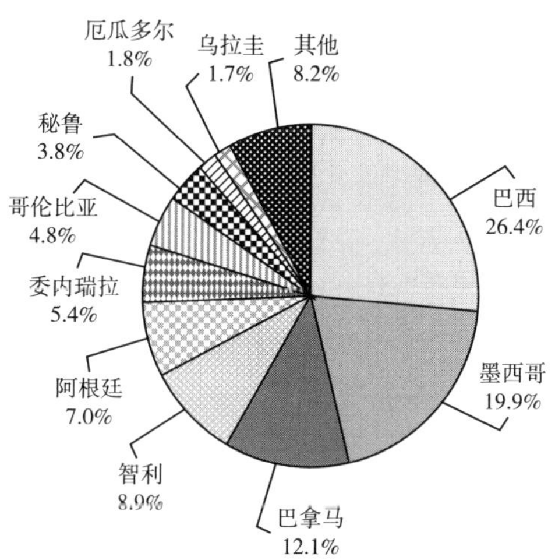

图 6－3　2001 年中国对拉出口的国别分布比例

资料来源：CEPII-BACI 数据库。

2021 年中国自拉进口主要来源于巴西、智利、秘鲁、墨西哥、阿根廷等国家，前 10 大贸易伙伴占比更是达到 98%（见图 6－4）。其中，从拉进口最多的巴西和智利占比从 2001 年的约 55% 上升到 2021 年的约 68%，提升了约 13%（见图 6－5）。

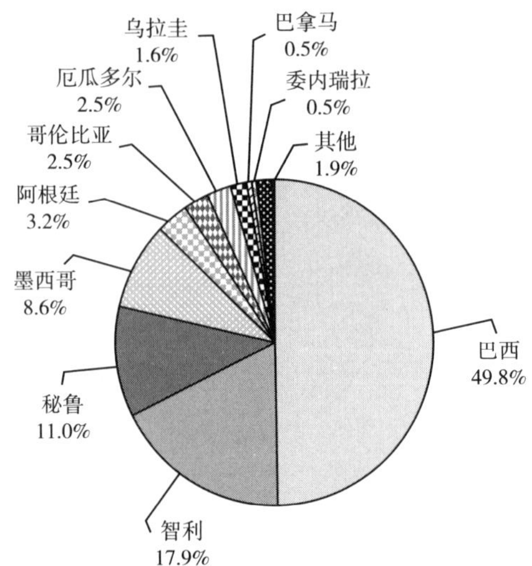

图 6－4　2021 年中国从拉进口的国别分布比例

资料来源：CEPII-BACI 数据库。

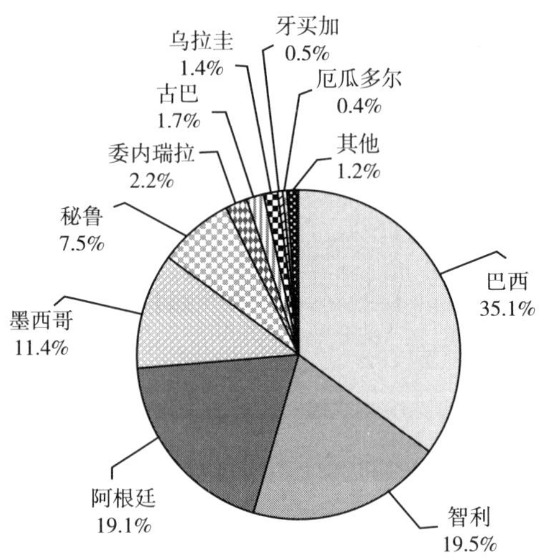

图 6－5　2001 年中国从拉进口的国别分布比例

资料来源：CEPII-BACI 数据库。

3. 中拉贸易的行业特征。中国与拉美地区贸易禀赋不同，双边贸易结构差异较大。中国作为“世界工厂”，2021 年对拉出口主要产品包括机电产品（手机、电脑等制成品为主）、贱金属制品（铁、铝板材）、化工产品（除草剂、化肥）、纺织制品和车辆船舶（客车、摩托车）等，前五大出口品类占比接近

80%，充分支持了拉美地区的消费、农业发展和经济建设（见图6－6）。相比2001年，中国对拉出口的前五大品类增加了贱金属制品和车辆船舶，减少了鞋帽伞毛和杂项制品，体现出中国的制造业出口贸易结构的升级（见图6－7）。

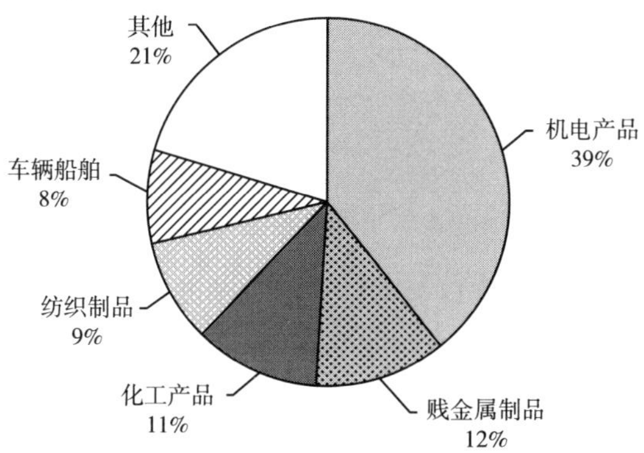

图6－6　2021年中国对拉出口的品类分布比例

资料来源：CEPII-BACI数据库。

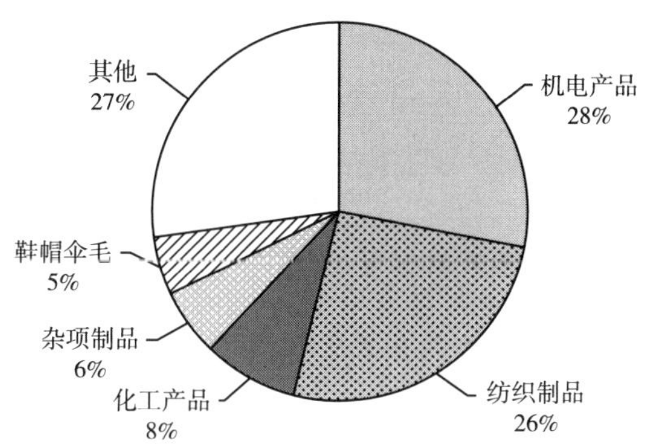

图6－7　2001年中国对拉出口的品类分布比例

资料来源：CEPII-BACI数据库。

2021年，中国自拉进口主要产品包括能矿产品（铁矿、铜矿、石油）、植物产品（大豆、樱桃、高粱）、动物产品（牛肉、水产、猪肉）、贱金属制品（铜、铁）、机电产品（零部件）等，前五大进口品类占比接近90%，充分体现出拉美在能矿及农业方面得天独厚的资源优势（见图6－8）。此外，与2001年相比，中国从拉美进口的产品结构进一步向能矿产品集中（从22%增加到53%）（见图6－9）。

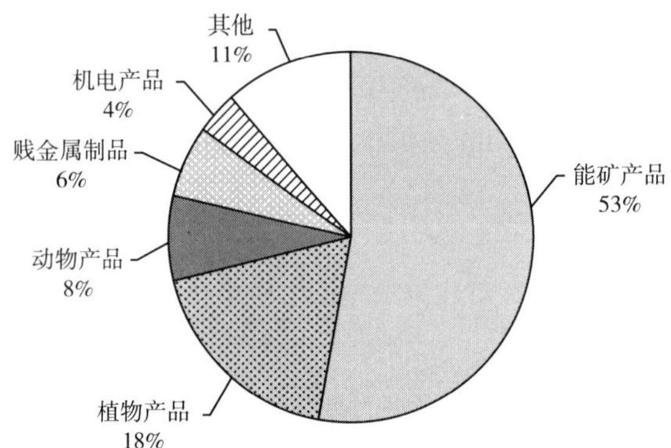

图 6－8　2021 年中国从拉进口的品类分布比例

资料来源：CEPII-BACI 数据库。

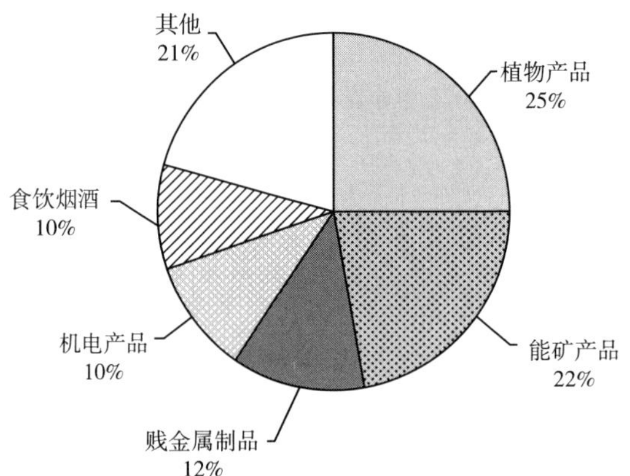

图 6－9　2001 年中国从拉进口的品类分布比例

资料来源：CEPII-BACI 数据库。

（二）中拉投资发展现状

1. 中拉投资的整体趋势。[①] 如图 6－10 所示，2000～2021 年，中国对拉美的直接投资数量和金额均呈上升态势，其中 2010 年和 2017 年达到投资高潮，但近年来投资金额相对平稳，项目数量有所降低。从投资金额来看，

① 由于拉美国家对中国的直接投资金额较少且行业主要集中在贸易服务相关领域，因此本节主要利用“中国企业投资拉美数据库”（后简称“Dussel 数据库”）分析中国企业投资拉美的发展现状及趋势，https：//www. redalc－china. org/monitor/。

2000～2021 年，中国企业累计对拉美投资超过 1714 亿美元。从项目数量来看，2000～2021 年，中国企业对拉美地区直接投资共 520 个。

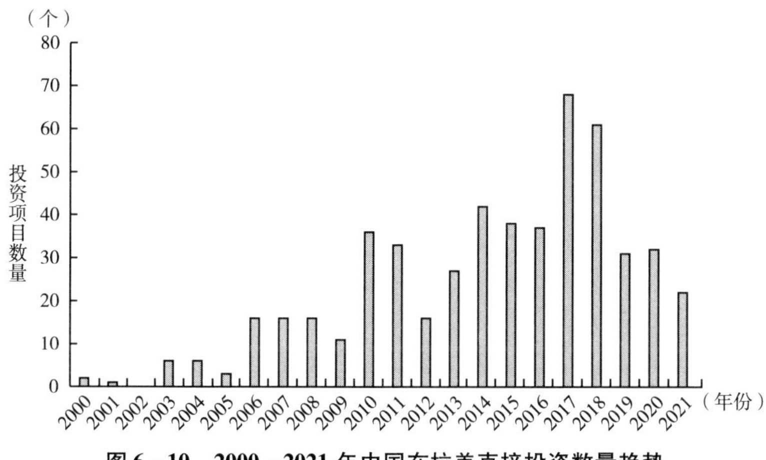

图 6－10　2000～2021 年中国在拉美直接投资数量趋势

资料来源：Dussel 数据库。

中国企业作为全球化进程中的后来者，2002 年之前在拉美地区鲜有投资。2003 年以后，随着中国企业自身的竞争力不断提升，中国对拉美的投资才有了较为迅速的增长。2008 年金融危机后，中国企业把握了海外资产价格低廉的机会，对拉美投资快速增长，2010 年达到历年投资流量之最，并在 2017～2019 年迎来第 2 轮高潮。但近些年来，受疫情、地缘政治等因素影响，投资金额下降，2021 年仅为 86 亿美元（见图 6－11）。

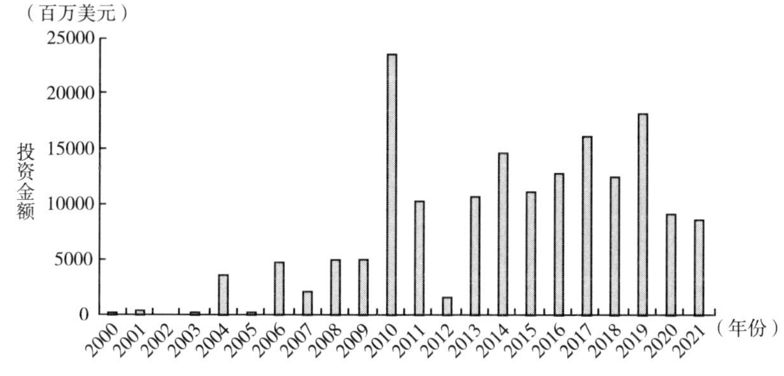

图 6－11　2000～2021 年中国在拉美直接投资金额趋势

资料来源：Dussel 数据库。

2. 中拉投资的国别分布。如表 6－1 所示，从总体上看，2000～2021 年，中国企业在拉投资分布广泛，涉及国家超过了 26 个，主要国家包括巴西、秘鲁、智利、墨西哥、阿根廷等，其项目数量和金额在拉美合计占比都超过了 75%，具有相对明显的聚集特征。

表 6－1　　2000～2021 年中国在拉美直接投资合计（按国别分布）

国家	项目数（个）	金额（百万美元）	占比（%）
巴西	150	60956	36
秘鲁	38	29846	17
智利	52	20465	12
墨西哥	109	16501	10
阿根廷	41	14865	9
哥伦比亚	26	6279	4
厄瓜多尔	13	3695	2
委内瑞拉	17	3219	2
圭亚那	13	3207	2
巴巴多斯	3	2557	1
其他	58	9845	6
总计	520	171434	100

资料来源：Dussel 数据库。

如表 6－2 所示，2000～2005 年，巴西就已经位列拉投资目的国首位，墨西哥、哥伦比亚、厄瓜多尔、委内瑞拉等紧随其后；到 2006～2010 年，秘鲁、阿根廷、智利的地位愈发重要，分列第 2 位、第 3 位、第 5 位；2011～2015 年，中国在墨西哥开展了 28 项投资，重回前 5；秘鲁和阿根廷分别位列第 2 位、第 3 位；2016～2021 年，巴西、智利、墨西哥、秘鲁和阿根廷作为主要拉美经济体，也吸收了最多的中国投资。

3. 中拉投资的行业特征。如表 6－3 所示，从总体上看，中国对拉美投资广泛，分布在 30 个细分行业，包括能源、矿业、电子、地产、金融、食品饮料、通信、汽车等行业。从项目和金额综合来看，主要集中在能源、矿业、地产和电子行业。

表 6 – 2　　　2000 ~ 2021 年中国在拉美直接投资趋势（按国别分布）

年份	国家	项目数（个）	金额（百万美元）	年份	国家	项目数（个）	金额（百万美元）
2000 ~ 2005	巴西	6	3565	2006 ~ 2010	巴西	20	15234
	墨西哥	4	563		秘鲁	15	5699
	哥伦比亚	2	298		阿根廷	4	5654
	厄瓜多尔	3	262		厄瓜多尔	7	3398
	委内瑞拉	2	33		智利	7	3207
2011 ~ 2015	巴西	53	16167	2016 ~ 2021	巴西	71	25990
	秘鲁	12	13492		智利	34	16629
	阿根廷	9	4772		墨西哥	62	11938
	墨西哥	28	3190		秘鲁	11	10656
	巴巴多斯	2	2229		阿根廷	28	4439

资料来源：Dussel 数据库。

表 6 – 3　　　2000 ~ 2021 年中国在拉美直接投资合计（按行业分布）

行业	项目数（个）	金额（百万美元）	占比（%）
能源	68	56263	33
矿业	56	36877	22
采掘	45	25664	15
地产	11	9530	6
电子	43	9529	6
金融	28	5308	3
食品饮料	33	5196	3
汽车	32	5030	3
通信	49	3904	2
港口	12	2932	2
其他	143	11201	7
总计	520	171434	100

资料来源：Dussel 数据库。

如表 6 – 4 所示，早期中国在拉投资以矿业为主，并在通信、港口等领域有所尝试；之后矿业一直是中国企业在拉投资的重要领域，能源行业则在近年来愈发受到重视，交易金额和项目数量都有明显上升；此外电子、汽车等制造业也在2010年以来引起更多中资企业的关注和投资。其中，中石化、中海油、国家电网、三峡集团和中国五矿集团在拉美地区集中了中国直接投资的40.31%。此外，滴滴出行科技等私企脱颖而出，2018年以来，该企业在巴西、哥斯达黎加、哥伦比亚和墨西哥通过不到2亿美元的直接投资创造了16.2万个工作岗位，占2016～2021年工作岗位总量的41.09%。

表6－4　2000～2021年中国在拉美直接投资趋势（按行业分布）

年份	行业	项目数（个）	金额（百万美元）	年份	行业	项目数（个）	金额（百万美元）
2000～2005	矿业	6	3775	2006～2010	矿业	26	19795
	港口	1	450		能源	5	10030
	通信	5	350		采掘	10	3813
	电子	1	63		金融	7	2203
	化工	1	55		电子	5	1861
2011～2015	能源	15	14606	2016～2021	能源	48	31627
	采掘	7	8427		采掘	28	13424
	矿业	12	6485		矿业	12	6822
	地产	4	6025		电子	22	6653
	汽车	14	2045		地产	5	3145

资料来源：Dussel数据库。

（三）中拉经贸相关的外交关系

当前，中国已与拉美33国①中的26个国家建立外交关系，② 并与大部分国家签署“一带一路”合作文件。其中，中国与巴西、智利、秘鲁、阿根廷、墨西哥、委内瑞拉、厄瓜多尔共7个国家建立了全面战略伙伴关系；与特立尼达和多巴哥建立了全面合作伙伴关系；与苏里南、乌拉圭、牙买加3

① 拉丁美洲及加勒比地区共有33个国家和若干未独立的地区。在拉美33国中，共有14个加勒比国家，包括：安提瓜和巴布达、巴哈马、巴巴多斯、伯利兹、多米尼克、格林纳达、圭亚那、海地、牙买加、圣基茨和尼维斯、圣卢西亚、圣文森特和格林纳丁斯、苏里南、特立尼达和多巴哥。

② 外交部．与各国建立外交关系日期简表［EB/OL］．https：//www.mfa.gov.cn/web/ziliao_674904/2193_674977/200812/t20081221_9284708.shtml。

个国家建立了战略合作伙伴关系。在建交国家中，除巴西、墨西哥、哥伦比亚、巴哈马国外，共22个拉美国家与中国签署“一带一路”合作文件（详见表6－5）。

表6－5　　拉美及加勒比国家与中国建交、伙伴关系及“一带一路”文件签署情况

国家	伙伴关系	建交日	是否签署“一带一路”合作文件	合作文件签署时间
古巴	—	1960年9月28日	是	2018年11月
智利	全面战略伙伴	1970年12月15日	是	2018年11月2日
秘鲁	全面战略伙伴	1971年11月2日	是	2019年4月27日
牙买加	战略合作伙伴	1972年11月21日	是	2019年4月11日
墨西哥	全面战略伙伴	1972年2月14日	—	—
阿根廷	全面战略伙伴	1972年2月19日	是	2022年2月4日
圭亚那	—	1972年6月27日	是	2018年7月27日
特立尼达和多巴哥	全面合作伙伴	1974年6月20日	是	2018年5月14日
委内瑞拉	全面战略伙伴	1974年6月28日	是	2018年9月15日
巴西	全面战略伙伴	1974年8月15日	—	—
苏里南	战略合作伙伴	1976年5月28日	是	2018年5月
巴巴多斯	—	1977年5月30日	是	2019年2月21日
厄瓜多尔	全面战略伙伴	1980年1月2日	是	2018年12月12日
哥伦比亚	—	1980年2月7日	—	—
安提瓜和巴布达	—	1983年1月1日	是	2018年6月4日
格林纳达	—	1985年10月1日	是	2018年8月19日
尼加拉瓜	—	1985年12月7日	是	2022年1月10日
玻利维亚	—	1985年7月9日	是	2018年6月19日
乌拉圭	战略合作伙伴	1988年2月3日	是	2018年8月20日
巴哈马	—	1997年5月23日	—	—

续表

国家	伙伴关系	建交日	是否签署“一带一路”合作文件	合作文件签署时间
多米尼克	—	2004 年 3 月 23 日	是	2018 年 7 月 13 日
哥斯达黎加	—	2007 年 6 月 1 日	是	2018 年 9 月 3 日
巴拿马	—	2017 年 6 月 13 日	是	2017 年 11 月 17 日
多米尼加	—	2018 年 5 月 1 日	是	2018 年 11 月 2 日
萨尔瓦多	—	2018 年 8 月 21 日	是	2018 年 11 月 1 日
洪都拉斯	—	2023 年 3 月 26 日	是	2023 年 6 月 12 日

注：截至 2024 年 1 月，还有 7 个拉美国家未同中国建立外交关系。
资料来源：外交部，“一带一路”官网。

二、拉美及其典型国家经贸发展取向的探究

在中拉经贸发展态势良好的基础上，我们需要了解当前及未来拉美国家的发展诉求和取向，从而更具针对性地提出合作策略。因此，我们对拉美地区和典型国家的行业及领域发展取向进行全面梳理，并且明确中拉合作现状，结合依赖关系进一步把握拉美国家发展的现实情况，深入理解发展取向背后的内在诉求。

（一）拉美经贸发展取向探究的可能性及信息来源

1. 拉美经贸发展取向探究的可能性。首先，应当探讨发展取向探究的可能性。基于背景分析，拉美国家往往缺少中长期战略，且存在政治不稳定的特点（例如巴西、委内瑞拉、巴拉圭等国）。然而，拉美国家的经济基础、区位优势和产业发展状况是确定的，且有相应发展路线可循。在过去几十年的发展历程中，拉美国家基于自身的发展条件对发展自身产业和经济也有不断的思考和尝试。各届政府上台后也对本国经济发展有相应的规划。

其次，拉美重要区域智库（例如联合国拉加经委会（ECLAC））、多边银行（例如美洲开发银行（IDB）、拉美开发银行（CAF）），以及拉美各国的优秀学者对本地经济的发展拥有长期的思考和研究，积累了丰富的研究成果。因此我们认为对拉美经贸发展取向的探究是有据可依的。

2. 判断方式及信息来源。本书通过对以下资料和信息来源进行分析、梳理，从而得出拉美国家在产业和领域的发展取向，主要包括：拉美智库研究报告、多边银行研究报告、拉美政要在公开场合的发言及表态；拉美政府发展规划及工作报告；清华大学拉美中心前期对驻华大使、学者等人士访谈纪要；中外文献（含西语文献）相关研究。

（二）拉美经贸发展取向的整体趋势

总体而言，拉美地区存在明确的产业、领域发展取向，当前以及今后一段时间重点发展的产业主要包括农业、能矿业、制造业和服务业（旅游业、金融业）；重点发展的领域包括基础设施建设、绿色经济及数字经济等。而在同一产业及领域，拉美国家间由于资源禀赋、产业基础、发展模式的不同，各自在发展取向上也存在一定的差异。

1. 典型行业。

（1）农业。首先，拉美国家农业资源丰富，多国在生产出口等方面具有优势，并希望开拓海外市场，增进国际贸易。农业是拉美国家的支柱性产业之一。其次，部分国家希望同其他国家开展技术合作与交流，并在农业领域改善国内经济贫困的情况（世界银行，2020）。然而拉美国家的公共研发机构在资源投入、技术产出及推广方面仍有重要差距（Trigo，2019），并在基础设施上存在不足。最后，农业转型、农村移民和生态系统等问题也引起了国际组织（如CAF）、超国家政策框架（如安第斯共同体）等机构的广泛关注（CAF，2021；ECLAC，2021）。拉美典型国家的发展取向呈现出多元化趋势。例如，巴西希望巩固其最大食品生产国地位，并希望开发整合新的生物、数字及创新技术，加强农业综合企业转型（于越，2018；巴西经济部，2019）；智利希望利用有效商务渠道推广三文鱼产业，发展农业科技、推动中智农业合作等；秘鲁发展农业则是着力于解决农村地区生产力和经济问题。

（2）能矿业。首先，拉美多国拥有丰富的能矿资源，对不同品类矿产的开发与出口对于外资吸引与外贸创汇具有重要意义（ECLAC，2020；董誉文，2014；何金祥和刘伟，2019）。例如，巴西、智利、秘鲁等国都拥有丰富矿产资源。巴西的石油及铁矿等资源丰富；智利则在铜矿和锂矿上拥有全球顶尖的储量，并倚靠出口拉动经济增长；秘鲁则富含银、铜等矿产，三个国家凭借丰富的矿产资源吸引外资进入推动经济发展。其次，矿业开采会对环境产生影响，为此拉美政府对于清洁开采、社区关系普遍予以重视（孙彦超，2021）。最后，在能源领域，拉丁美洲在全球可再生能源发电领域占据重要地位，拉美国家普遍希望发展清洁能源，更好实现可持续发展。例如，巴西、墨西哥等国重点发展新能源，巴西科研机构开展了生物柴油的研究，墨西哥则积极发展风能、太阳能等可再生能源。

（3）制造业。制造业同样是拉美地区发展诉求之一（ECLAC，2020）。拉美国家制造业发展较弱，工业增加值低且存在下降趋势（Salama，2020），国别及区域发展不均匀。过早去工业化阻碍了生产率及正式部门工作比例的提升，需要在提高制造业增加值及促进就业上施加政策。由于工业基础、国别特点不同，拉美国家发展诉求存在差异性。拉美国家制造业集中于巴西、墨西哥等国家，这些国家在区域内实力较强，价值链连接程度较高。然而智利、秘鲁和以牙买加为代表的加勒比国家制造业基础较为薄弱，对外依赖强。从依赖关系上看，巴西、智利等拉美主要国家对中国和美国均存在依赖，但依赖关系有所侧重。在国别层面，墨西哥更依赖美国。从发展诉求上看，巴西存在制造业出口的取向，秘鲁希望通过工业园区推动工业化和经济结构多元化。

（4）服务业。拉美地区服务业占比较高，大多数拉美国家依赖服务业发展。世界发展指标（WDI）[①] 数据显示，2020 年，超过 80% 的拉美国家服务业占比超过 50%。拉美主要国家金融业发展迅速，并逐步建立起本国金融体

① 世界银行. 世界发展指标［EB/OL］. https：//data. worldbank. org/.

系。然而与发达国家和其他新兴工业化国家相比，拉美地区金融结构尚不完善，货币化程度、金融体系发育程度较低。基于基础设施发展诉求，拉美面临贷款融资需求。拉美旅游资源丰富，不同国家各具特色。大多数加勒比经济体高度依赖旅游业等服务产业（何亮辰，2021）。各国政府加大旅游业投入，通过各种优惠政策来吸引外资和鼓励国内私人投资，扩大对旅游业的投入。然而旅游业受公共卫生事件影响较大，包括智利、秘鲁、乌拉圭在内的多数国家存在恢复旅游业诉求（IDB，2021；CAF，2021）。

2. 重点领域。

（1）基础设施建设。首先，拉美国家的基础设施起步较早，但未与国内经济发展的需求充分匹配。现有的许多基础设施年久失修，效率低下，成为发展瓶颈（李紫莹和邵禹铭，2021）。例如巴西、秘鲁、墨西哥的基础设施水平相对落后，亟须外部资金的支持。即使是基础设施相对完善的智利，也仍然存在千亿美元规模维持基础设施的需求。[①] 其次，拉美基础设施缺口大，在电力、水和卫生设施上具有发展诉求，国际组织也在积极帮助拉美推动基础设施建设。将数字技术、绿色技术与基础设施相结合也是拉美基础设施发展的一个重要方向。最后，拉美地区市场化程度较高的国家对大型基础设施项目均以 PPP 模式开发，吸引国内以及国际市场的私人投资者与所在国政府共同开发大型基础设施（雒立轩和刘国田，2021）。

（2）绿色经济。一方面，拉美地区面临气候变暖和极端天气事件所带来的严峻挑战，这些挑战主要涉及农业、旅游业、沿海城市发展、淡水供应和交通运输等领域，许多拉美国家已经认识到气候变化对经济和社会的潜在风险，于是自 2020 年以来，多个拉美国家将适应气候变化和包容性增长作为经济调整计划的核心，以提高应对气候变化的能力（寇春鹤，2022）。另一方面，基于丰富的太阳能、风能、水能等资源禀赋，拉美地区从政府层面加大了对可再生能源使用引导力度，可再生能源产业发展也较为迅猛（张锐，2021）。然而资金不足、技术落后是当前制约拉美可再生能源进一步发展的主要因素。面向未来，拉加经委会报告指出拉美国家应在可持续农业、可持续能

① 中国国际贸易促进委员会．报告：智利未来十年须投 1775 亿美元维持基础设施［EB/OL］．https：//www. ccpit. org/chile/a/20220701/202207013fec. html.

源、绿色金融等领域投入更多力量推动地区实现可持续发展目标（ECLAC，2021）。IDB 等区域智库也将绿色发展目标纳入讨论。

（3）数字经济。在数字经济领域，数字经济已成为引领全球经济社会变革、推动经济高质量发展的重要引擎，在数字化浪潮下，拉美地区对拥抱数字经济浪潮充满热情与兴趣。数字经济已渗透进拉美地区的不同产业中，例如智慧农业、电子商务、数字出行、远程医疗、在线教育、在线娱乐、数字货币等领域。环球对比层面，近年来，拉美世界的数字生态系统处于中等水平，高于非洲及亚太地区，但低于中东北非地区的阿拉伯国家、东欧地区、西欧地区和北美地区。域内对比层面，巴西、智利、墨西哥、阿根廷、哥伦比亚和秘鲁由于数字业务增长，对配套的数字技术需求显著增加（ECLAC，2021）。然而，拉美在以 5G 为代表的数字经济等新型基础设施建设速度较慢、水平较低，且呈现层次不一的状态。但拉美地区拥有巨大的发展潜力和需求。目前多国数字业务增长，对配套数字技术需求增加。拉美国家正致力于寻求数字经济背景下数字技术给不同产业带来的增值机会，同时加大数字基础设施投资（IDB，2020）。

拉美各国关于促进数字经济发展的机制建设尚处于初步搭建阶段，走向以开放式的国际合作为主，但合作程度不同。智利签署了《数字经济伙伴关系协定》，通过友好的信息和通信技术框架增加产品的服务与出口。智利、秘鲁、委内瑞拉等国家积极引进中资企业华为、滴滴出行等展开合作。

（三）拉美典型国家的发展取向

1. 巴西的发展取向。作为最大的新兴经济体之一，巴西经济体系较为完整。从产业分布上看，巴西以第三产业为主，服务业在 GDP 中占比超过七成，其中金融业较为发达。同时巴西的农业、矿业资源十分丰富，农业、矿业均为巴西重点行业。在工业方面，巴西的民用飞机和生物燃料产业处于世界领先水平（商务部，2021a），2017～2019 年巴西国内制造业占 GDP 比例呈上升趋势（0.6%）。

总体而言，巴西拥有优越的自然条件和人力资源优势，具备较大的市场规模，经济发展存在较为明确的产业和领域发展取向。当前以及今后一段时间内重点发展的产业主要包括农业、制造业、能矿业；重点发展的领域包括数字经济、绿色经济以及基础设施建设等。

（1）农业：巩固农业贸易，增加基建投入，促进绿色转型。巴西拥有优越的自然条件，大豆、玉米、咖啡、柑橘以及牛肉、猪肉和家禽肉出口量均位居全球前列。2021 年，巴西总统博索纳罗表示，巴西将巩固自己作为世界最大食品生产国的地位。但巴西农业发展也面临农民知识技能水平较低、农业基础设施尤其是交通运输设施瓶颈突出等问题，而巴西政府受竞选政治限制，往往难以对此进行长期投入（于越，2018）。同时，未来巴西的农业发展还需要更多的可持续、精准、高效生产技术，以减少农业和畜牧业生产系统的脆弱性，提高农业生产力和收入，增强复原力，控制温室气体排放（张明军，2021）。为此，巴西政府在《2020～2031 年联邦发展战略》中指出将通过开发整合新的生物、数字和创新技术，加强农业综合企业的转型，使农业实现经济、社会和环境的可持续性。

（2）制造业：行业再工业化，延长本地产业链，扩大制造业出口。21 世纪以来，在市场作用的推动下，巴西出现了“去工业化”和出口“初级产品化”趋势。另据拉加经委会的相关报告，一方面，巴西在食品加工、印刷、纺织家具、化工、塑料、基础金属、汽车、电子机械等多个行业对进口依赖程度均偏高（Mortari & Oliveira，2019）。另一方面，2015 年巴西陷入经济危机后，对中国出口成为一个积极且稳定的增长点；巴西也利用中拉产能合作机会拓展中国市场，扩大其制造业，特别是高端制成品出口，例如恩布拉科公司（Embraco）生产的冰箱、巴西航空工业公司（Embraer）生产的飞机、巴西淡水河谷公司（Companhia Valedo Rio Doce）生产的钢制品（王飞，2018）。巴西政府在《2020～2031 年联邦发展战略》中同样指出，将实施延长本地生产链附加值的发展策略，并保证本国的工业产权制度充满活力，以促进有形和无形资产的发展。2023 年，巴西总统卢拉也提出了“扭转去工业化的进程，促进广泛和全新行业的再工业化”，推动产业向数字经济和绿色经济的过渡转型。具体到州政府，圣保罗州在《2018～2022 年科技发展战略》中确定的六大优先发展战略领域前 4 位均为工业领域，包括软件、生物技术与药品制造、半导体与电子、大型工程机械设备。

（3）能矿业：吸引海外投资，矿业开发与能源结构清洁转型。巴西在石油、铁矿、铌矿方面资源十分丰富，也吸引了大量海外企业在巴投资，例如英国能源公司（Trident Energy）在2019年收购了巴西Pampo和Enchova两大油田（ECLAC，2020）。巴西矿业公司协会会长米格尔·内里（Miguel Nery）曾表示，“我们需要长期吸引投资开发更多矿业项目，包括铜、镍、锂和钴生产的政策和战略，满足清洁能源发展需求”①。巴西政府十分关注对于矿产开发的清洁需求，已经启动2050年矿业规划系列研究，为矿业发展提供指南。同时，巴西地区可再生能源发展迅速，除了主要电力供应采用水电外，近年来巴西光伏产业势头强劲，全国光伏在运装机容量突破13GW。②

（4）数字经济：发展数字产业，提高网络接入，注重隐私监管。巴西是拉美少有的率先部署5G网络的国家，但由于其人口众多，想要实现全民接入，在基础设施的建设方面所需的投入非常巨大，因而在基础设施与连接性方面的发展相对落后。巴西拥有拉美地区最大的电子商务市场，2019年巴西的电子商务销售额增长了16%，在生产数字化方面处于区域领先水平，但目前巴西公司仍处于采用数字技术的早期阶段，在使用互联网和数字技术方面仍落后于OECD成员国（徐泽洋，2021）。巴西政府十分重视这一领域的投资与发展，正大力推动数字城市项目、工业技术4.0和“智慧巴西”国家宽带发展计划等项目。2019年巴西总统博索纳罗曾表示，在数字经济领域发现了创造财富的巨大机会，其中鼓励创新和尊重隐私以及互联网自由的监管框架对此十分重要。在《2020～2031年联邦发展战略》中，巴西政府也把数字经济放在重要地位，将从扩大互联网接入、促进自动化、纳米技术等新兴技术的传播和落地等方面予以助力。

（5）绿色经济：多行业齐头并进，加强国际合作，注重技术创新。巴西向来重视环境保护，巴西经济部和环境部联合推出了“绿色增长计划”，拟

① 巴西深挖采矿业多元化［EB/OL］. 2022-02-09. https://www.bnamericas.com/en/analysis/spotlight-brazil-digging-deep-to-diversify-mining-sector.

② 巴西分布式发电太阳能发电量超过13吉瓦［EB/OL］. 2022-09-15. https://www.portalsolar.com.br/noticias/mercado/geracao-distribuida/energia-solar-ultrapassa-13-gw-na-geracao-distribuida-no-brasil.

使用总规模约4110亿雷亚尔的公共和私人投资推动巴西经济实现绿色低碳转型。森林保护、低碳农业、可再生能源、城市交通、物流、绿色基础设施、生态旅游、公共卫生、废物管理以及通信技术是该项计划的主要关注领域。根据巴西2020年政府工作报告，由于实施技术革新，巴西采矿业、制造业等多个部门减少了对原材料、能源和水的消耗，从而减少了对环境的影响。国内的能源供给方面，化石燃料的使用比例近年来也逐步降低。包括巴西金鱼纸浆、淡水河谷、拜耳巴西、三峡国际等多家在巴西的中外企业近年来也纷纷积极响应巴西减碳工作，从农林、能矿、制造等多个行业实现环保和可持续发展（中巴企业家委员会，2022）。

（6）基础设施建设：投资需求旺盛，吸引外资开展特许经营及PPP。巴西国内基础设施水平亟待改善，且投资需求旺盛（王飞，2020）。作为世界第九大经济体的地位，巴西基础设施存量并不适应，造成国内市场分割和对外联通不善。为此，巴西总统博索纳罗2019年初执政后随即宣布，全年将在基础设施建设领域至少进行49项公开招标，预计招标金额达679亿雷亚尔。另有超过10个州的州长或地方政府代表团自2019年初以来访问中国，向中国投资者推介项目，主要集中在铁路、水利、公路、港口等基础设施领域。拉美开发银行在其报告中也对巴西的物流、公路建设和城市卫生排水设施改善予以关注及资金支持（CAF，2020）。

2. 智利的发展取向。智利是南美洲的发达经济体，气候条件优越，经济高度开放，因此出口导向型的农业成为其重要的发展取向。智利的铜矿储量丰富，制度框架良好，在能矿业的投资和出口方面也具备发展基础和发展诉求。此外，在数字经济、基础设施和绿色经济领域，智利政府高度重视，通过提出并执行计划、与国际加强合作等方式推动发展。

（1）农业：重要的出口创汇部门，重视发展农业科技。在农业领域，智利在水果产业、三文鱼产业上具备国际领先的产业优势。首先，智利是南半球最大的鲜果出口国，向全球100多个国家和地区出口75种水果。水果产值占农牧业产值接近30%。在智利2021年的农业出口结构中，水果产业占比高达89%，而其中樱桃、葡萄和苹果位居出口前三位，分别占水果产业出口额的25.4%、9.3%和8.7%。智利在葡萄、苹果、桃、李、樱桃等水果品类年产品均超过10万吨。其次，智利的食品加工业发展迅速，以三文鱼养殖为代表的产业占据重要位置。商务部（2021b）指出，智利气候和水质等自然条件优越，是世界上人工养殖三文鱼的主要生产国。智利海关统计，2020年，中国与智利双边贸易总额高达409亿美元。其中，三文鱼对中国的出口高达40亿美元。

智利在农副产品出口和科技创新上存在发展诉求。首先，智利政府积极推动农副产品的出口。在水果产业上，智利驻华大使施密特多次推动中智农业合作，例如建立樱桃产业园、中智示范农场、科技研发中心①等，大幅推动了智利对中国水果出口。如今，智利已成为中国最大的鲜果、葡萄酒的供应国，对中国的水果出口已经成为智利重要的发展路径之一。在三文鱼产业上，智利贸易投资促进局（Pro Chile）利用其全球56个办公室跟踪有效的商务渠道，向世界推广智利的三文鱼，不断拓展新的国际市场。其次，智利政府还重视农业科技的创新。智利国家技术与生产发展基金（FONTEC）、经济部下渔业研究基金和CORFO提供资金，广泛支持企业与研究机构合作，就三文鱼产业的疫苗、饲料、生态环境保护等具体问题进行专项研究，逐步培养出本土的创新与研发能力，不断提高出口附加值。智利基金（Fundacion Chile）于1982年成立的南极三文鱼公司（Salmones Antártica），利用自身对养殖程序、鱼种筛选等方面的研究成果为其他新成立的小生产商提供技术支持，以点带面，促进生产与管理技术的传播与应用（陈涛涛等，2018）。

（2）能矿业：矿产资源丰富，吸引外资活跃。智利拥有丰富矿产资源和良好的制度框架。智利是拉美地区重要的矿业大国，开采投资排在全球第四位（商务部，2021b）。第一，作为智利经济的主要增长点，铜矿产业位于发展中的核心地位。铜在矿业中占有举足轻重的位置。2019年全球产量排名前十的铜矿中，有五个位于智利。第二，其巨大的锂矿储量也使得智利拥有良好的发展基础。根据中国商务部数据显示，目前智利锂矿储量大于750万吨，居世界第一，占全球1400万吨储量的52%，主要集中在阿塔卡玛盐湖

① 智利－中国农业科技研发中心成立［EB/OL］. 2017－09－23. http：//www. xinhuanet. com/world/2017－09/23/c_1121713134. htm.

区域。第三，智利政府对矿业干预较少，对采矿业的激励较强。铜矿开采保持活跃。智利拥有良好的制度框架保驾护航（何金祥和刘伟，2019）。中央政府占据主导、地方政府配合的矿业发展模式为其采矿业的发展奠定了良好的秩序基础，而一体化的管理模式也保障了采矿业的高效率。

铜矿业是智利支柱性产业和重要的出口创汇行业（董誉文，2014）。智利铜产量占全球总产量的1/3，其中80%以上用于出口，智利铜矿产品出口量占世界出口量的2/3，具有垄断全球铜产品出口的局面。根据远川研究院报告显示，智利SQM公司是全球最大的碳酸锂生产商，其销量占全球50%。

智利在吸引外资方面具备发展诉求。《采矿特许权宪法组织法》的颁布，吸引了私人资本进入。陈涛涛（2013）指出，智利政府为了更充分地开采和利用铜矿，允许外商对新发现的矿产进行投资。商务部（2021b）指出，除智利国家铜业公司外，智利矿业方面的外资企业主要有必和必拓公司、英美资源集团。前者以全资拥有斯潘斯铜矿和赛罗科罗拉多铜矿，并以58%股权控股埃斯康迪达铜矿；后者拥有Los Bronces、El Soldado和Manto Blancos等铜矿的全资股份。而智利新总统博里奇上台后实施新政，继续扩大企业对智利锂的投资，并支持各方企业包括境外企业入股国有大型锂矿企业。

（3）数字经济：建立统一标准、促进数字基础设施建设、推动数字化转型。智利重视发展数字经济，主要是通过政府和外资的作用去发展数字基础设施。2015年11月，智利总统巴切莱特发布《数字化议程2020》推进智利的数字化进程。为继续推进上述议程，智利前总统皮涅拉着手制定了《数字化转型议程》。2019年，智利成立了科技部专门推动科技领域发展。

首先，智利在建立统一标准、促进数字基础设施的建设以及数字化转型上存在需求，为此智利通过签署合作协议、发布国家规划文件、积极吸引外资来达成。2020年6月，智利、新西兰和新加坡签署《数字经济伙伴关系协议》。旨在建立新的跨境数字经济制度，为企业在数字经济中的发展创造机会，促进各方在新兴数字领域的合作，通过规范标准解决数字化带来的新问题。2020年12月，智利交通和电信部发布《国家5G观察》。其制定的主要目标包括：建立5G技术的协调、合作与知识交流机制；识别和发展建立在

5G 技术基础上的应用案例；建立标准，分享知识等。其次，智利通过投促局等机构推动数字经济合作发展。投促局指出目前主要推动的项目有数据中心（数字基建）、ITO、BPO、KPO、软件开发、游戏制作、电影制作，其中美国均占主导地位。最后，外资在智利的数字经济发展中起重要作用。通过积极引进外资，如谷歌、微软、华为等机构，带动了智利经济数字化转型。

（4）基础设施：公私合作机制推动建设，公共基建开发维护需求高。智利基础设施较为完善，体现在公路交通便利、机场设施完善、海运发达等方面（商务部，2021b）。根据《经济学人》杂志与美洲开发银行，从监管、制度、市场成熟度、投资环境和融资的角度对拉美国家的 PPP 项目进行评估，智利的 PPP 项目评分一直位列榜首，这种经营模式也大大助力了智利的基础设施建设。

智利对公共基础设施的开发维护存在发展诉求。2018 年 10 月，智利公共工程部发布的《2018 ~ 2023 年 PPP 规划》指出计划开发 60 个潜在 PPP 项目，共计总投资额约 146 亿美元，行业涵盖收费高速公路及城市道路、铁路、机场、医院、水坝等。智利建筑商会最新发布的《促进可持续发展的基础设施》报告称，2022 ~ 2031 年，智利将投资 1775. 17 亿美元来维持其基础设施（27% 来自 PPP 模式），报告涉及的基础设施建设领域包括基础性基础设施（水资源、能源和电信），生产性基础设施（城市和城际道路、机场、港口、铁路和物流），以及社会用途性基础设施（医院、监狱和教育）。最大的投资需求来自城市道路和公共空间（559. 18 亿美元），其次是城际道路（280. 13 亿美元）和电信（278. 09 亿美元）。① 近年来，智利通过政府间高层对话，以及向国际金融机构融资来发展基础设施建设。智利通过国际组织机构的融资，很好地促进了基础设施建设发展，特别是新型基础设施。拉美开发银行在智利支持的项目有：光伏太阳能发电、海底电缆以及亚洲—南美洲数字集成系统。

（5）绿色经济：制定法律法规和制度，发展可再生能源。智利重视环境保护和绿色经济发展。智利通过制定法律法规以及计划制度，优先发展可再

① 中国国际贸易促进委员会．报告：智利未来十年须投 1775 亿美元维持基础设施［EB/OL］. 2022 - 07 - 01. https：//www. ccpit. org/chile/a/20220701/202207013fec. html.

生能源。2020 年 4 月，智利政府发布国家层面减排计划。根据该计划，智利减排的中期目标是从文件发布之日起到 2030 年排放的温室气体总量为 11 亿吨二氧化碳当量，2025 年实现碳达峰，长期目标是到 2050 年实现碳中和。2020 年 11 月，智利政府公布《绿氢国家战略》，将生产和出口绿氢确定为一项长期经济战略。

3. 秘鲁的发展取向。秘鲁是南美洲重要的区域经济大国，在地区事务中具有较强的影响力。在产业结构上，第三产业占比超过一半，同时秘鲁也是传统的农矿国家，能矿业、农业在国家发展中占有重要地位。历史上，秘鲁是农牧业国家，出产咖啡、可可、鱼粉等，后来矿业逐渐取代农业地位，成为铜、金等矿产品的重要生产国和出口国。秘鲁对外国投资持欢迎态度，绝大多数一般性产业领域都对外资开放，给予特别鼓励的行业主要有石油、石油化工、生物燃料、电力和农业（商务部，2021c）。此外，基础设施缺口使得秘鲁一直重视发展各类基础设施建设的项目，数字经济、绿色经济等领域也得到了重视。

（1）能矿业：鼓励外资进入，推动矿业可持续发展。在矿业方面，秘鲁具有丰富的矿产资源，被认为是世界上矿产资源最丰富的十大国家之一，是世界重要的银、铜、铅、锌等矿产资源国，也是秘鲁吸引外资的主要行业。

当前，秘鲁政府鼓励矿业发展的政策和战略没有任何放松迹象（何金祥和刘伟，2019），积极鼓励矿业公司投资秘鲁。[①] 但由于面临着严峻的环境或社区问题，罢工和反采矿抗议在矿区此起彼伏。在新进的矿业外资中，秘鲁当局正致力于推动矿业的可持续发展，强调了社区、环境等多方面，希望从社会和环境角度建设一个可持续的采矿业，使得采矿业能够创造更大的“社会效益”，实现价值共享。为了更好应对社会冲突，秘鲁已经在完善环境影响评估（EIA）机制、加强矿业部门环境监管，完善社会冲突预防及管理机制、促进多方对话，为积极参与矿业相关的国际多边协定作出了努力（孙彦超，2021）。同时，政府也正寻求填补社区期望与现有立法之间的差距，希望国家充当仲裁者和对话的促进者，以寻求协商一致的、能反映人民进步和

① 秘鲁能矿部与矿企开展建设性对话［EB/OL］. 2023 - 08 - 24. http：//ggmcta. cgs. gov. cn/DepositsNewsCen. aspx? id = 5491.

福祉的协议。也有学者提到，企业履行社会责任能够在一定程度上缓解冲突（Saenz，2019）。在小规模和手工采矿方面，秘鲁当前正在积极推进正规化进程，促进负责、高效和安全的采矿实践。

（2）农业：促进农产品出口，创造更大的附加值。在农业方面，秘鲁作为世界上生物多样性最丰富的国家之一，拥有丰富的农作物、森林和渔业资源。农业一直是秘鲁的一个关键部门，在解决贫困、促进经济多样化、保护环境等方面发挥重要作用（世界银行，2017）。

为解决农村贫困地区生产力和经济停滞问题，秘鲁政府通过农业和灌溉部的农业生产发展计划，出台了 Sierra 农村发展项目，专注于改善秘鲁农村贫困人口的经济状况，支持农民和地方组织设计、创建和整合农村商业计划和社区主导的发展项目（世界银行，2020）。秘鲁当前也正在积极推动农产品的出口，例如，秘鲁出口商协会农业出口部门经理尤特里认为，近年来亚洲地区进口秘鲁果蔬产品不断增长，秘鲁出口商应积极开拓亚洲市场，建立和拓宽亚洲地区贸易渠道。在进口上，秘鲁也意识到自身高度依赖进口食品和农业供应的状况，正尝试着建立本土供应链体系，利用农业资源创造更大的附加值和实现更高的工业化，致力于提高农业价值链的竞争力并促进小型农业发展。①

（3）制造业：建立工业园区，带动本土制造业发展。在制造业方面，秘鲁以棉花和羊驼等天然纤维纺织品的领先制造商而闻名。但总体而言，秘鲁的制造业相对薄弱，门类品种较为有限，希望能够促进本土制造业的发展。

近年来，秘鲁政府日益重视借鉴国外经验，试图通过建立工业园区带动本国制造业发展。目前秘鲁工业园区仍处于前期规划起步阶段，尚未形成实际生产能力（商务部，2021c）。在秘鲁提出的《2019～2030 国家竞争力和生产力计划》中，优先目标六是“为发展生产性商业环境创造条件”，其中就提到了将国家工业园区发展战略作为落地措施。2020 年 7 月，秘鲁生产部发布了工业园区建设一揽子工程项目，将在全国范围内建设 16 个工业园，

① MIDAGRI 致力于提升可可价值链的竞争力［EB/OL］. 2023－05－13. https：//www. gob. pe/institucion/midagri/noticias/751663-midagri-se-encuentra-comprometido-en-impulsar-la-competitividad-de-la-cadena-del-valor-del-cacao.

总投资额为6.735亿美元。该项目由秘鲁私人投资促进署（Pro Inversión）负责招标等执行工作，将按照“积极项目”（proyectos activos）模式吸引私人投资，旨在促进外国投资、技术转让、创造就业机会，并在一定程度上促进当地生产基础设施建设，创造除首都利马以外的经济发展点。以Ancón工业园（PIA）为例，其主要目标包括：促进生产商和物流运营商的进入、建立有序的工业空间、促进城市规划和利马市北部的社会和经济活动等。

（4）基础设施：完善各类基础设施建设，关注可持续基础设施发展。秘鲁交通基础设施总体较为落后，为解决这一问题，秘鲁政府一直致力于加强吸引私人投资，大型基础设施项目多以公私合作（PPP）方式实施。

除致力发展利马轨道交通外，秘鲁政府在加大对既有铁路、高速公路、桥梁等交通基础设施的改扩建，也在加快和国内主干线公路的建设（毕强，2017），保证为国家基础设施计划提供资金是未来几年的优先事项。[①] 2019年7月，秘鲁政府发布历史上第一个《国家基础设施竞争力计划》，确定了一个由52个项目组成的投资组合，交通运输部门拥有大多数项目，包括公路、机场、港口、地铁和水路。此外，还有电力部门的输电和次输电项目，通信部门的宽带项目，卫生和环境部门针对改善水质和固体废物管理的项目以及农业部门的项目。同时，秘鲁将在未来发布新版国家基础设施竞争力计划，而新计划侧重于可持续基础设施的发展，包括经济、金融、环境、社会和制度层面。

（5）数字经济：发展数字经济，推进国家数字化转型。秘鲁数字经济起步较晚，配套法律和政策措施正在完善过程中，电子政务和电子商务发展水平相对较低，骨干网基础设施建设也有待进一步提高。秘鲁的企业云计算服务等都比较滞后，目前正在积极筹划网络转型，以采购固网接入产品为主。

当前，秘鲁政府正持续着力于提升数字化管理和服务水平，出台政府数字化管理法规，初步建立数字化管理体系和线上服务流程（商务部，2021c）。在秘鲁《2019～2030国家竞争力和生产力计划》中，优先目标三是“培养创

① 孔特雷拉斯部长：“矿业投资者对秘鲁充满信心，押注秘鲁就是押注未来”［EB/OL］. 2023－03－07. https://www.gob.pe/institucion/mef/noticias/721551-ministro-contreras-inversionistas-mineros-ratifican-su-confianza-en-el-peru-apostar-por-el-peru-es-apostar-por-el-futuro.

新、采用和转让技术改进的能力”，其中包括提高公共和私人投资在创新、技术吸收和数字化方面的效率，加快创新、技术吸收和数字化进程等方面。2023 年 3 月，秘鲁经济和财政部（MEF）批准了 2023～2025 年的数字政府计划，回应了国家数字化转型进程的挑战，使其具有可操作性和快速管理的能力。该计划将提高员工的数字技能和能力，建立数字流程和技术，致力于为公民提供更好的数字公共服务。卡尔德隆（Calderón，2021）认为，秘鲁的数字转型不仅要经历必要的法律和体制改革，还要经历由国家高级官员领导的文化变革，认识到数字化可以给一个遭受疫情重创的国家带来的好处（如有助于经济增长，为国家和公民带来可观的储蓄，提高透明度、信任和公众参与程度）。

（6）绿色经济：发展清洁能源，鼓励新型环保建筑。在绿色经济方面，秘鲁生态农业在其绿色经济中占有重要比重，秘鲁已经成为欧洲和美国主要绿色农林产品供应国之一。

秘鲁政府明确规定优先采购清洁能源并网发电，并鼓励大量使用新型环保建筑材料。政府对清洁能源、环保材料使用给予包括税收在内的一系列优惠政策。同时，秘鲁也在积极发展可再生能源、推广电动汽车、更新可持续建筑技术规范，在发展的同时考虑用水效率、能源效率、城市质量、废物再利用、可持续交通等方面，并积极投资于生态系统的恢复等。

4. 乌拉圭的发展取向。乌拉圭在拉美处于中等发展水平，经济规模较小，产业结构相对单一，依赖出口。农牧业较发达，主要生产并出口肉类、羊毛、水产品、皮革和稻米等。工业以农牧产品加工业为主。服务业占国民经济比重较高，以金融业、旅游业、物流和交通业为主。乌拉圭政府为解决国内建设资金短缺和就业问题，进一步加大了招商引资力度，欢迎外国企业在交通、港口、木材加工、乳制品加工、清洁能源、农牧业资源开发和加工出口等领域进行投资（商务部，2021d）。乌拉圭《2050 国家发展战略》中提到将重点关注十个战略性领域：生物经济、数字经济、可再生能源、旅游、碳氢化合物、采矿、创新产业、林业—木浆、与自然资源相关的食品和全球服务出口。

（1）农业：促进农产品出口，发展农业技术，提高产品附加值。在农业方面，乌拉圭农业经济体量小，但不容忽视，在乌拉圭国民经济尤其是在国际贸易领域中的地位依然非常重要。农牧业整体较发达，主要生产并出口肉类、羊毛、水产品、皮革和稻米等，其中牛肉、纸浆和大豆等农产品的国际竞争优势明显。乌拉圭驻华大使费尔南多·卢格里斯在2017年的一次专访中也提到，“希望继续发展农业，因为这是乌拉圭的一个极具竞争力且发展良好的经济领域。”

此外，乌拉圭农牧业及涉农的第二、第三产业也显露出新的经济增长点，如酿酒、农旅体验、生物质利用、电商、农业信息化等领域（丁琳琳等，2020）。农业产业也是信息和通信技术软件和服务开发的一个重要领域，乌拉圭是拉美区域农业技术发展的投资吸引中心（ECLAC，2021）。ECLAC的一份报告对提高乌拉圭农产品的附加值也提出了一定的思考。该报告认为，乌拉圭传统的农业生产企业（肉类和奶制品）需要与风险资本基金合作，促进其中一些以技术为基础的企业出现，新的企业能够使这些副产品更具价值，工业界对与学术界的合作非常开放，这也是发展研发项目的一个积极点，能够促进创业精神和创新产生（ECLAC，2021）。

（2）服务业：具有竞争力的服务业基础，促进全球服务出口。在服务业方面，乌拉圭拥有具备全球竞争力的发达服务业，服务业占国民经济比重较高，以金融业、旅游业、物流和交通业为主，近70%的国内生产总值来自第三产业，40%的对外销售来自服务业，这两项占比是拉美所有经济体中最高的国家之一（贺双荣和佟亚维，2021）。

乌拉圭的高素质、敬业且具有竞争力的人力资源、重要的出口轨迹、有利的监管框架等均有利于IT行业发展，乌拉圭人也已经准备好从事更为复杂的服务行业，在IT、软件行业进行了多项投资（许成之等，2017）。此外，乌拉圭的自由区制度，对提供全球服务非常有吸引力，全球服务出口是乌拉圭《2050国家发展战略》中提到的重点关注的战略性领域之一。截至2015年，乌拉圭共有13个免税区，大部分业务是仓储和物流，也有单纯的服务类免税区。乌拉圭最大的免税区为美洲免税区，始建于1987年，主要业务包括物流、分发和服务，提供的服务主要有金融、咨询、软件、电信、法律等，物流占50%。目前该免税区已有300家企业落户，主要来自欧洲、美国和亚洲，其中欧洲企业最多。

（3）绿色经济：发展清洁能源，推动国家绿色转型。在绿色经济方面，乌拉圭驻华大使费尔南多·卢格里斯在2021年的一次讲话中介绍了乌拉圭经济中的三个领域为适应新的绿色发展模式所经历的巨大转型。一是农业，以可持续方式生产更多的粮食并且降低碳排放。二是能源，乌拉圭已经从一个通过进口石油生产能源，变为向邻国阿根廷、巴西输出水能、风能、太阳能和生物质能的国家。作为清洁能源生产大国，乌拉圭通过清洁能源使得交通领域变得更干净更环保。三是旅游，乌拉圭正在下大力气打造生态旅游和可持续旅游。

可再生能源、碳氢化合物均属于乌拉圭《2050国家发展战略》中的战略性领域。当前，乌拉圭政府拟通过H2U氢能开发计划，制定2040绿氢国家路线图，这是乌拉圭在清洁能源之星——绿氢方面迈出的重要一步。该计划的目标是通过公共和私营部门的努力，在乌拉圭制定第一个绿色氢试点项目。乌拉圭政府把寻求逐步实现脱碳作为第二次能源转型的一部分。一方面，政府提出H2U战略，希望将乌拉圭打造为全球绿色氢能大规模出口国；另一方面，实施国内货运和长途运输脱碳的试点项目。绿氢在乌拉圭国内市场主要运用于重型运输、海运，以及肥料；出口外销的绿氢主要用于氢能源飞机燃料。乌拉圭工业、能源与矿业部部长奥马尔·帕加尼尼（Omar Paganini）也敦促该国加入“绿氢浪潮”之中。

（4）数字经济：促进软件生产工业发展，倡导数字化的人才培养和场景应用。在数字经济方面，乌拉圭主要致力于促进软件生产工业的发展（ECLAC，2021）。乌拉圭电信业较发达，2007年已经实现100%数字化，是拉美第一个实现电信全部数字化国家（商务部，2021d）。

时任乌拉圭总统路易斯·拉卡勒·波在立法院的就职演说中提到，梦想将国家变成一个国际信息通信技术投资和培训中心。为此，需要修改教育课程，引入科学、技术、工程和数学方面的技能和知识。同时致力于加强教育网络，依托传统形式和远程教育工具。乌拉圭驻华大使费尔南多·卢格里斯在一次采访中也提到，希望将乌拉圭尖端产业纳入合作框架，如数字经济、信息技术、软件生产等，充分利用数字丝绸之路。同时，数字经济也是乌拉圭《2050 国家发展战略》中的战略性领域之一。

（5）基础设施：提高基础设施连通性，打造区域物流中心。在基础设施建设方面，乌拉圭的基础设施建设主要围绕提高连通性、打造物流中心展开。乌拉圭的一个重要发展目标是成为拉美地区融入“一带一路”的“桥头堡”和纽带，这为乌拉圭的商贸、储运、金融服务业带来新的发展机遇（丁琳琳等，2020）。乌拉圭的一个重要特色是“桥梁”，是南大西洋的重要交通枢纽，设有免税区、自由港。这是南美唯一一个自由港，还设有特别管理区。现在的蒙得维的亚大港口拥有特殊机制的自由港口体系，与南美洲自由机制下的唯一航空港相连，涵盖工业免税区和服务免税区的高效体系。

乌拉圭驻华大使馆公使衔参赞葆拉·雷佩托在 2020 年接受新华社记者专访时也提到，乌拉圭临近南美主要生产国和消费国，且拥有便利的保税区制度，可成为中国制造公司在南美设立地区分销中心的理想场所。乌拉圭政府曾在 2015 年将基础设施投资确定为优先投资项目。拉美开发银行也寻求为乌拉圭定位为交通基础设施（公路、铁路、港口）支持的区域物流中心作出贡献（CAF，2018）。如 2018 年，拉美开发银行为乌拉圭的运输部门提供了主权担保的投资计划，旨在改善卡内隆省的安全流动条件以及连通性和物流潜力。

5. 墨西哥的发展取向。作为拉美第二大经济体，墨西哥拥有完整且多样化的工业体系，是全球重要的汽车、电子等工业产品的加工制造地，此外墨西哥在农业、能矿业也有一定出口能力。总体而言，墨西哥拥有丰富的自然资源和劳动力优势，除了其国内的大市场之外，还依靠 NAFTA 机制具备出口北美市场的优势，其经济发展存在较为明确的产业及领域发展取向。当前及今后一段时间内重点发展的产业主要包括制造业、农业、能矿业；重点发展的领域包括绿色经济、数字经济、基础设施建设。

（1）制造业：扩大吸引外资，激活国内市场。制造业是墨西哥经济产业支柱，其 80% 以上的出口收入和 1/4 的 GDP 总值源自制造业（商务部，2021e）。墨西哥目前拥有较为完整且多样化的工业体系，包括钢铁、汽车、化工、电子、金属加工、机器制造、食品、纺织、造纸、服装、橡胶、制药等 20 多个行业。其中，汽车工业是其最大的制造业部门，也是支柱性产业之一，主要面向美国出口，也是 FDI 流入最多的行业，墨西哥目前是全球第六大汽车生产基地，第四大轻型汽车出口国和第五大重型汽车生产基地。此外，墨西哥还是全球最重要的电子产品组装和出口国，在消费电子领域尤其具有竞争力，电脑、平板电视和手机分别占其出口前三位，且全球重要电子制造业企业已有 90% 在墨西哥设立生产厂。中国与墨西哥贸易产品就集中在汽车、电子等领域，在过去十几年间，墨西哥与中国的贸易规模占其总贸易比重不断上升，尤其在墨西哥电气电子设备和运输设备行业中，中国出口的产品占据越来越重要的地位，中墨贸易存在着较大的发展潜力。

2020 年 1 月，墨西哥签署了《美墨加协定（USMCA）》（前身为 NAFTA），该协定将汽车零部件的北美原产地要求从原先的 62.5% 提高到 75%，并作出 40% ~45% 价值的车辆应由时薪 16 美元及以上的工人生产的新规定，削弱了墨西哥低成本劳动力和开放贸易市场的两大优势，为墨西哥制造业转型升级之路带来挑战。此外，2018 年政府提出了增大国内市场在经济增长中的作用、进一步扩展国际贸易并吸引外商直接投资等五大经济主张，希望通过恢复工资实际购买力、创造就业等政策措施进一步激活国内市场（刘学东，2022）。自 2019 年，全球汽车行业因为半导体供应不足影响生产，墨西哥也受到极大影响。为此，2021 年墨西哥总统在两次公开讲话中提到墨西哥将在北美推动一项进口替代的生产性投资计划，以满足国内市场对电器、汽车等产品的消费需求。

（2）农业：推动传统部门向现代化、可持续方向发展。农林牧渔业是墨西哥经济支柱之一，2019 年墨西哥跃居全球第十大农业出口国，农产品出口创汇收入已超过石油、旅游及侨汇，并且连续五年保持贸易顺差。墨西哥主要出口产品包括粮食作物（小麦、玉米、高粱等），水果（鳄梨、葡萄、柠檬、芒果等），浆果（黑莓、草莓、蔓越莓等），以及肉类（冻虾、金枪鱼、牛肉、猪肉等）。目前，墨西哥对中国农业、渔业出口已实现连续五年稳步增长，2019 年浆果、菠萝、猪肉等产品出口量明显增加，2020 年中国已成为墨西哥猪肉产品第二大出口目的地（仅次于日本，占墨猪肉产品出口的 32%），2020 年 1 月墨西哥首批香蕉对中国出口（商务部，2021e）。虽然墨西哥农业出口优势明显，但其二元特征仍然较为突出，供国内消费、以种植为主的传统农业在技术、规模、基础设施等多方面与出口导向的现代化商品农业差距较大（徐世澄，2007），当前墨西哥一半粮食依赖进口，农业投入品、机械、设备和燃料的大部分也是依赖进口。

面向未来，墨西哥政府在《2019～2024年国家发展规划》中提出多项农业发展计划（化肥流通、信贷支持、保价、农产品商业化、小规模农业机械设备支持、农业技术知识分享、建立农林业生产系统等），创建国家粮食安全局，旨在通过改善农民生活状况和促进各种农业生产活动，恢复农村发展活力，争取做到粮食自给自足，恢复一定森林覆盖率、保护农业生态多样性，促进其传统农业向现代化和可持续方向发展。

（3）能矿业：加强国有化，发展可再生能源。墨西哥拥有丰富的能矿资源，是西半球第四大产油国（位居美国、加拿大和委内瑞拉之后），石油出口收入在墨西哥财政收入中占有重要地位，其最大石油产品出口市场是美国。2019年墨西哥石油产品出口额同比减少15.1%。

针对其2013～2018年的能源市场化改革效果未达预期、石油产量未增反减、墨西哥从原油和精炼燃料的出口国变成进口国的问题，墨西哥新政府计划从2019年起恢复对石油产业和电力行业的国有主导，努力实现汽油、柴油等燃料的国内生产和销售以及自给自足，修复并建设新的炼油厂并促进国有发电设施的现代化，期望最终达到国家能源供给安全可靠、质量可信、价格合理。2022年4月，墨西哥总统颁布了“国有化”锂矿的矿业法修正案。此外，墨西哥政府也在积极发展风能、太阳能、地热能、潮汐能等多类可替代可再生能源。

（4）绿色经济：注重环保，发展清洁能源。墨西哥向来重视环境保护和绿色经济发展。目前，墨西哥已经在水资源、建筑、公共交通、金融等领域参与或发起了多项绿色经济项目，包括拉丁美洲水基金伙伴关系、零能耗住宅计划、零排放公交车快速部署、3R伙伴关系等，也已经加入《巴黎协定》《生物多样性公约》，全球绿色目标伙伴2030等国际可持续发展条约。中国电建、东方日升、晶科、宇通、中通、BYD、中电国际等企业已经在墨西哥光伏发电、清洁电力、清洁能源车辆、风电等领域开展了多个合作项目（商务部，2021e）。

面向未来，墨西哥已经在国内成立了绿色增长总协调局，旨在实现“繁荣的墨西哥”的国家战略基础上促进和指导包容性和绿色增长，保护自然遗产。墨西哥2021年联邦政府预算中对绿色经济领域有一定资金投入，具体包括清洁能源使用、石油勘探生产转型、森林保护、全面和可持续的水资源管理、电力节约和转型等促进墨西哥适应和减轻气候变化影响的领域。在减少碳排放方面，2019年墨西哥发布了“建立排放交易系统测试方案初步基础的协议”，2022年开始在全国范围内正式执行。

（5）数字经济：全面覆盖互联网，加强政府数字化转型。墨西哥近年来大力推进发展移动网络，截至2020年其4G网络覆盖率已达82%，速度在拉美地区排名前列，并且在其九大城市中已有5G网络铺设，但由于技术受限等原因，尚未大批量投入使用。此外，近年来墨西哥在电商领域也有一定发展，2019年墨西哥电子商务总贸易额达1.46万亿比索，在GDP总值中占比6%，墨西哥消费者在电商平台主要购买来自美国的国际商品（73%）。阿里巴巴、滴滴出行、华为、中兴等企业与墨西哥在电商、物流、通信基础设施等领域已经建立了良好的合作关系（商务部，2021e）。

面向未来，墨西哥政府2018年成立了国家数字战略协调委员会，致力于实现政府转型、数字经济、教育转型、普遍健康、公民创新和公民参与的五个目标，发展各类数字经济产业活动。新政府在国家发展计划中提出将“互联网覆盖”作为经济发展轴心，计划到2024年至少全国92.2%的城市和偏远农村将拥有互联网和移动电话设备，同时在当地提供数字金融服务，方便百姓生活。在政府转型方面，墨西哥政府也在致力于通过数字化手段实现反腐败和保障公共财政健康发展的中心目标，具体手段包括加强数字政府、数据的透明度和智能使用等（CAF，2020）。

（6）基础设施建设：整体水平落后，亟须资金支持。墨西哥基础设施建设整体上仍有较大缺口，与其经济体量极不匹配。由于基础设施投资不足，墨西哥城市铁路交通欠发达，并且目前尚无高速铁路，高速公路占公路总长10%左右。在航运方面，虽然机场数量众多，国内外航线四通八达，国内以首都墨西哥城为中心，航线通往全国各地，但高标准机场数量有限，难以满足日益增长的航空市场要求。此外，墨西哥国内的南北区域之间在基础设施领域差距过大也是制约墨西哥经济发展的因素之一（周密等，2019）。

为此，2019 年墨西哥政府公布一项国家基础设施建设计划，主要将私人投资作为首要投资方式，力求通过改进公路、港口、机场，以及物流网、互联网接入、电信设施等多项基础设施建设，提升墨西哥产品竞争力、推动区域均衡发展以及提高人民生活质量（商务部，2021e）。此外，政府还提出要通过改进旅游中心城市的边缘化社区的城市建设，促进旅游业发展并带动就业。拉美开发银行在其报告中也对墨西哥地峡跨洋走廊、城市数字连接等基础设施建设改善给予关注和资金支持（CAF，2020）。

第七章 中拉经贸关系的现状评述与战略思考

针对日益重要的中拉经贸关系，第五章和第六章已经分别从安全的视角对中拉经贸依赖关系进行分析，从发展的视角对拉美经贸发展取向进行了探究。在此基础上，本章将从总体性、结构性和机构性三个角度分别对中拉经贸发展现状进行评述，并指出当前合作中面临的系统性挑战；据此提出未来需要重点关注的国家、行业和领域、合作主体应如何进一步合作共赢的战略思考。

一、中拉经贸关系发展的现状评述

（一）对中拉经贸关系总体性发展现状的评述

如第五章所述，中国和拉美地区虽远隔重洋，但双方经贸关系发展基础良好，势头积极，具有友好的外交关系，并且已经在诸多国家和不同行业间形成了相互依赖关系。

在国际贸易方面，中国自 2018 年起已成为拉美地区第二大贸易伙伴国，拉美也是中国在全球范围内重要的贸易伙伴。双方之间的贸易额在过去十年持续增加，增速长期高于全球贸易平均增速。由于双方资源禀赋差异，中国对拉美出口了大量的机电产品、化工产品和运输设备，充分支持了拉美地区的经济建设和居民消费；同时也从拉美地区进口了丰富的农产品、能矿产品和金属制品，有力保障了中国在食品、能矿领域的经济安全与发展。

在海外投资方面，过去十年间中国在拉美地区的投资规模和涉及领域整体上均呈扩大态势。投资项目广泛分布在超过 26 个拉美国家，涵盖了能源、矿业、制造业、基础设施等多个领域。随着中国企业的成长发展，对拉投资已经从早期的矿业和基础设施为主向能源、电子、汽车等多个行业延展，为当地经济发展注入动力。

在外交关系方面，中国与拉美多国长期保持的友好关系也为经贸发展提供了重要的支持。中国与 33 个拉美国家中的 26 个国家建立了外交关系，并与智利、秘鲁等 11 个国家建立了战略伙伴关系、全面战略伙伴关系，22 个拉美国家与中国签署了“一带一路”合作文件，这些都为双方的经济合作提供了政治基础和指导框架。

在依赖关系方面，中拉之间主要在贸易层面存在依赖关系，并且呈持续深化趋势。在国家层面，主要表现为拉美国家对中国存在单向依赖，其中智利、秘鲁、巴西、乌拉圭、厄瓜多尔、阿根廷等国对中国具有出口依赖，拉美国家更是普遍依赖进口中国产品，中国产品在智利、秘鲁、玻利维亚等国进口占比超过 20%。在行业层面，中国对从拉美进口的大豆、牛肉、铁矿、铜矿、木浆、樱桃、鱼粉等多种产品，以及向拉美出口的部分机电产品及配件、化工产品与拉美国家间存在不同程度的双向依赖。

（二）对中拉经贸关系结构性发展现状的评述

如第六章所述，拉美区域整体具有较为清晰的发展取向，各国具体发展方向存在差异，中国和拉美地区优势互补，具有广阔的合作共赢空间。

从拉美角度看，当前拉美地区重点发展的产业包括农业、能矿业、制造业和服务业（旅游、金融等），并致力于发展基础设施建设、绿色经济和数字经济等领域，这些产业和领域在当前和未来一段时间内被视为推动经济增长的关键。在这些产业和领域中，各拉美国家根据其资源条件、产业基础和发展模式的不同，发展取向上存在一定的差异。以能矿业为例，各国普遍关注清洁开采和社区关系，但智利、秘鲁着重于锂、铜等矿产资源的开发与出口，巴西等国家更加关注可再生能源的开发和利用。

从中国角度看，中国和拉美地区优势禀赋互补，合作空间广阔，共享发展机遇。中国拥有巨大的国内市场，积累了较为丰富的资金和技术，也培育了一批具有全球竞争力的企业。而拉美地区拥有丰富的资源禀赋和此前发展的产业基础，双方优势互补，能够结合各自优势在贸易、投资、基础设施建设、绿色经济、数字经济等多个领域加强合作，实现资源的优化配置和互利共赢的市场拓展，努力为双方经济发展、社会进步和人民福祉创造更多收益，共同推动中拉关系迈向更高水平。

（三）对中拉经贸机构性发展现状的评述

中拉经贸关系发展过程中，双方政府、企业和金融机构均发挥了重要作用。本节通过对相关政府部门官网、重要合作文件指南、研究团队调研积累等信息来源进行系统梳理，分别从政府、企业与金融机构两类合作主体对当前中拉经贸发展现状进行评述。

1. 政府在中拉经贸关系发展中的作用。

（1）信息来源。本节主要通过对国务院、商务部、外交部等政府部门官网；中国—拉共体论坛官网；中国贸促会、投促会等机构官网；商务部《对外投资合作国别（地区）指南》；美国国务院、国际开发署、贸委会等政府部门官网；美国驻各拉美国家大使馆官网等渠道公开信息进行检索，对中国政府在中拉不同产业和领域合作所发挥的作用进行梳理、分析和判断。

（2）总体评价。根据信息的查询、调研与分析，我们认为总体来看，中国政府在中拉经贸关系发展中发挥着积极有效、循序渐进的重要作用。

第一，中国政府主要通过如下四类机制发挥作用：一是与拉美国家政府发表联合声明、行动纲要并签署双边合作文件；二是举办中国—拉共体论坛，驻拉使馆不定期与东道国有关部门、当地中资企业协会共同举办相关领域对话会；三是落实政府主导下的企业合作创新机制（如中巴、中智企业家委员会）；四是通过使馆官网等渠道为企业提供信息服务等。

第二，中国政府对拉美及加勒比国家的发展取向已有相当程度的了解，并且能够将相关的信息对国内外企业及相关机构进行分享。例如，在商务部官网“走出去”平台提供了《对外投资合作国别（地区）指南》并逐年更新；在驻拉大使馆官网也会展示出东道国概况、双边关系、使馆新闻等相关信息；此外，对于大使的发言、大使与当地机构部门的交流等活动也会有所报道，为企业提供信息参考。

第三，中国政府的相关政策与东道国发展取向有着明显契合度，对不同的重点行业和领域的发展方向基本都给予了关注。具体来看，在农业上，中国与巴西之间签署了水果、粮食作物等检疫《要求议定书》，以及种子创新与农牧研究、农药合作谅解备忘录（Memorandum of Understanding，MOU）；在能矿业上，中国与阿根廷在2021年签署了锂矿投资合作MOU；在制造业上，中国与墨西哥签署工业产权领域合作MOU；在服务业上，中国与多个拉美国家签署了本币互换协议；在基础设施方面，中国交通运输部与巴西基础设施部签署了合作MOU等；在绿色经济方面，2016年中国与秘鲁环保部门间签署了环境合作有关协定；在数字经济方面，中国于2021年底申请加入智利主导的《数字经济伙伴关系协定》；在贸易便利化方面，中国与巴西签署了海关《制度互认安排》MOU等。

第四，随着对拉美国家体制、环境特征的认识不断加深，中国政府为适应合理沟通的需要，鼓励设置了相应的组织架构，并形成了一定的实践成果。例如，在相关政府部门的推动下，设置了投资促进事务局，同时也推动建立了中智企业家委员会、中巴企业家委员会等双边机构，其中中智企业家委员会包括中方合作企业16家，智方27家，在两国间轮流举办，是两国经贸投资领域规格最高、规模最大的论坛活动之一。

第五，与美国相比，我国政府在对拉经贸合作中的机制方式和重点领域存在一定差异。从合作机制上看，中美与拉美国家在双边贸易、服务业等领域均直接签署双边合作协议，并在农业、能矿业等开展技术合作和专题论坛。相对而言，中国更多前述的双边企业合作机制（如中巴、中智企业家委员会等）开展合作，并通过使馆官网为当地企业提供信息服务；而美国则利用地缘便利发起多场区域多边倡议及峰会（如美洲增长倡议、美洲峰会等），并针对具体国家制定整合国家战略。从重点领域上看，在农业、数字经济、绿色经济等领域，中美在拉均有一定实践积累，因此中国与美国的合作策略较为相似。得益于中国在制造业、基础设施等领域的长期积累和海外实践，中国政府在相关领域的合作提法相对美国更多，且更具有落地性（例如基础设施签订了多个 MOU）。但由于历史的原因，美国也在矿业、农业等领域与拉美积累了更为深厚的合作基础，在合作规划中关注点更多放在了发展性问题上。

2. 中资企业及金融机构在拉发展现状。

（1）信息来源。本节主要通过对商务部、国家统计局等机构有关中资企业投资拉美的基本数据进行了检索，以把握中资企业在拉发展总体状况；同时检索了《对外投资合作国别（地区）指南》中的典型案例；此外，拉美中心对在拉企业的大量访谈，以及多年来对企业的研究和经验积累也是判断的重要依据。

（2）总体评价。作为拉美地区投资的后来者，毋庸置疑的是，中资企业和金融机构近 10 年在拉美地区取得了长足的进展。

第一，中资企业和金融机构通过多年的投资经营实践，对拉美本地的投资环境有了更多的了解，与拉美不同国家进行了不同程度的实质合作。例如，在农业，京东等多家电商平台与智利、阿根廷等国的水果出口商协会达成全面战略合作协议，并开展一系列电商推广活动，使得我国对拉美农产品的消费不断上升；在能矿业，中国铝业、首钢集团、天齐锂业在秘鲁、智利等国以并购或绿地方式进行投资；在制造业，奇瑞汽车在阿根廷广泛开展布局，并开设电动汽车厂；在金融业，墨西哥、秘鲁、阿根廷均有中国工商银行、中国银行子行为双方企业提供优质高效的金融服务；在基础设施领域，2005 ~ 2020 年，中国在拉美地区已投入使用或在建的基础设施项目共 138 个，为当地创造逾 60 万个就业岗位；在数字经济领域，以华为、中兴为代表的企业已在巴西、阿根廷等国开展 5G 基站及相应的云服务；在绿色经济领域，中资企业对拉美在可再生能源领域投资份额快速增加，围绕太阳能、水电等领域开展合作（ECLAC，2021）。

第二，在投资、投标、建设、运营过程中，企业通过与本地合作伙伴的配合，已经实现了一定程度的本地化经营。例如，国家电网公司收购智利第一大配电公司 CGE，通过本地化经营，帮助智利塑造可再生能源大规模接入的电网系统。

第三，一些早期进入的资源性、建设性的企业对当地的工会、社区等投资环境特征有了进一步的认识，也逐步找到了部分合理的应对措施。例如，包括国网巴西、三峡秘鲁在内的一些中资企业在拉美已经有了良好的企业社会责任表现，同时在拉美发布了国别层面的企业社会责任报告。

第四，多个大规模、高水平投资项目的建成使拉美国家对中国企业和银行的投资、融资、工程建设、技术实施等方面的能力有了较高程度的认可。例如在智利，中资企业通过积极学习和尝试智利特色的 PPP 特许经营项目，在智利基建领域取得零的突破，2020～2021 年，中资企业在智利还中标了医院、公路等项目；国家电网巴西 CPFL 公司主动对接巴西国家温室气体计划，遵循官方的核算体系每年编制温室气体排放清单，积极参与碳交易和绿电交易，2020 年实现绿色增收 68 万雷亚尔，并于同年入选巴西证券交易所设立的 ISE 和 ICO2 两项指数，在“碳信息披露项目 CDP 气候变化 2020”中获评 A－级领导力水平。

（四）中国与拉美合作面临的系统性挑战

在以上评价的基础上，我们还需进一步更加清醒地意识到，尽管中国政府积极作为、中国企业努力拓展，使得中拉经贸关系取得了显著成效；但在拉美区域内，中国政府与中国企业仍面临着系统性挑战。

第一，由于历史原因，拉美无论政体、经济体系及社会价值观都深受美欧影响。而中国与拉美国家存在系统性的差别，相互间缺乏深入了解。虽然近年来中拉经贸关系的发展的确大大促进了相互的了解，但还远远不够，这种客观的历史背景也构成了中拉经贸关系、中资企业投资拉美的现实背景。于是，在此大背景下，在拉美的竞争环境中，无论是拉美本土企业还是较早进入拉美的美、欧、日、韩企业，都对拉美投资环境比中国企业更加熟悉，且他们之间相互的融合也更加深入和密切；相比之下，中国企业和金融机构进入晚，要深入融入当地商界有相当的难度。

第二，由于对于拉美世界缺乏整体的、深入的认识和熟悉程度，中国企业和金融机构在本国未遇到的环境特征，如工会、社区、舆论挑战，必然对企业在拉的投资运作造成困扰。尤其在一些拉美国家，这些问题不仅长期存在，而且与其政府管理能力不足、政府更迭频繁、政治环境不稳定、民主制度不完善等复杂因素相交错，即使对我国一些在拉投资时间较长、已有相当经验积累的中资企业也同样造成了长期的困扰，也造成了不小的经济损失。尤其当这些问题因特殊事件而展现在当地东道国公众面前时，对中资企业，特别是中资企业的整体形象都有影响。

第三，随着中拉关系的密切，中国企业也日益成为了拉美社会关注的焦点，中国企业的行为备受拉美媒体、政界、学界及整个拉美社会的瞩目。实际上，拉美世界对中国企业的质疑之声多年来一直存在，中国企业在拉的作为，也同样受到在美及其他外国势力的关注。此外，从本书主要关注的拉美国家的主流媒体报道中可以观察到，随着中拉关系的密切，中国自身政治、经济、外交等多方面的话题也都成为拉美世界的关注话题。

第四，对拉美社会发展脉络及社会发展取向的缺乏了解，也同样会直接影响中国诚意的共赢合作倡议与作为。例如，在我国向拉美国家开放市场、进口了大量拉美产品的情况下，中国学者认为，我国的开放为拉美国家输入了发展的动力；然而包括联合国拉加经委会在内的智库及学术机构，却曾提出“中国大量资源产品的购买，影响了拉美区域内再工业化的努力”的质疑。这种状况，显然需要更加深入的相互理解和诚挚积极的相互沟通。

第五，我国智库、学界的角色缺失或弱势，也同样是系统性挑战的一个组成部分。在拉美的氛围中，学界、智库受到政府、社会的广泛尊重，本身就是社会发展过程中一支不可或缺的力量；并且随着中拉关系的发展，拉美学者也逐步聚焦于中国及中国企业，在针对中国的舆论中不乏资深学者的参与。相比之下，中国学界、智库虽然也很积极、努力，但由于语言的因素，对拉美的研究仍然较弱，加之多数学界机构未在拉美落地，对当地情况缺乏长期、深入的理解和体会，与业界企业间联系与合作较少，因此难以实质性地为中国政府和在拉的企业及时提供有效支持。

在上述背景下，我国企业在拉美境内一旦出现问题，无论是实际的困难，还是舆论的风波，中国企业的独立应对能力都明显不足。与此同时，中资企业在当地的协会也还处于初创阶段，尚未积累起在东道国环境中带领中资企业有效应对舆论挑战的能力。其结果就会使拉美对中国及中国企业的质疑之声不断积累，对中国及中国企业的形象造成负面影响；加之域外一些国家的有意挑唆，长此以往，也会使迄今为止来之不易的良好局面受到损失。

二、对中拉经贸关系未来发展策略的思考

在对中拉经贸关系发展的现状和挑战具有清晰认识的基础上，我们从重点合作国家和方向、合作主体及合作思路方面提出对于未来中拉关系进一步发展策略的思考。

（一）重点关注的拉美国家层面、产业层面及发展领域

1. 国家层面。第一，在考虑中拉合作策略时，应特别重视中国对其有依赖关系的拉美国家。密切与这些国家的经贸关系，有利于保障我国在相应领域的经济安全。这些国家目前主要包括：巴西、智利、秘鲁、阿根廷、乌拉圭、玻利维亚、厄瓜多尔、墨西哥、委内瑞拉、古巴。

第二，在考虑中拉合作策略时，应特别重视与中国有双向依赖关系或单向依赖中国的拉美国家。这些国家由于存在对中国的依赖，自身更有动机持续加深与中国的经贸关系。目前，国家层面与中国存在单向依赖的国家主要有智利、秘鲁、巴西、乌拉圭、厄瓜多尔、阿根廷、墨西哥、巴拉圭、危地马拉、哥斯达黎加、萨尔瓦多、尼加拉瓜、伯利兹、洪都拉斯。行业层面存在中拉双向依赖关系的国家主要有巴西、智利、秘鲁、阿根廷、乌拉圭、玻

利维亚、厄瓜多尔、巴拉圭。

第三，在考虑中拉合作策略时，应特别关注拉美国家对中国的依赖关系和与美国依赖关系的比较。在中美关系的现实背景下，由于历史的原因，美国早已习惯于对拉美国家的外交进行干预。我们认为，在其他条件不发生变化的情况下，经贸依赖关系更加偏向中国的拉美国家，有可能对与中国发展经贸关系更加坚定，这也符合这些拉美国家的自身利益。据测算，当前这些国家主要包括巴西、乌拉圭、秘鲁、阿根廷、智利、玻利维亚。

第四，在考虑中拉合作策略时，还应对特别依赖美国的拉美国家保持一定的谨慎态度。这类国家与美国在经贸关系上长期合作、彼此经济高度融合、相互依赖，在发展与中国的经贸关系时，特别是在一些敏感领域（例如高科技、数字经济等领域），他们必然会顾虑美国对其与中国交往的看法。由此，我们与这类国家的合作策略要保持清醒的头脑和采取审慎的态度。

2. 产业层面。根据前面对拉美国家产业及领域发展取向的梳理，我们认为，在当前及近期的未来，中拉合作策略应特别关注的行业和领域主要为：农业、能矿业、制造业、服务业（金融业）、基础设施建设、数字经济、绿色经济和双边贸易。针对上述产业和发展领域，我们提出了一些具体需要关注的细分领域和重要事件。

（1）农业。中拉农业互补性强，拉美国家是我国农产品贸易的重要伙伴，是我国最大的农产品进口来源地，我国也是拉美多国的最大买家。根据对拉美农业发展取向的查询，我国的合作策略可以进一步支持拉美农业产品出口、基础设施建设，以及注重发展农业数字化及农业的可持续发展议题。例如，智利具有农产品出口需求，前驻华大使曾亲力推动中智农业合作，建设示范农场；又如巴西当地面临农业基础设施不足的问题，希望加大对仓储、交通等基础设施的建设；阿根廷则已经推行了谷物数字运单、化肥生产等数字化做法，中拉在这一方面有充分学习交流空间。

（2）能矿业。拉美地区能矿资源储量大，且品种齐全，而中国的城镇化、工业化目前面临着资源与环境的约束，中拉之间在能矿领域存在双向依赖关系。当前，中国政府应重视中拉能矿领域的投资与贸易合作，特别是研究及采取各种方法，争取帮助在拉投资的中国企业合理应对与东道国社会环境发生冲突的现象。这种多年存在一直未能得到妥善解决的状况已经给我国的海外资产造成了损失，同时也对中资企业的投资信心和在当地的形象造成了损害。

（3）制造业。拉美地区是中国制造业产品出口市场，同时制造业又是拉美当前“再工业化”的目标领域。在制造业领域，相对于美国，中国当前具备更强的发展制造业的条件和能力。从长远看，我们应当理解拉美国家对于恢复部分制造业、拉长本地价值链、提供本国就业机会的需求与渴望，在双边经济、社会条件合适的情况下需要予以充分考虑与积极支持。例如，阿根廷作为拉美制造业大国，正在面临去工业化趋势，存在技术转型升级的诉求；而牙买加等加勒比国家本身制造业基础薄弱，希望吸引投资并提升国内技术，可以通过签署框架协议找到合作切入点，能够更高效地助力经济增长。

（4）服务业。金融领域是中拉合作在服务业中重要的细分领域。中国金融机构是中国企业投资拉美的重要资金来源。一些拉美国家金融业发达，但建设资金缺口大，中国金融机构有资金实力，能够缓解拉美国家融资困难。但与此同时，我国投资拉美的金融机构对拉美的了解仍不够深入、融入程度仍不够充分。未来，中国金融机构需要进一步寻求与拉美区域多边银行及当地银行的互补性合作机会，以加强自身的运作实力。

3. 发展领域。

（1）基础设施建设。拉美对基础设施建设的需求具有普遍性，特别是一些典型国家如智利、阿根廷对其基础设施的建设规划是非常明确和细致的。中国建设企业及金融机构拥有充分的建设领域经验，并且已进入拉美并积累了部分在拉建设的经验。因此，已经在拉投资的中国建设企业可以积极地直接对接拉美典型国家的基础设施需求。与此同时，由于拉美区域一体化程度低，尽管跨国性的区域基础设施非常欠缺，但区域内缺乏具有领导力的国家和区域组织。因此，中国政府和中国企业在未来的发展中，值得努力探索实现拉美区域内基础设施建设的机制和与区域内有能力的拉美跨国组织的合作。

（2）数字经济与绿色经济。拉美对于这两类领域的发展需求强烈且明确，也已经有国内外相关企业在当地经营，具备一定的发展条件。中国在这两类领域既有国内发展经验，也有部分拉美发展经历。因此，可以积极响应拉美需求，关注区域智库和多边银行在这些方面的努力，联合政界和学界参与发展的探讨。例如，乌拉圭希望发展可再生能源发电，并向其他拉美国家供应清洁能源，中乌间存在巨大的产能合作空间，助力乌拉圭的绿色产业发展。同时，乌拉圭也希望在科技创新及5G建设领域强化与中国的合作，[①]中方应利用好“一带一路”倡议，推动中乌双边数字经济领域的共建。

（3）双边贸易。上述行业和领域合作中，双边贸易发展一直是重点工作之一。从双方利益考虑，一方面，中国从拉美进口大量能矿、农业资源品，这是中国自身的经济安全的必要保障，同时也是拉美自身发展的重要动力，尤其是对于经济体量较小的拉美及加勒比国家而言，拓展中国市场对其经济发展和对外依赖关系影响更加显著；另一方面，中国也向拉美出口大量机电产品和车辆船舶等工业制品，在当前全球外部市场萎缩、中美关系的现实背景下，拉美地区市场对于我国愈发重要。而对拉美再工业化进程的支持有助于我们保持现有在拉美的市场份额，并随着其市场规模的增长，进一步拉动中国产业链端上下游市场的扩大。由此，中国经济的稳健发展、中拉贸易的进一步便利化、拉美对中国贸易和再工业化需求的更多关注与理解，都会有利于中拉双边贸易的长期发展，持续拉动拉美外向型经济的发展，这对中拉经贸合作策略非常重要。

（二）合作主体及进一步合作共赢的建议

基于以上分析和论证，我们就进一步合作共赢的意义、合作原则、合作主体、合作思路提出了实操性的建议。

1. 进一步合作共赢的意义。鉴于上述论述，我们认为，推动“进一步的合作共赢”具有以下重要意义：第一，有助于维护当前中拉经贸关系的现有成果；第二，有助于保证中国经济产业发展的安全性和稳定性；第三，

① 乌拉圭驻华大使费尔南多·卢格里斯（Fernando Lugris）曾强调，希望将乌拉圭尖端产业纳入合作框架，如数字经济、信息技术、软件生产等，充分利用数字丝绸之路。

有助于增进中拉间相互了解，助力拉美友好国家的经济发展，进而加深中拉友好关系；第四，有助于加强中国企业海外资产的保护，并创造海外贸易与投资的机会；第五，尝试性地打造政、产、学合作机制，在国内有利于促进多方密切合作，在国外有利于打破系统性困局，助力中拉关系的创新性发展落地。

2. 合作原则。这里，我们为进一步的合作策略提出了三条原则：第一，增进了解、相互尊重、互学互鉴、互利共赢。该原则与“一带一路”倡议相吻合，是最根本的合作原则；该原则强调了中拉双方的平等地位和对市场机制的充分尊重。

第二，追求包容性增长、担当企业社会责任。拉美社会当前收入差别较大，在发展中要用包容性增长的态度照顾到弱势群体；同时考虑到拉美普遍采纳的大市场、小政府的运作模式，中国企业在拉美投资运作过程中要特别注意担当企业社会责任，进而实现包容性增长。

第三，共商共建、创新发展。同为发展中国家，中拉间存在大量发展性议题需要探讨，因此，在充分尊重市场机制和东道国体制的情况下，分享各自发展经验、共同探索、鼓励创新，双方才有望发现创新式的解决方案或策略，从而一起突破增长“瓶颈”。当然，共商共建原则需要在与中国具有高度信任和发展共识的拉美国家中才能尝试性地推动。

3. 合作主体。我们认为，中国政府、企业、智库及学界机构都应该是合作主体，但各类主体在合作过程中的地位和作用是不同的。其中，中国政府显然是双边合作的主导性主体，在共赢合作中发挥着领导作用。中国的企业和金融机构是最主要的行为主体。无论政府层面的合作政策和机制如何，中国企业和金融机构都需要遵从市场原则对相关项目予以评判并作出自身的决策。此外，如前所述，中国智库和学界有着不可替代的作用。

我们应当认识到，三个领域的合作主体需要密切合作，各自贡献自身特有的能力，相互支持、互补短板，通过建设政、产、学一体化平台汇聚群智，为中拉共赢发展提供有效的支撑。

4. 合作思路。当前，我国政府、企业和智库在延续现有积极做法的基础上，可以考虑从各自层面进一步开展以下工作。

（1）政府层面。第一，针对特别需要合作的拉美国家、行业和发展领域，中国政府会延续当前的做法，持续开展积极的沟通以推动共识的形成；进而通过政策制定、联合声明等形式将已形成的共识明确成文，并及时、广泛地向中国企业及相关机构分享信息。针对目标产业、领域的发展性议题，中国政府可以在国内、拉美地区内以及相关国际场合，分别根据国内制度特征及国际操作惯例，通过政府直接组织会议、论坛或与智库机构联合组织会议、论坛的形式，积极促成双方的思想交流，不断推动共识的形成。

第二，中国政府应着力推动已建成的企业层面双边机制（例如中巴、中智企业家委员会）的进一步发展和完善，引导这种双边机制针对需要合作的国家、产业和领域，特别是值得重视的拉美东道国的特定产业、领域的清晰发展取向予以有针对性地探讨，使现有机制真正起到促进相互了解、建立彼此信任、共寻发展机会的作用。

第三，积极探讨合作共赢的落实机制。例如，政府可以推动建设政产学合作平台，增进政府、企业、智库间合作关系；积极鼓励、支持海外中国企业协会功能的完善和发展，从而推动企业与东道国社会的融合。

第四，中国政府应大力扶持中国智库机构的建设，鼓励并支持有能力的中国智库机构在拉美区域内设置分支机构，从而在拉美东道国市场上与驻拉使馆、中资企业一同在合作共赢之路上发挥愈来愈重要的作用。

（2）企业层面。第一，与拉美有经贸关系，特别是在拉美投资的中国企业和金融机构，需要进一步深入理解并融入东道国投资环境，尤其重视识别拉美投资环境中的特殊挑战（例如针对工会、社区等问题）并不断积累应对能力。与此同时，还需要加强对当地媒体舆论的监测工作，并不断培养舆论分析、对外沟通、信息披露的综合能力。以上各方面都是企业在海外树立自身良好形象、更好融入当地社会的必要努力，同时也为深化经贸合作打下良好的社会基础。

第二，从经贸合作的角度，中国企业及金融机构应特别关注中拉经贸合作的重点国家、产业和领域，积极收集东道国政府、区域智库组织及拉美高校、研究机构关于本国发展取向的政策和建议信息；及时接收中国政府层面的中拉发展政策信息，并积极拓展在东道国的伙伴关系；努力探索在相关产业、领域与其他本地伙伴共同发展的机会。

第三，中国企业及金融机构应积极支持并参与由双边政府推动的企业层面双边机制的建设，理解拉美国家及其本土企业在不同产业、领域的利益和诉求，并根据自身国内发展经验，同拉美当地伙伴一道，促进相互了解、分享各自经验，从而在彼此信任的基础上进一步探讨符合当地需要的新型项目的开发与合作。

第四，中国企业及金融机构在拉美区域内应积极支持中国企业协会的建立和发展。企业协会、行业协会的组织形式是拉美市场经济环境中常见的组织形式，相较于拉美政府更替频繁、不稳定的一般特点，拉美地区的行业协会相对稳定并在行业发展方面发挥重要作用。因此，中国企业有必要在东道国的市场上建立自己的企业协会，在拉美现有的中资企业协会有必要了解并学习当地协会的一般做法，完善协会在信息分享、对外发声、谈判交流等方面的功能。

第五，中国企业及金融机构应大力支持中国智库的建设。在国内，积极与有能力的高校、智库建立合作关系，参与由政府和智库主导的关于产业发展、产业及发展领域合作的研讨；在国外，积极支持中国智库在海外机构的建设，并在智库的帮助下与在当地有影响力的高校、智库、知名人士建立合作关系，从而通过交流增进企业对当地投资环境的理解，同时增进这些重要智库及知名人士对中国企业的了解，进而实现双赢。

第六，中国企业及金融机构应积极参与并支持由中国政府、中国智库主导的双边政、企、学一体化平台的建设，从而与中拉双边及各界友好机构和人士一起，为增进相互理解、建立彼此信任作出贡献。同时，企业也会依托平台能力获得资源并培育在当地的可持续发展的能力。

（3）智库层面。中国智库应意识到自身在中拉经贸合作共赢中的重要责任，在以下方面积极展开与政府、企业间的合作，在政府、企业的支持下建设海内外研究团队并努力开展工作。

第一，深入研究拉美区域及重点拉美国家的投资环境、重点产业及领域的发展取向，并积极与政府和企业分享，帮助中国政府和企业加深对拉美东道国的理解。

第二，在拉美积极扩展在当地学界、企业界及政界的朋友圈，积极参与、支持、引导对拉美发展议题的讨论，尤其是在绿色发展、数字经济、再工业化条件与可能性等核心议题的讨论。

第三，在国内，要积极与政府、企业开展交流与访谈，与相关政府机构和企业达成共识，共同对中国企业在拉美的最佳实践进行总结；并通过在国内组织培训、举办论坛等形式予以分享和传播，从而促进中国企业间相互交流与学习。

第四，为了使拉美国家更多地了解和借鉴中国企业在重点合作产业和领域的建设能力和经验，中国智库和学界也应联合政府和企业，将中国企业在国内及海外的优秀项目和最佳实践进行总结；并通过论坛等各种形式与东道国的相关政府及企业进行分享，这一作为也会为中国企业创造更多的潜在投资机会。

第五，中国智库和学界应积极了解中国企业在拉面临的社会、舆论等实际问题，勇于以独立机构身份参与问题的调研、分析、讨论与磋商，并联合东道国学界及智库的友好力量展开联合研究，以切实的研究成果助力中国企业在拉所遇困境的纾解；同时也要采取合理的方式替中国及中国企业发声，增进拉美区域及特定东道国对中国的理解。

第六，中国智库和学界在关注拉美地区有关中国及在拉中企的舆论环境的同时，积极协助企业提升舆情应对与管理能力，并在文化教育领域扩大对中国及中国企业的正面宣传，讲好中国故事。

最后，我们想进一步提及的是，以上建议做法无论对于政府、企业，还是智库和学界明显都具有一定的挑战性，并非是这些机构和组织已经具备的能力。然而，突破中国在拉美的系统性挑战，在一定程度上推动中拉经贸合作，就需要我们首先有勇气面对这些挑战，并通过政、产、学各方的诚挚合作来共同创新。尽管上述建议是多层面、多方面的，我们可以进一步借鉴中国发展过程中的“试点方式”，鼓励有共识的政府机构和企业，抓住一些典型事件或典型项目，集中力量去尝试开展合作或寻找解决方案，从而逐步积累经验，最终走出与拉美经贸合作共赢的创新之路。

第四部分

中国与拉美：中国与典型拉美国家合作的专题研究

| 第八章 |

专题研究Ⅰ：中智依赖关系及农业合作发展

尽管中拉经贸关系的发展促进了相互的了解，但中国政府与中国企业在拉美区域内仍面临着系统性挑战。这些系统性挑战包括历史原因导致的中拉差异，对拉美世界缺乏整体深入的认识和熟悉程度，我国智库、学界的角色缺失或弱势等。而中国企业在应对这些系统性挑战的过程中体现出能力的不足。因此，在本书的第七章给出了针对系统性挑战相应总体性的应对策略和建议。在本章里，我们将选取智利农业作为合作发展的专题，来探讨中智间的合作层次和机制，进而为中拉经贸合作提供借鉴和启示。

一、智利经贸特征

（一）智利的宏观经济

智利是南美洲高度开放、经济规模和收入位居拉美前列的国家。世界银行数据显示，从经济规模上看，智利位居拉美前列。智利 2020 年 GDP 为 2529.4 亿美元，在拉美地区排在第 5 位。增速上，智利 2017 ~ 2019 年 GDP 增速为 0.3%，高于拉美平均水平，低于全球水平。2020 年受疫情影响有小幅下降。从人均收入上看，智利属于高收入水平国家。2020 年智利人均收入 13231 美元，排在拉美地区第 7 位。增速上，2017 ~ 2019 年人均收入增速为

0.6%，略高于拉美平均水平（0.49%），低于全球水平。从产业结构上看，智利主要以第三产业为主。

（二）智利的经济外向性

从对外贸易来看，智利外贸总额在拉美居首位。世界银行数据显示，2020 年智利外贸总额高达 1286 亿美元，其中出口额为 735 亿美元，进口额为 551 亿美元。增速上，出口和进口比上年增速分别下降 4% 和 3%。智利的贸易依存度在拉美地区相对较高。从贸易依存度上看，2020 年，智利对外贸易依存度为 51%，其中出口占 29%，进口占 22%。贸易依存度 2017 ~2019 年平均增速为 -0.6%。

从直接投资来看，智利的对外直接投资流量为 199.69 亿美元，在拉美国家中排在第 2 位，仅次于墨西哥，其中 OFDI 流量为 115.83 亿美元，位居拉美国家第 1 位；IFDI 流量为 83.86 亿美元，位居拉美国家第 3 位。OFDI 和 IFDI 都有较快的增长，2017 ~2019 年，两者分别增长了 79% 和 51%。进一步地，从投资依存度上看，2020 年，智利直接投资依存度为 7.9%，其中对外投资依存度为 4.6%，吸引外资依存度为 3.3%。投资依存度 2017 ~2019 年平均增速为 68.5%。

二、中智经贸发展与相互依赖关系

（一）中智外交关系基础

从双边关系来看，中智间已成为全面战略伙伴关系，并签署了自贸协定、投资协定等多项文件。回顾两国外交历程，可谓发展迅速。1970 年 12 月 15 日，中国同智利正式建交。2004 年 11 月，中智两国建立全面合作伙伴关系。2012 年 6 月，中智两国建立战略伙伴关系。2016 年 11 月，中智两国建立全面战略伙伴关系。2017 年 11 月，中智两国签订自贸协定升级议定书，并于 2019 年 3 月生效。

（二）中智经贸关系发展

1. 中智贸易现状及趋势。联合国商品贸易统计数据库统计显示，从中智贸易现状来看，智利是中国在拉美的第三大贸易伙伴（仅次于巴西、墨西哥）。2020 年，中国与智利之间的贸易额为 452 亿美元。其中，对智利总出口额为 153 亿美元，总进口额为 299 亿美元。中智贸易占中国在拉美地区贸易总额的 34%，其中出口占比 39.1%，进口占比 27.8%。从典型行业出口来看，中国对智利出口品类丰富，主要出口品类为机械制品及电气设备、汽车、服装制品等,[①] 上述品类出口金额合计为 67 亿美元，占总出口金额的 44%，总体来说出口集中度不高。而从典型行业进口来看，中国对智利的进口主要集中于矿石产品（149 亿美元）、铜及其制品（90 亿美元）、水果产品（22 亿美元），合计 261 亿美元，占总进口金额的 87%。进口集中度较高。

从中智贸易发展来看，近十年来，中国对智利进出口贸易额整体均呈上升趋势。2011～2020 年，中国对智利出口额从 110 亿美元上升到 153 亿美元，年平均增长率为 4.0%；中国从智利进口额从 210 亿美元上升到 299 亿美元，年平均增长率为 4.8%。

2. 中智投资现状及趋势。如图 8－1 所示，从中国对智利投资金额来看，2011～2020 年中国企业对智利投资共计 164 亿美元，其中，2017～2020 年年均投资额超过 30 亿美元，这与几笔重要的投资案相关。2017 年，Sky Solar 在智利的小型能源项目以及南方电网对 Transelec 公司的收购贡献了共计 27 亿美元的金额。2018 年中国对智利投资金额最为活跃，合计 64 亿美元，共发生交易 9 笔，金额最大的一笔交易来源于天齐锂业收购智利 SQM 公司。2019 年，中国对智利投资的 33 亿美元主要来源于佳沃农业发展集团收购智利三文鱼公司（Australis Seafoods S. A.）和国家电网收购智利切昆塔能源公司（Chilinquita Energia）。2020 年，中国对智利投资 30.32 亿美元，其中 30

① 根据 HS5 统计分类方法计算，2020 年中国对智利主要出口电气机械和设备、录音机、电视图像和声音记录器和复制器，合计 31 亿美元；核反应堆、锅炉、机械和机械器具，合计 18 亿美元；汽车和服装制品分别 8 亿美元。

亿美元来源于国家电网收购智利 CGE 公司单笔并购案。

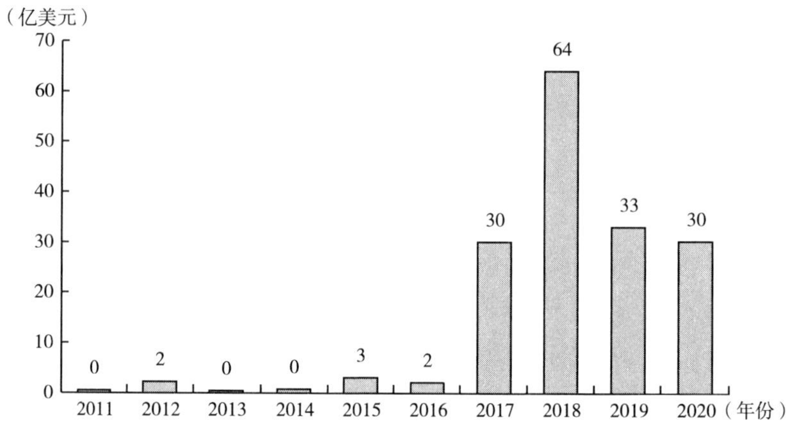

图 8－1　2011～2020 年中国企业对智利直接投资金额

资料来源：Dussel 数据库。

从行业分布来看，中国企业对智利投资覆盖能源、矿物质、食品饮料、农业等 11 个行业。如图 8－2 所示，2011～2020 年，中国企业对智利投资流入最多的两个行业分别是能源行业和矿物质行业，累计投资金额分别为 94 亿美元与 41 亿美元。

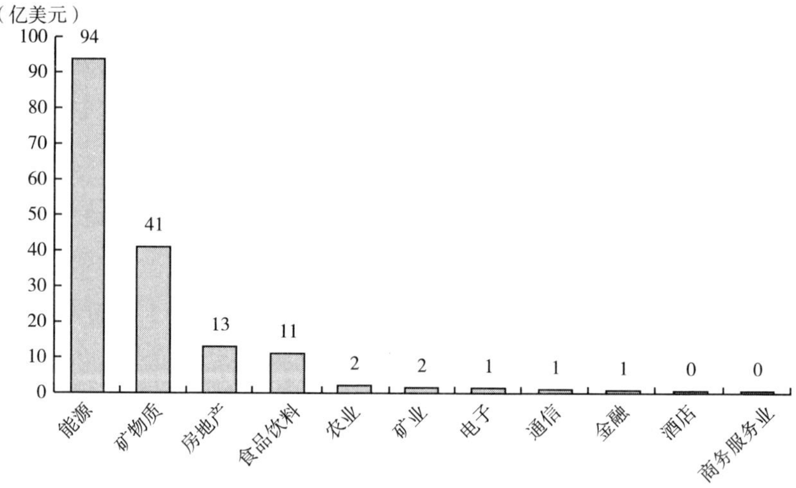

图 8－2　2011～2020 年中国企业对智利各行业直接投资金额

资料来源：Dussel 数据库。

（三）中智经贸依赖关系分析

1. 中国对智利在国家层面的依赖关系。在国家层面，中国不存在对智利的依赖关系。从贸易角度，2019 年中智贸易在中国出口占比 0.59%（第 33 位），增速 5%，占比下降 0.02%。进口占比 1.27%（第 19 位），增速 14%，占比增加 0.1%，故不存在贸易依赖关系。从投资角度，2019 年智利吸收中国投资为 6.06 亿美元。对智利投资占总对外投资份额极小（不足 1%），不存在投资依赖关系。

2. 中国对智利在行业层面的依赖关系。从进口上看，在行业层面，中国对智利的能矿产品（铜矿、钼矿）、贱金属制品（精炼铜）、植物产品（蔷薇科水果 、葡萄）等重点行业产品存在依赖。此外，中国还对化工产品（锂盐）、动物产品（三文鱼）、木浆纸品（烧碱/硫酸盐木浆）、食饮烟酒（葡萄酒）等重点产品存在依赖。综上，中国对智利的重点产品铜矿（35%）、钼矿（39%）、精炼铜（32%）、锂盐（57%）、樱桃（88%）、葡萄（39%）、三文鱼（99%）、烧碱/硫酸盐木浆（33%）、葡萄酒（53%）等产品上的进口存在依赖。从出口上看，中国对智利的化工产品（硫酸）、食品烟酒（可可粉）存在依赖。此外，中国还对智利的车辆船舶（客货敞车）等出口存在依赖。综上，中国对智利的重点产品硫酸（41%）、可可粉（12%）、客货敞车（53%）的出口存在依赖。

从增速上看，上述大多数行业及品类的贸易增速为正，例如中国对智利的铜矿进口增速高达 35%，樱桃的进口增速高达 30%，三文鱼的进口也高达 19%，其他品类如碘、梅子等的进口、硫酸和客货敞车的出口也有不同幅度的增长。

3. 智利对中国在国家层面的依赖关系。在国家层面，智利对中国进出口均存在依赖关系。2019 年智利对中国的出口额、进口额分别为 230 亿美元和 170 亿美元。占比上，中国在智利的出口、进口结构中均排名第 1，占比分别高达 32% 和 24%。其中，出口占比较 2018 年有所增长（+4%），进口占比基本保持稳定。

增速上，智利对中国贸易增速平稳，其中出口增速为10%，进口增速为5%。从投资角度，智利对中国直接投资不存在依赖关系。2019年智利吸收外资中来自中国的份额小于5%。

4. 智利对中国在行业层面的依赖关系。从出口上看，智利对中国在能矿产品（铜矿）、贱金属制品（精炼铜）、植物产品（蔷薇科水果、葡萄）、动物产品（猪肉）和食饮烟酒（葡萄酒）等重点行业产品上存在依赖。此外，智利还在木浆制品（烧碱/硫酸盐木浆）等重点产品上对中国存在依赖。综上，智利对中国在铜矿（52%）、精炼铜（44%）、蔷薇科水果（82%）、葡萄（17%）、猪肉（37%）、葡萄酒（17%）、烧碱/硫酸盐木浆（54%）的出口存在依赖。从进口上看，智利在机电产品（电话机、自动数据处理设备等）、车辆船舶（载人机动车）、化工产品（硫酸）和贱金属制品（铁板）等重点行业产品上对中国存在依赖。此外，智利还在纺织制品（针织衫）的进口上对中国存在依赖。综上，智利对中国在电话机（63%）、数据处理设备（65%）、机动车（51%）、硫酸（21%）、铁板（82%）、针织衫（78%）等产品的进口上存在依赖。

增速上，智利与中国产品的贸易额在快速增长，许多贸易都是从无到有，如不锈钢板材、部分化工产品等。而也有诸多品类的贸易额不断上升，如卤族元素、冻牛肉的出口上，出口增速分别高达145%和205%。

5. 中国和智利的双向依赖关系。首先，从中国进口、智利出口的双向依赖看，中智主要在铜矿（能矿产品）、精炼铜（贱金属制品）、葡萄和蔷薇科水果（植物产品）、葡萄酒（食饮烟酒）、烧碱/硫酸盐木浆（木浆纸品）等品类上存在双向依赖。可以看出主要是在农副产品和矿产品上，存在如上的依赖关系。其次，从中国出口、智利进口的双向依赖看，中智主要在化工产品（硫酸）上存在双向依赖关系。最后，从单项依赖上看，中国对智利的锂盐、三文鱼等产品的进口、智利对中国在猪肉的出口、机电产品、纺织制品的进口上存在单项依赖。

6. 小结。从依赖品类来看，受益于智利的外向性经济模式以及中国大市场的多样性需求特征，中智在国家、行业层面形成广泛且深入的依赖关系。在国家层面，智利对中国在进出口上均存在依赖。在行业及品类层面，智利对中国在能矿产品（铜矿）、贱金属制品（精炼铜）、植物产品（蔷薇科水果、葡萄）、动物产品（猪肉）和食饮烟酒（葡萄酒）等方面的出口、在机电产品（电话机、自动数据处理设备等）、车辆船舶（载人机动车）等方面的进口存在依赖。而中国同样在能矿产品、水果及动物产品上对智利存在进口依赖。

三、专题研究：中智农业合作发展实例

前文我们回顾了智利的经贸特征与中智经贸发展及依赖关系，事实上，中智两国的贸易额在 2011 ~ 2020 年实现了稳定增长，且在能矿产品、农副产品等方面形成了广泛深入的依赖关系。然而这样的关系并非一蹴而就的，除了中智两国有天然的合作基础，更需要两国政府、企业不断努力自主创造机会。我们以中智农业合作发展为例，探索世界上地理距离相距最遥远的两个国家如何克服文化、制度和经济上的差异，通过企业间、政府间以及多部门、多层次的合作实现互利共赢，为国家间的经贸合作发展探索出一条可行之路。

（一）中智农业经贸发展和依赖关系

在贸易方面，中国在多项农产品品种上对智利存在进口依赖，例如樱桃、葡萄等水果，以及三文鱼、葡萄酒等商品。从智利视角来看，中国是智利最大的贸易伙伴，对中国在总进口和总出口上均存在依赖关系。而从细分领域来看，智利对中国在蔷薇科水果、葡萄、葡萄酒、猪肉等品类上存在出口依赖，其中在蔷薇科水果上的依赖已达到 82%。从双向依赖关系来看，农产品是中智贸易间存在双向依赖细分品类最多的。在投资方面，目前中国企业在农业领域对智投资已逾 11 亿美元。

1. 中智农业领域贸易基本情况。

（1）中智农业贸易规模及地位。如图 8－3 所示，从两国农产品[①]贸易额来看，2000～2021 年，中国从智利进口的农产品规模从 6490 万美元增长到 39.4 亿美元，年复合增长率为 21.6%。

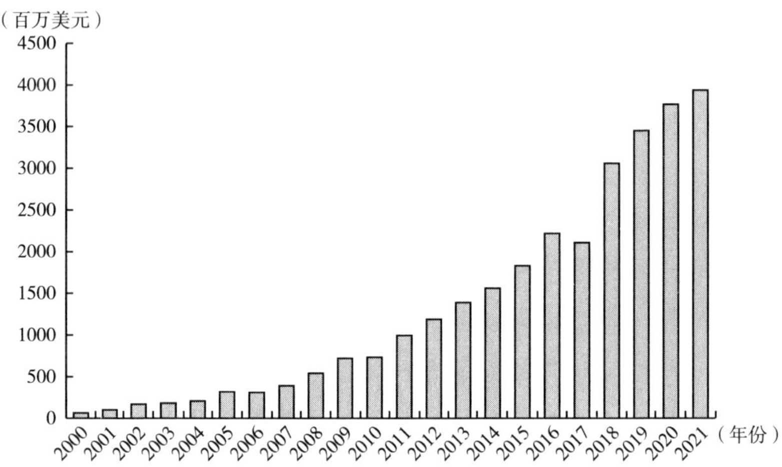

图 8－3　中国从智利进口农产品总额

资料来源：UN Comtrade 数据库。

如图 8－4 所示，从依赖关系来看，2000～2021 年，智利农产品对中国出口依赖程度（中国从智利进口农产品/智利农产品出口总额）呈逐年上升的趋势，且从 2015 年起开始形成依赖（超过 10%），并在 2020 年进一步达到 21%。

（2）中智农业贸易依赖关系。智利对中国农产品出口规模及依赖程度（按 HS6 分类）方面，从农产品具体贸易品类来看，2000～2022 年，智利对中国出口农产品 HS6 品类从 51 项增加到 103 项，总金额从 6285 万美元增加到 36.9 亿美元。从出口结构上，近 20 余年里，智利对中国出口的农产品品类也发生了很大的变化。

---

① 农产品的范围和分类是开展相关研究的基础，但目前仍未形成一致的统计口径（王琦等，2007）。学术界普遍采用的农产品界定范围是参考 WTO《农业协议》界定的 HS 编码，包括 HS 第 1～24 章的产品（农业部，2017；郭延景和肖海峰，2021；喻美词和蔡宏波，2022）。本书沿用这口径定义农产品，并在此基础上计算。

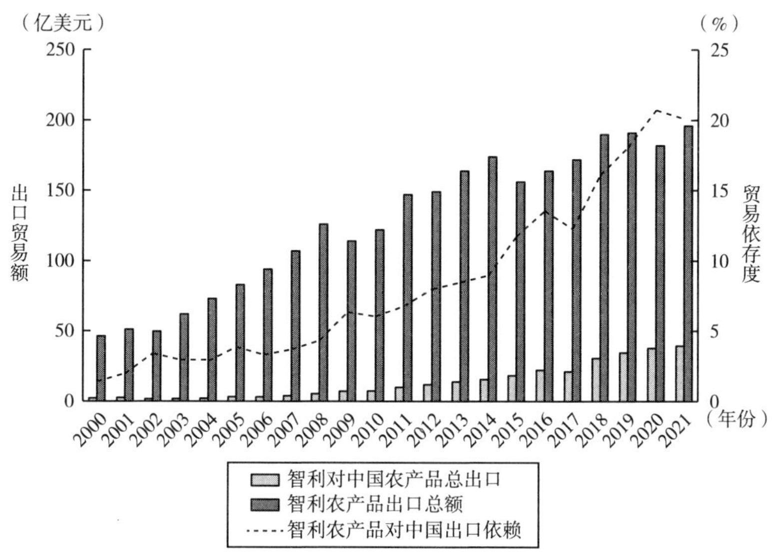

图 8-4　智利农产品对中国出口依赖

资料来源：UN Comtrade 数据库。

如图 8-5 所示，2000 年，智利对中国出口价值前十的品类是动物饲料、鲜葡萄、冻鱼等，出口价值前十的农产品占智利对中国出口总价值的 88%。而彼时，鲜樱桃和葡萄酒等现在对中国出口的主要产品还尚未成为主流，鲜樱桃的出口额仅为 76.7 万美元，而葡萄酒的出口额仅为 313.7 万美元。①

如图 8-6 所示，2022 年，对中国出口价值前十的农产品种类包括鲜樱桃、葡萄酒、鲜李子等，出口价值前十的农产品占智利对中国出口总价值的 82%。其中鲜樱桃在智利对中国出口品类中价值占比最高，2022 年总计对中国出口 18.2 亿美元，占 2022 年农产品总出口额的 49%，自 2012 年起连续 11 年成为智利对中国出口价值最高的农产品，而葡萄酒、鲜李子分别对中国出口金额为 3.0 亿美元和 1.6 亿美元，分别占比 6% 和 4%。

① 葡萄酒的统计是将 HS6 的两个子分类“葡萄酒、含酒精葡萄汁”和“其他葡萄酒”加起来计算。

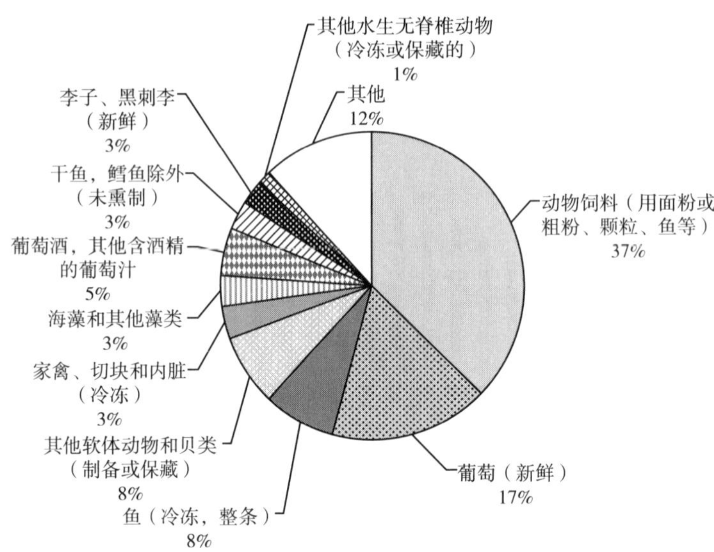

图 8－5　2000 年智利对中国出口结构

资料来源：UN Comtrade 数据库。

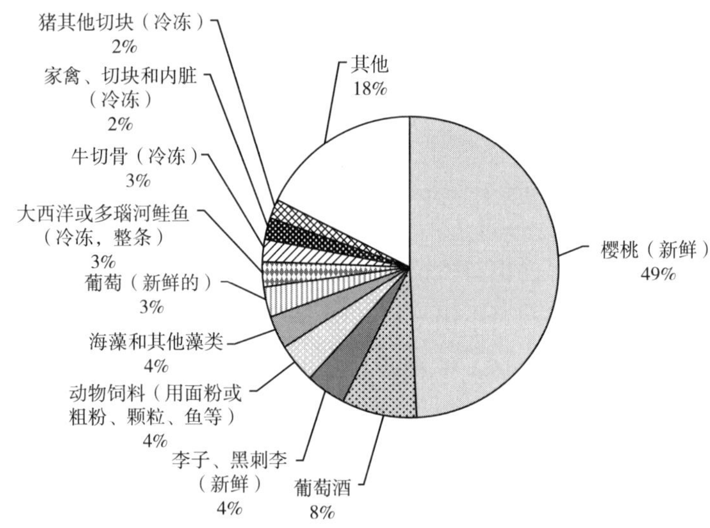

图 8－6　2022 年智利对中国出口结构

资料来源：UN Comtrade 数据库。

如表 8－1 所示，从依赖关系的视角，2000 年，在智利对中国出口的 51 种农产品中，只有 11 种产品具有依赖关系（超过 10%），其中只有 3 种是绝对依赖关系（超过 50%），这三种产品分别是干鱼（66.7%），动物油脂（61.1%），鱼类、贝类和甲壳类动物（非食品）（51.4%）。在智利对中国出口价值前 10 的农产品中，只有 3 种产品具有依赖关系，这三种产品分别是干鱼，家禽、切块和内脏，冻鱼，其他 7 种均不具备依赖关系。此外，鲜樱桃、鲜李子等水果类产品和葡萄酒（2.7%），虽然智利的总出口有相当的规模和体量，但当时智利并未将中国作为其主要的出口市场，因此对中国的出口依赖度均较低，并未形成依赖关系。

表 8－1　　2000 年智利对中国出口 TOP20 与对中国出口依赖关系

对中国出口总额降序	品类名称	对中国出口总额（美元）	对外出口总额（美元）	对中国出口依赖（%）
1	动物饲料（用面粉或粗粉、颗粒、鱼等）	2345	23520	10.0
2	葡萄（新鲜）	1062	52355	2.0
3	鱼（冷冻，整条）	484	4446	10.9
4	其他软体动物和贝类（制备或保藏）	474	7221	6.6
5	家禽、切块和内脏（冷冻）	214	1093	19.6
6	海藻和其他藻类	204	2414	8.5
7	葡萄酒，其他含酒精的葡萄汁	199	7419	2.7
8	干鱼，鳕鱼除外（未熏制）	189	283	66.7
9	李子、黑刺李（新鲜）	164	4669	3.5
10	其他葡萄酒、强化酒或未发酵葡萄汁，包装 <2L	115	49898	0.2
11	其他水生无脊椎动物（冷冻或保藏的）	90	3416	2.6
12	樱桃（新鲜的）	77	1864	4.1
13	冷冻鱼肝和鱼子	73	578	12.6
14	动物脂肪、油、馏分，氢化、酯化	70	115	61.1

续表

对中国出口总额降序	品类名称	对中国出口总额（美元）	对外出口总额（美元）	对中国出口依赖（%）
15	鱼类、贝类和甲壳类动物（非食品）	63	122	51.4
16	猪食用内脏，肝脏除外（冷冻）	57	554	10.3
17	鳟鱼（冷冻，整条）	46	13113	0.3
18	动物的内脏、膀胱和胃，鱼类除外	45	379	12.0
19	苹果（新鲜）	41	18170	0.2
20	大西洋或多瑙河鲑鱼（冷冻，整条）	37	2538	1.5

资料来源：UN Comtrade 数据库。

如表 8－2 所示，2022 年，智利对中国出口依赖相比 22 年前有了大幅提升，体现在形成依赖的品类和深度上。从形成依赖的品类来看，在 103 种产品中，有 39 种产品具有依赖，有 18 种产品形成绝对依赖。在出口价值排名前 10 的产品中，10 种产品均具有依赖关系。其中，鲜樱桃达到 89.6%，葡萄酒为 15.9%，鲜李子为 67.2%。此外，从出口价值排名靠前的品类来看，智利对中国出口总额较高和依赖关系较深的品类中属于水果类的较多（葡萄、桃子等），也有部分动物类产品（家禽切块和内脏、冻鲑鱼等）。

表 8－2　2022 年智利对中国出口 TOP20 与对中国出口依赖关系

对中国出口总额降序	品类名称	对中国出口总额（美元）	对外出口总额（美元）	对中国出口依赖（%）
1	樱桃（新鲜的）	181942	203025	89.6
2	葡萄酒	30179	189426	15.9
3	李子、黑刺李（新鲜）	15919	23687	67.2
4	动物饲料（用面粉或粗粉、颗粒、鱼等）	15851	39880	39.7
5	海藻和其他藻类	13088	18031	72.6

续表

对中国出口总额降序	品类名称	对中国出口总额（美元）	对外出口总额（美元）	对中国出口依赖（%）
6	葡萄（新鲜）	11953	104284	11.5
7	大西洋或多瑙河鲑鱼（冷冻，整条）	10056	69182	14.5
8	牛切骨（冷冻）	8847	8929	99.1
9	家禽、切块和内脏（冷冻）	8626	52530	16.4
10	猪其他切块（冷冻）	7559	44590	17.0
11	猪食用内脏，冷冻（肝脏除外）	7438	8892	83.6
12	猪火腿、肩肉和切块（带骨，冷冻）	6437	7062	91.2
13	鲑鱼（新鲜或冷藏的整条）	6382	103967	6.1
14	螃蟹（冷冻）	5331	9171	58.1
15	李子（干）	3661	25683	14.3
16	蔓越莓、越橘、类似水果（新鲜）	3450	44422	7.8
17	桃子，油桃（新鲜）	3435	12632	27.2
18	牛切块（去骨，冷冻）	2579	3374	76.5
19	鱼（冷冻，整条）	2204	36401	6.1
20	火鸡切块和内脏（冷冻）	2124	17377	12.2

资料来源：UN Comtrade 数据库。

中国对智利农产品进口规模及依赖程度（按 HS6 分类）方面，如表 8－3 所示，2000 年，中国从智利进口总品类 48 种，形成进口依赖的产品有 7 种，进口金额前 20 的品种中存在进口依赖的有 4 种，分别是鲜葡萄（45.2%）、海藻（32.4%）、其他软体动物和贝类（28.6%）以及冷冻豆类（33.4%）。总体而言，在当时，中国对智利大多数产品尚未形成进口依赖，尤其是在葡萄酒（7.2%）、李子（5.7%）、冻鱼（0.3%）等目前来看已经形成依赖的重点进口产品上。而且，在当时从智利进口规模较高的产品上，如动物饲料（5.1%），家禽、切块和内脏（1.3%），冷冻鳕鱼（1.0%）等产品也尚未形成进口依赖。

表 8－3　2000 年中国对智利进口 TOP20 与对智进口依赖关系

从智进口总额降序	品类名称	从智进口总额（美元）	进口总额（美元）	对智进口依赖（%）
1	动物饲料（用面粉或粗粉、颗粒、鱼等）	2904	57432	5.1
2	葡萄（新鲜）	1566	3462	45.2
3	鸡块和杂碎（冷冻）	588	45348	1.3
4	海藻和其他藻类	357	1102	32.4
5	鳕鱼（冷冻，整条）	350	33931	1.0
6	葡萄酒	198	2745	7.2
7	鱼（冷冻，整条）	64	18256	0.3
8	鱼肉和肉末，肝、鱼子和鱼片除外（冷冻）	63	1209	5.2
9	除肝外的鱼油，未经化学改性	62	843	7.4
10	其他软体动物和贝类（制备或保藏的）	57	199	28.6
11	鱼肝和鱼子（冷冻）	44	3824	1.1
12	苹果（新鲜）	41	1168	3.5
13	豆类，豌豆和蚕豆除外（冷冻）	36	107	33.4
14	火鸡切块和内脏（冷冻）	29	1866	1.6
15	其他水生无脊椎动物（冷冻或保藏的）	22	317	6.9
16	动物的内脏、膀胱和胃，鱼类除外	19	8557	0.2
17	李子、黑刺李（新鲜）	14	237	5.7
18	猕猴桃（新鲜）	10	251	4.2
19	鱼片（冷冻）	10	895	1.1
20	家禽、切块和内脏（冷冻）	9	801	1.1

资料来源：UN Comtrade 数据库。

2000～2022 年，中国对智利的进口呈现出多元化增长的趋势，体现在进口的品类和规模均有大幅提升，以及依赖关系的全面深化上。2022 年，中国从智利进口总品类 114 种，形成进口依赖的产品一共 27 种，其中从智利进口金额前 20 的品类有 13 个形成进口依赖。特别地，如表 8－4 所示，中国进口鲜樱桃、李子、冻鱼这几种品类，智利已经成为几乎全部来源国，进口依赖程度超过90%。此外，中国对智利的葡萄酒（24.2%）、鲜葡萄（36.1%）、桃子（73.4%）、李子（60.8%）等产品进口依赖程度也处于较高水平。综合来看，中国对智利的鲜果、果干、葡萄酒以及鱼产品有进口需求。

表8－4　2022年中国对智利进口TOP20与对智进口依赖关系

从智进口总额降序	品类名称	从智进口总额（美元）	进口总额（美元）	对智进口依赖（%）
1	樱桃（新鲜）	267351	276578	96.7
2	葡萄酒	32649	134797	24.2
3	李子、黑刺李（新鲜）	24399	27019	90.3
4	葡萄（新鲜）	19155	53001	36.1
5	动物饲料用面粉或粗粉、颗粒、鱼等	16364	298951	5.5
6	海藻和其他藻类	13954	64781	21.5
7	大西洋或多瑙河鲑鱼（冷冻，整条）	11746	11874	98.9
8	鲑鱼（新鲜或冷冻整条）	10237	74533	13.7
9	牛切骨（冷冻）	9583	148683	6.4
10	家禽、切块和内脏（冷冻）	8580	409735	2.1
11	猪食用内脏，冷冻（肝脏除外）	7835	269086	2.9
12	桃子，油桃（新鲜）	7615	10374	73.4
13	猪切块（冷冻）	7609	286500	2.7
14	猪火腿、肩肉和切块，带骨（冷冻）	6587	97392	6.8
15	螃蟹（冷冻）	6361	25976	24.5
16	种子、蔬菜、其他播种用	6038	27328	22.1
17	蔓越莓、越橘、类似水果（新鲜）	5188	30669	16.9
18	牛类动物，纯种活体养殖	3245	30808	10.5
19	李子（干的）	3207	5271	60.8
20	鱼（冷冻，整条）	2930	241149	1.2

资料来源：UN Comtrade数据库。

中智农产品贸易双向依赖关系方面，2022 年，中国和智利已经在多项农产品贸易上形成了双向依赖。① 具体来看，中智之间在鲜果（樱桃、李子、鲜葡萄、桃子）、海产品（海藻、冻鲑鱼、冻螃蟹）、葡萄酒、梅干等两国间主要贸易产品上存在双向依赖。

2. 中智农业领域投资基本情况。

（1）中国对智农业投资规模。根据 Dussel 数据库，中国对智利农业领域投资始于 2010 年。2010～2022 年，中国总计在农业领域对智投资总金额 11.25 亿美元。

（2）中智农业重要投资项目。如表 8－5 所示，2010～2019 年，中国对智利农业领域投资共有 6 笔，投资主体包括中国粮油食品总公司、烟台张裕、江苏洋河股份、深圳金安达农业科技和联想佳沃，投资行业包含葡萄酒、三文鱼等行业。

表 8－5　　2010～2019 年中国对智利农业领域投资重点项目

日期	投资企业	目标企业	投资金额（百万美元）
2010 年 9 月	中国粮油食品总公司	Viña Bisquertt（BiscottesChile）	18.0
2017 年 5 月	烟台张裕	Bethwine Bodegas Bethia Group	48.0
2018 年 4 月	江苏洋河股份	Viña San Pedro Tarapaca SA	64.8
2018 年 11 月	深圳金安达农业科技	Gold Anda Chile	10.0
2019 年 7 月	佳沃农业发展	Australis Seafoods S. A.	922.0
2019 年 8 月	佳沃农业发展	Joyvio Group CO. LTD	62.0

资料来源：Dussel 数据库。

（3）中智农业投资依赖关系。根据前文，中国和智利在国家层面上均不存在单项依赖关系。受数据可比较性所限，我们无法计算出中国和智利在行业层面的投资依赖关系。② 但我们依然能从投资总额的变化中发现，中国对智利在农业领域的投资呈现出逐年增加的趋势。

① 考虑到中智农业合作的主要模式，这里只对“中国进口、智利出口”模式做讨论。

② Dussel 数据库是采用项目层面的统计口径，与中国商务部的宏观统计口径存在差异。然而由于 Dussel 数据库是调查的中国对拉美地区的投资，并未统计中国对全球的投资，如果沿用 Dussel 数据库的统计，则无法计算中国对智利在农产品行业层面的投资依赖。

在近20年里，中国和智利在农产品贸易和投资方面取得了长足进展，这从前文所描述的在贸易和投资的体量逐年增加，特别是在贸易方面，中智间在多个品类上形成了依赖关系，且正在随时间不断加深。中智农业合作硕果累累，与两国之间的能力与合作意愿离不开关系。

（二）中智农业合作基础

1. 智利农业发展概况。

（1）基础条件：发展农业的自然条件优越。从发展农业的基础条件来看，智利是世界上最狭长的国家，且山地占国土面积的80%。全国农业用地较少，可用耕地不到国土面积的1/10，15%是牧场。智利的土地狭小的特点决定了种植高经济作物的优势。根据商务部对外投资指南（2022），智利的气候条件适宜发展水果种植业，得益于得天独厚的地理条件和地中海式气候，为葡萄的生长提供了有利条件。此外，智利也是在葡萄酒业上具备天然优势。从水质和温度来看，智利的自然条件又为三文鱼养殖提供了良好的空间。从相对比较优势（RCA）来看，智利在畜牧产品、水产品、水果和水果制品上具备比较优势（李建平，2006）。综上，智利具备发展农业（特别是高经济作物）的自然条件。

（2）发展取向：以农业出口和农业科技为重。从发展取向来看，智利是重要的农业出口国，尤以水果出口为重。智利向全球100多个国家和地区出口75种水果，水果产值占农牧业产值的近30%。智利政府积极推动农副产品的出口。在水果产业上，智利前驻华大使施密特多次推动中智农业合作，例如建立樱桃产业园、中智示范农场、科技研发中心等，大幅推动了智利对中国水果出口。如今，对中国的水果出口已经成为智利重要的发展路径之一。

智利政府还重视农业科技的创新。智利国家技术与生产发展基金（FONTEC）、经济部下渔业研究基金和CORFO提供资金，广泛支持企业与研究机构合作，就三文鱼产业的疫苗、饲料、生态环境保护等具体问题进行专项研究，逐步培养出本土的创新与研发能力，不断提高出口附加值。

2. 中国农业发展及比较。

（1）基础条件：具备规模庞大、层次日益丰富的消费市场。中国具有规模庞大的农产品消费市场。2015～2022年，中国农产品批发市场交易量及交易金额呈逐年增长趋势，据智研咨询数据统计，2022年全国农产品批发市场交易额从4.32万亿元增长至5.70万亿元，农产品市场交易量从8.09亿吨增长至9.58亿吨。[①]

从水果消费来看，中国是水果消费大国，随着居民收入水平的不断提升，水果消费量持续提升。2021年，中国水果产量约为2.93亿吨，同期进口0.07亿吨，出口0.04亿吨，测算得我国水果表观消费量为2.96亿吨，相比2012年的2.21亿吨增长了34%。从人均消费量来看，近十年来也呈现出显著的上升态势，2012年我国水果人均消费量仅为135.51千克，到2021年增长至175.27千克。

随着中国居民人均可支配收入的增加，消费者开始关注品牌、品质和多样化程度。尤其是中产阶级规模的不断扩大，人们对自身健康需求的关注和对品质生活的追求给高品质水果带来了更大的市场空间。中国海关数据显示，2012年，我国进口水果占比约为1.5%，到2021年这一比例上升为2.51%，进口水果的消费占比不断提升。[②]

（2）中智农产品生产天然存在季节性互补。从供应期来看，由于分处南北半球，中国和智利在农产品的供应期上存在完美的互补性。一方面，在中国的冬季，恰逢智利的水果供应期，对应中国国内水果相对短缺的时期。例如，智利每年11～12月到次年3月上市的樱桃可以进入中国市场；另一方面，中国出口的产品也可以弥补智利市场的空缺。例如，来自中国的猕猴桃可以在智利的夏天登陆智利市场，弥补智利夏季水果市场的空白。[③]

---

① 智研咨询网.2023年中国农贸市场（农产品批发市场）行业现状及趋势分析：互联网经济助力农批市场交易额及交易量创新高［EB/OL］. 2023－09－18. https://www.chyxx.com/industry/1157172.html.

② 智研咨询网.2022年中国水果行业发展现状及市场前景展望［EB/OL］. 2022－07－18. https://www.chyxx.com/industry/1117535.html.

③ 中国商务新闻网.中智农产品贸易前景广阔［EB/OL］. 2022－05－20. http://fta.mofcom.gov.cn/article/chinachileupgrade/chinachileupgradegfguandian/202205/50217_1.html.

中国和智利具备合作的基础条件，中智间恰好互补的生产季节也能够拉动更多的消费，创造更大的合作空间。然而需要意识到，中智之间相距遥远，两国之间在政治、经济和文化等方面存在巨大的差异，彼此官方和民间的交流渠道也相对有限，理解程度尚不够深入。因此必须通过双方国家、企业等多方面、多层次的合作才有机会实现共赢发展。因此接下来，本章将展示中智间如何通过政府与政府间的合作、企业与政府间的合作、企业与企业间的合作以及多部门多层次的相互合作，推动两国经贸发展。

（三）合作层次一：政府与政府的合作

在国家间层面，中智间签署了中智自贸协定和智利冷冻水果输华检验检疫要求议定书，从而保障智利水果顺利、安全地进入中国市场。

1. 贸易机制的建设——中智自贸协定升级版。2005 年，中智双方签署了自贸协定，智利成为第一个与中国签订自贸协定的拉美国家。该协定对中智贸易起到了极大的推动作用，从国家层面为中智两国农业合作带来了诸多机会，例如绝大多数水果等商品贸易的税收减免。2006～2018 年，双边贸易额增加了 5 倍以上。而 2019 年签署的补充协议则涵盖了原协议中未包含的服务、数字经济、投资等方面。

中智自贸协定的签署和升级推动了农产品贸易。中国—智利自贸协定于 2005 年 11 月签署，2006 年 10 月生效实施。2019 年 3 月，中智自贸协定升级议定书正式生效。在推动农产品贸易方面，双方合作日益深入。2019 年，中智自贸协定升级版生效实施，进一步扩大了智利对中国农产品出口。受益于中智自贸协定，樱桃、蓝莓、葡萄酒等智利农产品挖掘了广阔的中国市场潜力。据智利外交部称，自 2006 年两国自贸协定实施以来，智利 97% 以上的产品能够免关税进入中国领土。有赖于上述贸易机制的建设，中国自 2012 年起保持智利第一大贸易伙伴、第一大出口目的国和第一大进口来源国。中智贸易在智利对外贸易中占比 1/4，在中拉贸易中位列第三（贸促会，2022）。

2. 农产品检疫标准——智利冷冻水果输华检验检疫要求议定书。双方政府还致力于推动共建水果产品的检疫标准。2021 年 12 月，两国签署关于智利冷冻水果输华检验检疫要求议定书，明确规定了樱桃、苹果、蓝莓等 17 种智利特色冷冻水果的检疫标准，标志着智利输华水果将从鲜食水果扩大到冷冻水果，进一步推动双方农产品贸易发展。

（四）合作层次二：企业与政府的合作——以京东智利国家馆为例

1. 案例背景。京东智利国家馆是京东集团与智利政府合作打造的一个线上购物平台，依托京东商城，旨在推广智利的优质产品和文化，加强中智两国的经贸合作。然而，关于京东智利国家馆的建立过程却鲜有人知。关于“国家馆“的概念，最早可以追溯到 2010 年上海世博会，这个提法后来也被很多人沿用。京东在 2014 年开设了泰国国家馆，但当时公司并未广泛宣传。2018 年，博鳌亚洲论坛举行，习近平主席提出举办进口博览会的计划，与此同时，商务部也提出了打造国际消费中心城市的概念。而京东国家馆的建立也正好与进博会“共建创新包容的开放型世界经济”[①] 理念、与国际消费中心城市“促进全国消费增长和升级”[②] 的理念密切相关和契合。

京东智利国家馆的建立，首先与时任智利驻华大使路易斯·施密特先生的努力离不开关系。施密特先生在担任驻华大使前，曾经是一名企业家和商业领袖。[③] 他基于对商业和中国市场的了解，不遗余力地推动中智贸易。他希望通过京东这一巨大的电商平台，将智利的产品推广到中国市场。考虑到最适宜运输的品类莫过于红酒，因此在建立之初，在他的建议下，国家馆确立了以红酒作为主要商品进行销售。首先，京东方面通过深入调研和了解，

---

① 习近平在首届中国国际进口博览会开幕式上的主旨演讲［EB/OL］. 2018 – 11 – 05. http：//www. xinhuanet. com/politics/2018 – 11/05/c_1123664692. htm.

② 国际消费中心城市：各具特色 竞相发展［EB/OL］. 2023 – 07 – 10. http：//paper. people. com. cn/zgcsb/html/2023 – 07/10/content_26004946. htm.

③ PPU 任命前智利驻华大使［EB/OL］. 2022 – 07 – 27. https：//thelatinamericanlawyer. com/ppu adds-former-chilean-ambassador-to-china/.

认为智利红酒的品质值得肯定，总体水准非常高，在货品的出口方面拥有很好的前提条件。因此经中国酒界的挑选，确定了智利的“十八罗汉”——智利红酒中比较具备竞争力的品种，作为主要的进口品类。其次，由于中国与智利的自由贸易协定，智利红酒的进口零关税。这使得智利红酒相比澳大利亚（关税 160%）等国家的红酒在价格上具备竞争力。最后，时任智利驻华使馆女参赞娜塔在中国留学多年，深知中国市场对红酒的热爱，对这些项目也极为支持。因此，双方有了强烈的合作意愿，也对中国市场有了足够的了解，智利国家馆便开设起来。2020 年 7 月 23 日，由智利驻华大使馆正式授权，以“国家馆”之名，智利国家馆正式入驻京东超市。

目前，京东智利国家馆不仅售卖红酒，还出售雪花和牛。特别地，智利葡萄酒品类繁多，有著名的“十八罗汉”，有智利国宴用酒“TH”，也有聂鲁达的基金会特别授权的聂鲁达葡萄酒。种类丰富的商品能够充分满足中国消费者的多样化需求。

2. 京东与智利政府的合作。京东与智利政府、企业和协会展开了深入合作。首先，智利前驻华大使施密特先生亲自推动了智利红酒在国家馆的销售。此外，大使先生本人还不遗余力，身体力行推动商品在中国销售。2022 年农历新年，施密特先生主导了“大使送年货活动”，他穿上京东的工作服，把沉甸甸的一箱车厘子扛在肩上，送到消费者的家中。[①]

3. 京东与行业协会的合作。智利水果种植者协会的作用也不可小觑。协会汇聚了智利主要的水果种植户、出口商和第三方水果贸易商，[②] 路易斯·施密特先生正是该协会的前主席。在“国家馆”的建设过程中，京东正式通过该协会，找到并签约了几家智利最大的樱桃种植商，而签约仪式也在智利大使馆得到见证。

此外，在智利驻华大使馆、智利葡萄酒协会、国内外行业媒体及品牌方的支持下，京东智利国家馆除了为众多消费者提供了丰富多彩的智利产品购买平台外，不但开设了智利葡萄酒大师班尊享品鉴会，更是举办了智利葡萄

① 全球好物赶虎年“大集”［EB/OL］. 2022－01－31. https：//paper. people. com. cn/rmrbhwb/html/2022－01/31/content_25901288. htm.

② 智利柑橘委员会. 智利的水果［EB/OL］. https：//citrusfromchile. cn/about-us-citrus. html.

酒节及多次线上线下品鉴及晚宴活动，为广大消费者购买智利葡萄酒提供了可靠的品质保证及专业的鉴赏引导。正如京东酒品销售总监指出，在京东与智利多方的努力合作下，京东智利国家馆已经成为中国消费者感受智利风土文化、体验智利精品产品的重要桥梁。

4. 京东积极响应中国政府的战略目标。2021 年 7 月，国务院批准北京等五个城市率先开展国际消费中心城市培育建设。京东作为北京市企业，积极响应政府战略目标，邀请了各国大使、公使及多位专家，在京举办“与世界共享美好生活·驻华大使国际消费论坛”，共同讨论北京国际消费中心城市培育建设与国际品牌入华发展路径。京东国家馆作为建设国际消费中心城市的重要平台，得到了与会嘉宾的赞誉。

5. 京东与智利政府的更多合作。在 2020 年的“国家馆”开设取得成功后，智利政府采取多种方式与本地企业合作，也积极通过多种方式推动智利商品销往中国。其中，时任智利驻华大使施密特和商务参赞娜塔也纷纷化身“带货达人”，利用电商直播推广智利产品。施密特先生在直播活动中向中国观众介绍了智利的风土人情，分享自己在中国的生活体验，最后捧起了一盒智利蜂蜜作为奖品，主持了直播间抽奖。娜塔对着手机镜头，一边用中文向直播间观众介绍鳕鱼的烹饪方式，一边熟练地翻动着锅里的鱼肉。在两个小时的直播中，娜塔还与中国主播合作介绍了葡萄酒、帝王蟹、贻贝等多种智利农产品，并不时提醒观众前往电商平台选购。

在 2022 年的车厘子丰收季，智利农业部长埃斯特万·巴伦苏埃拉（Esteban Valenzuela）专门录制了视频，感谢中国消费者对智利车厘子的喜爱。埃斯特万表示，与京东生鲜的紧密合作让智利在中国市场樱桃安全和质量得到了保证，并尽力会为中国家庭在春节期间带来世界上最好的樱桃。

该案例是京东与智利政府合作的成功范例。从中国企业视角来看，京东与智利政府、企业和协会的深入合作，建立了线上购物平台，推广智利的优质产品和文化。合作的过程中，智利红酒作为主要商品进口，得益于中智自由贸易协定，展现了合作的经济利益。京东与智利政府的密切合作，不仅在商品销售上有所体现，还通过直播等方式增强了文化交流，提升了消费者对智利产品的认知和信任。此外，京东响应中国政府的战略目标，在北京国际消费中心城市的培育建设中发挥了积极作用，智利国家馆成为了国际品牌进入中国发展的有力支持。

而从智利方面来看，这体现了智利政府对中国市场发展取向的精准洞察。首先，京东智利国家馆的建立得益于智利驻华大使施密特先生的积极推动，他基于对中国市场的深刻了解，选择京东这一庞大的电商平台推广智利产品。其次，智利政府通过与京东的深入合作，充分利用自由贸易协定等优势，将智利的优质红酒、水果等产品成功推广到中国市场。

（五）合作层次三：企业与企业的合作——以联想佳沃投资智利为例

1. 案例背景。佳沃集团成立于 2012 年，是联想控股旗下现代农业和食品产业战略投资平台。起初，联想控股通过农业投资事业部探索农业领域，并于 2011 年任命陈绍鹏负责农业和食品板块。经过研究和咨询，佳沃选择在中国高端水果行业切入，专注于水果和水产领域。为确保品质、打造品牌优势，佳沃制定了全产业链运营、全球化布局和全程可追溯的“三全战略”。在国内团队搭建方面，佳沃在继承联想通用人才基础上，通过市场招聘和两大并购（青岛沃林和四川中新农业）深入产业链上游，构建了专业团队。在全球布局中，佳沃考虑到水果品牌需求，决定进入南半球，首选智利。2013 年，与智利水果企业 Subsole 合作，共同收购了 5 家农场，涉及蓝莓、猕猴桃、提子、核桃和柑橘类水果。这一投资在促进智利水果对中国的出口、满足国内高端水果需求方面发挥了关键作用。在智利对中国的水果进口中，佳沃从智利的进口排在前三，在特殊的品种上可能更高。同时，佳沃在智利的投资也对当地的投资、就业和税收产生积极影响，成为中国第一家投资智利水果行业的企业。在本案例中，我们将详细分析联想佳沃如何通过并购安排与当地企业合作，共同推动智利水果对中国的出口。

2. 中智差异与跨文化管理。中智距离遥远，在经济、制度、文化等方面存在诸多的差异，从调研来看，就联想佳沃投资智利而言，至少有以下几项具体差异值得关注：（1）在经济差异层面，智利水果行业上游话语权较大，与中国市场端的主导和渠道优势形成互补，为双方合作提供了基础。(2) 制度差异层面，智利水资源管理与中国存在较大差异，包括水权交易方式和工会制度。智利鼓励市场管理水资源，而中国则以国家行政分配为主，这可能给企业在面临缺水问题时带来挑战。(3) 工会制度上，智利的工会较为独立自主，与中国的自上而下集体有明显不同，可能引发劳资关系处理上的问题。另外，双方的会计制度也存在一定差异，但通过有效沟通未对投资产生负面影响。在文化差异层面，中智存在语言、工作节奏等方面的显著差异。然而，通过战略联盟的安排，本地的管理交由本地联盟伙伴主要负责，使得双方之间的沟通更多是少数高层之间的沟通，成功化解了文化障碍。

3. 佳沃与合作伙伴的合作。由于意识到中智之间存在巨大的差异，佳沃在以投资的方式进入智利市场时，选择通过与当地水果行业的龙头企业形成战略联盟的方式，共同收购了智利的 5 家水果农场，并且在收购以后，以本地管理为主进行经营。这样的投资策略的选择，是一种有助于克服差异的合理且明智的做法。

第一，与当地企业形成战略联盟是进入陌生市场环境的一个有效的方式。采用战略联盟这样的本土化的策略能够弥补自身对陌生市场环境不熟悉的不足，形成优势互补。如前文所述，其战略合作伙伴 Subsole 是一家在智利乃至全球都很有名的水果出口公司，进行全产业链运营，有着现代化的专业农业科技和管理人才，对智利当地的水果行业如何经营管理有着丰富的经验。佳沃的母公司联想虽然有着丰富的国际化的经验，但是对于智利，尤其是智利的水果行业还是相当陌生，尽管如此，佳沃拥有着中国国内的大市场，以及品牌、渠道、管理、资源整合、资金等多方面的优势，而这些正是其合作伙伴所看重的。进一步值得提及的是，战略联盟策略本身相较于固定比例的合资模式更具合理性。固定比例的合资从经济上相当于经济利益的分成锁定，潜在的前提是贡献要和经济比例类似。而佳沃与其合作伙伴对每一个农场的持股比例都会根据双方各自的优势不同来进行商量确定，每一个投资都有不同的利益安排和分配，这种结构化的安排非常合适，有利于充分发挥各自的优势。尽管其中的管理细节会有一些挑战，比如代理问题，但是这是企业在这过程中必不可少需要提升和总结的经验。

第二，佳沃与其合作伙伴共同完成农场的并购以后，选择了本土化管理的策略，主要是由其合作伙伴派遣的当地的专业的管理团队管理，而佳沃只是需要把握计划的实行情况以及实地走访运营情况。这样的策略，使得一些本来比较棘手的问题迎刃而解，比如工会问题和缺水的问题。首先，在水果行业，尤其是在采摘环节，有大量的人工需求，如果没有处理好相应的关系，将可能会带来工会的问题，由于中智工会制度的差异，对于中国企业来说，处理智利的工会的问题可以说是非常困难，而其本土化的策略使得工会的问题得以避免。据调研来看，是否成立工会是工人自己的选择，由于 Subsole 公司本身的企业愿景就是以高标准保护工人并且为农民带来最好的回报，他们的农场都与社区保持着良好的关系，每周参与社区服务，所以他们的农场工人没有成立工会，因而从来没有出现过工会的问题。其次，在缺水的问题上，从调研来看，曾经缺水是佳沃与其智利合作伙伴投资的农场所面临的一个主要的问题，但现在这个问题已经基本得到了解决，这个问题的解决也得益于其合作伙伴和农场对当地的了解以及其专业性的水准。一方面，通过打井和买水权的方式来获得更多的水源，其中，打井依赖于当地人对当地地理条件的充分了解，同时，由于在智利水权如果没有用完需要缴税，所以市场上会有水权的出售，但是根据法律规定，水权只能从特定的地区购买，买水权也离不开当地人对相应的规则的了解。另一方面，农场采用先进的节水技术使得已有水资源可以得到充分的利用。

4. 合作结果：符合两国发展取向，打造企业间双赢格局。佳沃对于智利农业的投资可以说迄今为止是一项成功的投资，不仅符合佳沃自身以及其合作伙伴和被投资农场的利益，同时，也符合中智两国的共同利益。

从符合公司利益的角度来看，一方面，佳沃对智利水果的投资符合佳沃自身的利益。佳沃对智利的投资与其“全产业链运营、全球化布局和全程可追溯”的“三全战略”的战略定位完全契合，智利处于南半球，自然条件优渥，现代农业科技发达，为佳沃提供了优质的反季水果，这样一来，佳沃全年都可以保持优质安全的水果供应，极大地促进了佳沃的品牌优势；同时，由于其直接扎根于智利农场，能够熟悉并把握智利当地的水果行业结构，所以在水果的成本价格上也具有谈判的优势。此外，通过直接投资的方式深入智利当地农业市场环境，帮助佳沃熟悉了智利的农业行业的投资环境，对于佳沃在智利农业领域的进一步开拓具有深远的意义。比如2019年7月完成的对智利从事三文鱼行业的上市公司 Australis Seafoods 的收购，就是典型的例证。另一方面，佳沃的投资对于其战略合作伙伴 Subsole 以及与其合作投资的智利农场来说，也是负责任的、符合对方利益的投资。由前文合作伙伴和智利农场负责人的评述不难看出：首先，对于农场和水果出口企业来说，市场是关键要素，佳沃的投资帮助其更好地了解了中国的市场需求，开拓了中国的大市场；其次，由于佳沃具有品牌、资金、渠道等方面的优势，与佳沃的合作提高了水果销往中国的速度和数量；再次，得益于佳沃对于品质把控的高标准以及相应资金实力、供应链管理的能力的支持，与佳沃的合作为水果到达中国卖场的品质提供了更大的保障；最后，特别地，对于其合作伙伴 Subsole 来说，由于佳沃的母公司联想控股是一家国际化的大企业，拥有更加先进的财务管理体系，与佳沃的合作，提高了其财务管理、成本控制的水平。

从符合国家利益的角度来看，佳沃的投资对中智两国来说都是有意义的。对智利来说，佳沃的投资首先符合智利积极拥抱外资、促进农业出口的国家发展取向，根据对佳沃相关负责人的调研，佳沃是第一家在智利农业领域进行绿地投资的中国企业，能够带来示范效应，鼓励其他中资企业进入智利相关行业进行投资，拉动中国对智利的投资增长。根据 UN Comtrade 数据，2007～2016年，智利水果对中国的出口占智利水果出口的比例增长了超过23%，并且在2016年智利已经成为中国市场的第一大水果进口来源地。同时，佳沃对智利的投资还拉动了当地的就业、税收增长。比如在就业方面，根据佳沃被访谈人员的估计，视水果情况而定，每年雇佣的采摘工人在2000～3000人，极大地带动了周边农村地区的就业。对于母国中国来说，直接的效果就是满足了中国市场对于优质安全的反季水果的需求，此外，佳沃所进行的负责任的投资也有利于中国企业乃至中国在智利的良好形象的进一步提升。综合来看，对于中智之间经贸等关系的发展具有重要的意义。

（六）合作层次四：多部门、多层次的相互合作

中智农业在企业和国家层面已经有了广泛深入的接触与合作，事实上，中智农业合作已经呈现出多层次、多部门的密切合作格局，而这都离不开两国政府、企业和协会间的密切互动。以下三个案例进一步说明了这种多部门、多层次的互动合作如何推动两国的农业交流。

1. 中智示范农场：政府、企业和行业协会共同推动，打造农业科技交流综合性平台。中智示范农场（China-Chile Demonstration Farm）位于天津市蓟县，始建于1999年，在中国和智利的农业部签署合作协议后，由双方共同建设而成，占地370亩。截至2019年，中智双方已经累计在农场投资逾1200万元，引进智利果树品种7类共21个。此外，该农场还引进了智利果园的管理技术、滴灌技术和设备，是中智农业领域深度合作的典范，更是中智友好交流合作的一面旗帜。

中智示范农场建立的初衷是为了加强两国农业交流与合作，促进智利水果进入中国市场。在20世纪90年代，前驻华大使施密特先生在将鲜食葡萄销往中国的过程中遇到了包括长途运输①、税收壁垒、食品检疫等多方面的挑战，从而使他萌生了建立水果农场的想法：通过建立水果农场，向中国消费者展示在智利生产，并成功出口到欧洲、美国和拉美的水果品种，从而加强两国农业交流合作。然而由于中智间并未签署政府间合作协议，因此未能得到实施。

1997年，施密特被任命为智利果农协会的主席。在他的努力推动下，1999年，经过时任智利总统爱德华多·弗雷的授权，中智两国农业部签署了合作协议，由施密特先生与中国的凯威公司共同出资，于2001年在天津蓟县落地。随着时间的推移，这个项目对两国关系的影响也日益增长，管理权由智利果农协会转给智利农业部。

为了实施技术转让，果农协会聘请了智利的农业专家阿拉米罗·莫拉莱

---

① 在20世纪90年代，从智利首都圣地亚哥将物品运送到北京，空运需要65个小时航程，这对水果直接出口是个很大的障碍。

斯（Alamiro Morales）担任经理，负责农场的经营管理工作。他是智利天主教大学的农艺师，也是马乌莱地区著名的园艺家。智利驻华大使馆农业专员卡洛斯·帕拉评价道："阿拉米罗先生工作十分敬业，为农业产品的培育、农场的规划建设和中智合作付出了巨大的努力。"①

作为农场的中方投资方和管理方，2006 年，中国化工企业凯威对农场附近的区域进行开发，打造了智利风情的安第斯度假村——一个智利风情浓郁的五星级酒店。在 2010 年上海世博会后，智利驻华大使馆决定把智利展馆捐献给凯威，并落户在农场。经历 10 余年的发展，中智示范农场已经成为集优良苗木果树繁育、中智先进技术交流与培训、科普推广、旅游观光为一体的现代化农场。

中智示范农场项目可以体现中智政府间合作、行业协会以及政府和企业间合作的作用。首先，中国和智利政府签署了合作协议，使得示范农场能够在两国政府合作的框架下发展，为农业交流合作作出重要保障。其次，行业协会不仅是政府间合作的桥梁，还能够输送专业人才：一方面，施密特先生曾经是一位出色的企业家，也曾担任智利果农协会的主席，作为一名企业家，他对水果行业有充分的了解，也同时深知中国市场的巨大潜力，但后者的身份使他能够以协会主席的身份推动两国政府间的合作；另一方面，智利园艺家阿拉米罗先生由智利果农协会发掘并引进到农场来担任经理。最后，政府与企业的合作使得示范农场的功能从单一的技术培育发展为集技术交流和旅游观光为一体，也进一步推动了先进品种在智利的推广。

2. 中国国际进口博览会：中国政府主导、帮助两国企业建立商务联系。中国国际进口博览会（以下简称"进博会"）由商务部和上海市政府主办，中国国际进口博览局和国家会展中心（上海）承办，是中国推动高水平开放的重要平台。② 进博会自 2018 年举办第一届起，已经连续成功举办五届，是中外企业商务往来的重要平台，每年吸引着来自全球不同国家不同行业的企

---

① 智利果农协会. 智利果农协会对该国智利—中国农场经理唐·阿拉米罗·莫拉莱斯（Don Alamiro Morales）的突然去世表示遗憾［EB/OL］. 2018 - 07 - 12. https://fedefruta.cl/2018/07/12/fedefruta-lamenta-el-sensible-fallecimiento-de-don-alamiro-morales-encargado-de-la-granja-chileno-china-en-ese-pais/.

② 展会概况［EB/OL］. https://www.ciie.org/zbh/cn/19us/Overview/.

业来参会。

智利出口商是抓住进博会机遇，努力扩大出口的代表。以智利水果出口商协会为代表的协会组织持续寻找商机。[①] 智利水果出口商协会主席鲍恩指出，进博会对智利水果出口商有重要意义。自首届进博会起，智利水果出口商就积极参与，展示樱桃、蓝莓、鲜食葡萄、猕猴桃、苹果、牛油果等出口产品，利用这一机会同中国进口商建立联系，了解中国市场需求变化以及水果零售业的最新发展。鲍恩还提到，中国是智利重要的水果出口市场之一，是“处于发展中的、具战略意义的”多品类鲜果出口市场。智利水果出口业已投入较多资源保障对中国出口水果安全无害，并计划继续在电商平台等零售渠道进行促销。

中国电商企业和智利出口企业通过进博会建立商务联系，是中智农业合作的重要途径。例如，2021 年，在第四届进博会上，叮咚买菜与智利头部车厘子种植出口商 GarcesFruit 以及供应链企业“爱泽”签署采购协议，形成从产地到供应链到零售的一体化、可溯源、稳定的链路。[②] 据叮咚买菜的负责人介绍，2021 年 11 月，智利的第一批车厘子已经通过空运抵达中国，并在叮咚买菜 App 上率先发布，销量同比 2020 年增长 80%。通过进博会平台，叮咚买菜与越来越多全球优秀食品供应商达成合作，通过“数字化供应链 + 产地直采”模式促进国际国内“双循环”格局的构建。

为了更好地帮助智利出口商进入中国市场，中国驻智利的海外商业协会组织努力联系中国和智利相关企业，为智利企业（特别是中小企业）创造销往中国的机会。例如，智利华商联合总会通过在中国的贸易网络，帮助智利企业寻找渠道商，并落实企业订单达成、企业在华办事处落地等事宜。为了推介进博会，智利华商联合总会的会员们亲自向智利各区官员介绍进博会的平台优势、中国市场消费趋势、消费群体划分等。2020 年 7 月，商会更是成立了上海办事处，通过对接几家中资企业，特别是上海福多来贸易公司，建

---

① 智利水果出口商协会欲借助进博会拓展中国市场［EB/OL］. 2020 – 10 – 23. https://www.gov.cn/xinwen/2020 – 10/23/content_5553610.htm.

② 叮咚买菜与智利车厘子种植出口商吉制签署采购协议［EB/OL］. 2021 – 11 – 05. https://news.cnstock.com/news，bwkx-202111 – 4778417.htm.

立了中智两国企业数据库，同时为企业参展做了大量前期筹备工作，包括企业筛选、产品定位、与进博官方平台对接、与国内市场渠道商意向洽谈等。①

进博会能够体现中国政府、智利出口商以及行业协会在积极推动中智合作。中国政府通过举办进博会提供了一个重要的平台，旨在推动高水平开放。这为中外企业提供了商务往来的重要机会。智利出口商，特别是以智利水果出口商协会为代表的组织，充分抓住了进博会的机遇。他们通过展示水果等出口产品，积极参与进博会，与中国进口商建立联系，了解中国市场需求变化和水果零售业的发展。这不仅有助于扩大智利出口，还强调了对中国市场的重要性。智利出口商还通过投入资源保障出口水果的安全无害，并计划在电商平台等零售渠道进行促销。行业协会的努力也不可忽视。中国驻智利的海外商业协会组织通过联系中国和智利相关企业，为智利企业创造销往中国的机会。他们在中国建立贸易网络，协助智利企业寻找渠道商，落实企业订单达成，并在中国设立办事处等，为智利企业在中国市场的顺利进展提供了有力支持。

3. “智利周”活动：智利政府主导，推动智利企业来中国对接扩大出口。“智利周”是智利政府在中国举办的最高规格、最大规模的官方宣传推介活动。该活动最早办于 2015 年，每年一届，主要举办地点是在北京和上海两座城市。

在第一届“智利周”活动开办之际，智利政府为表重视，派出了前总统费雷率团来中国，代表团成员包括多位政府部长、高官，及智利各领域行会机构和企业代表。从活动目的来看，最初的“智利周”活动开办目的之一是推动智利企业来中国对接。例如，智利贸促会（ProChile）就携 30 余家智利企业来中国与中国企业对接，想要向中国展示对中国贸易仍有可拓展的空间。此外，“智利周”还通过举办美食、美酒品鉴推广活动，为中国市民免费赠送六千余份智利美食，进而向中国广大消费者展示智利葡萄酒、海鲜水

---

① 侨与进博会丨首次参展 智利华商总会助智利企业争当“第一个吃螃蟹的人”［EB/OL］. 2020-11-08. https://j.eastday.com/p/1604802126021322.

产和水果的美味，从而促进农业合作。[①] 在第六届“智利周”活动中，从内容来看，活动内容包括会议、论坛、三文鱼烹饪表演、葡萄酒大师课、旅游推介会、马拉松友谊赛等多项活动；从目的来看，举办智利周的目的在于持续推动智利对中国出口，宣传智利形象等。[②]

从第七届“智利周”活动开始，活动地点从原来的北京和上海两座城市拓展到北京、成都、上海和广州四座城市。来自中国和智利的公共部门和企业人员参加会议，智利不仅能获得充分展示其作为高质量商品和服务供应商的机会，还有望成为外国投资可靠目的地。正如 ProChile 总干事保利娜·巴尔德拉马指出的那样，智利周旨在“在中国采购决策者和消费者中，突出智利出口供应商的特质，并将智利定位为一个具有吸引力的投资和旅游目的地”。

从数据来看，“智利周”活动成效斐然。2021 年，有超过 1250 家智利企业从事对中国出口业务，其中仅 51 家企业从事铜矿开采。同年，中国成为智利非铜产品第一大出口目的地。[③]

综合来看，智利政府在“智利周”中充当了外交和组织的角色，表达对中国市场的高度关切，并推动企业对接。而 ProChile 则通过贸易促进、数字化推广和多元化合作等手段，协助智利企业更好地参与和展示在中国市场的优势。这两者共同合作，推动了中智贸易合作的深度与广度。

四、结论和启示

中国和智利是地理上最遥远的两个国家，两国间存在制度、文化和经济上的差异，但得益于智利具备发展农业的优越条件以及中国具备规模庞大、

① 智利中国建交 45 周年暨智利周［EB/OL］. 2015 - 08 - 31. https：//www. yicai. com/news/4679707. html.

② 通讯：进博会为中国“智利周”增添亮色［EB/OL］. 2018 - 10 - 24. https：//www. xinhuanet. com/world/2018 - 10/24/c_1123608465. htm.

③ 2022“智利周”在北京开幕［EB/OL］. 2022 - 11 - 24. http：//www. br　cn. com/static/content/news/nm_news/2022 - 11 - 24/1045352070019944448. html.

层次丰富的消费市场，双方在农业合作中形成了潜在的优质的合作基础。从20世纪90年代以来，中智双方分别从政府与政府间、企业与政府间、企业与企业间以及多部门多层次间展开合作。从宏观来看，这些合作强化了双方的理解与信任，加深了两国间的经贸合作关系；从微观来看，两国企业在经贸往来和科技合作等方面都建立了紧密的联系。

（一）中智间需要深入理解发展取向，积极发展顺应发展取向的产业

从智利方面来看，智利本身自然条件优越，并将水果出口和农业科技作为主要的发展取向。为此，中国政府和企业应当积极地把握智利农业产业发展的动态，顺应智利的发展取向，从而深化两国在农产品方面的经贸合作。这验证了本书第七章中对中拉合作思路的思考：以联想佳沃为代表的中国企业投资智利，充分理解并融入东道国投资环境，顺应智利拥抱外资和水果出口的发展取向，对智利本地的就业和水果出口带来积极的影响。佳沃的投资对中国企业在智利的形象带来了进一步提升，对中智经贸关系发展具有重要的意义。

从中国方面来看，中国本身拥有规模庞大和层次丰富消费市场，对高品质的饮食要求也在随时间不断增长。智利政府把握这一关键需求，与中国电商企业——京东展开合作，打造京东智利国家馆，进行以智利红酒为主的特色产品销售，并赢得了中国消费者的喜爱。此外，智利前驻华大使施密特、智利商务参赞娜塔利用直播平台带货，也是了解和顺应中国消费者购物习惯的表现。因此，正是得益于智利政府对中国市场以及发展取向的深入了解，才产生了与之相契合的经贸合作模式，从而有效地促进中智贸易。

（二）政府应当积极发挥机制性作用，开创和拓展合作

在第七章中，我们提到中国政府在与拉美国家进行经贸合作的过程中，利用四类机制发挥作用。在智利案例中得到了体现。首先，中国政府的框架

性协议保障并极大地促进了中智贸易。中国政府与智利政府分别在2005年和2019年签署了自贸协定，极大地有利于两国的农产品贸易，并通过签署冷冻水果输华检验检疫要求议定书，保障了食品安全。具体到项目层面，中智示范农场就是中智政府在签署了农业合作协议合资建设而成，带动了中智农业科技领域的发展和农产品的贸易。其次，在中智合作的过程中，中国政府发挥主导作用，积极探讨合作共赢的落实机制，引导两国企业、协会与企业间建立联系。进博会作为国家级四大展会之一，是中国重要的对外开放窗口，智利出口商也得以积极应用这一平台机制，与中国进口商建立贸易联系。与之类似，智利政府举办的“智利周”亦与“进博会”有着相似的目的和效果。因此，政府应当积极地发挥机制性作用，在制度层面施加优惠和保障，并积极落实引导企业、协会等部门的合作机制，不断地深化合作，形成两国共同发展的格局。

（三）企业应当克服差异，并积极寻求与政府和企业、协会间的合作

从中国的角度，首先，在“京东国家馆”案例中，京东作为北京市企业，积极响应国务院和北京市政府的战略目标，开设“驻华大使国际消费论坛”，这一行动能够使智利乃至其他国家对中国的发展取向和诉求更加了解。其次，在“联想佳沃投资智利”的案例中，联想佳沃通过与当地企业形成战略联盟并进行本土化管理策略，成功地通过投资实现互利共赢。从智利的角度，在“示范农场”的案例中，施密特先生在建立示范农场之初，积极寻求与政府达成协议，并与当地公司凯威形成合资，通过协会找到合适的经营管理人才。因此，从企业层面，在对外贸易或跨国投资的过程中，企业应当应对两国之间本就存在的文化、制度和经济差异，并积极谋求与双方政府、外国企业以及行业协会之间的沟通交流，从而消除已有的阻碍，实现互利共赢。

| 第九章 |

专题研究Ⅱ：中巴依赖关系及电力合作发展

巴西作为拉美第一大经济体，自建交以来与中国长期保持良好的经贸和外交关系，也在电力、农业等领域形成了广泛的依赖关系。本章在总体把握巴西经贸特征、中巴经贸发展及相互依赖关系的基础上，选取巴西电力行业作为合作发展的专题，探讨中国与巴西之间从企业到政府间不同的合作层次和运行机制，与第八章共同为中拉经贸合作提供范例依据和发展指引。

一、巴西经贸特征

（一）巴西的宏观经济

1. 经济规模。巴西是拉美地区面积最大、人口最多的国家，经济实力居拉美首位，具有地区影响力和一定的国际影响力。从经济规模上看，2020年，巴西 GDP 为 1.4 万亿美元，在拉美地区占比达33%，长期位列首位。

2. 收入水平。从人均收入上看，巴西属于中高收入国家，处在拉美中等水平。2020 年，巴西人均收入为 6796.84 美元，在拉美地区排名第 19 位，增速高于拉美近年来平均水平（0.49%）。

（二）巴西的产业结构

1. 三次产业比例。巴西经济体系较为完整，门类齐全，服务业产值占国内生产总值超过七成，金融业较发达。2020 年，巴西三次产业占比分别为 5.9%、17.7%和62.9%，服务业占比最高。从产业分布变化上看，2017～2019 年，农业 GDP 占比年均下降2.2%，服务业小幅下降0.1%，制造业上升0.6%。

2. 特色产业。巴西石油、铁矿、铌矿及淡水、森林等自然资源十分丰富，农牧业资源得天独厚，大豆、玉米、咖啡、柑橘以及牛肉、猪肉和家禽肉出口量均居全球前列，巴西已成为全球农产品出口大国，全球重要的食品供应地。近年来，巴西大力发展绿色经济。巴西政府重视可再生能源发展，水电等可再生能源在电力供应中发挥主导作用，当地一些大型企业开始制定减少碳排放计划，积极参与全球减碳行动。

（三）巴西的经济外向性

1. 对外贸易。从经济外向性看，巴西作为经济大国，外贸和投资依存度在拉美相对较低。在贸易依存度上，2020 年，巴西对外贸易额为 3687.47 亿美元，外贸依存度达 27%，在拉美地区贸易依存度相对较低，其中出口占 15%，进口占 12%，2017～2019 年年均增速为 –0.2%。[①]

2. 直接投资。在投资依存度上，2020 年，巴西直接投资总额为 –10.3 亿美元（存在撤资情况），投资依存度为 –0.1%，在拉美地区投资依存度排名同样靠后，其中对外投资占 –1.8%，吸引外资占 1.7%，2017～2019 年年均增速为 0.3%。[②]

二、中巴经贸发展及相互依赖关系

（一）中巴经贸的外交基础

1. 建交与伙伴关系。1974 年 8 月，巴西同中国建交，1993 年成为第一

① 联合国商品贸易统计数据库（UN Comtrade），https：//comtrade. un. org/.

② 联合国贸易和发展会议（UNCTAD），https：//unctad. org/statistics/.

个同中国建立战略伙伴关系的发展中国家。2012 年，巴西又成为第一个同中国建立全面战略伙伴关系的拉美国家。中国与巴西建交 50 年来始终相互尊重、平等相待、互利共赢，成为发展中大国团结合作、共同发展的典范。

2. 贸易及投资协定。中巴建交以来，签署了一系列双边贸易、投资协定等文件。2004 年中巴签订贸易投资领域合作谅解备忘录，2017 年随着高层出访，两国积极探讨将“一带一路”倡议与巴西的“投资伙伴计划”“前进计划”等发展战略和规划进行对接。

（二）中巴经贸的发展现状及趋势

1. 中巴贸易现状及趋势。巴西是中国第八大贸易伙伴国，也是在拉美地区最大的贸易伙伴。如图 9－1 所示，2020 年中巴双边贸易额为 1190. 41 亿美元，其中中方出口额 349. 57 亿美元，进口额 840. 84 亿美元。在进口和出口方面，近 10 年来中巴贸易均呈上升趋势，年均增速超过 1% 和 7%。

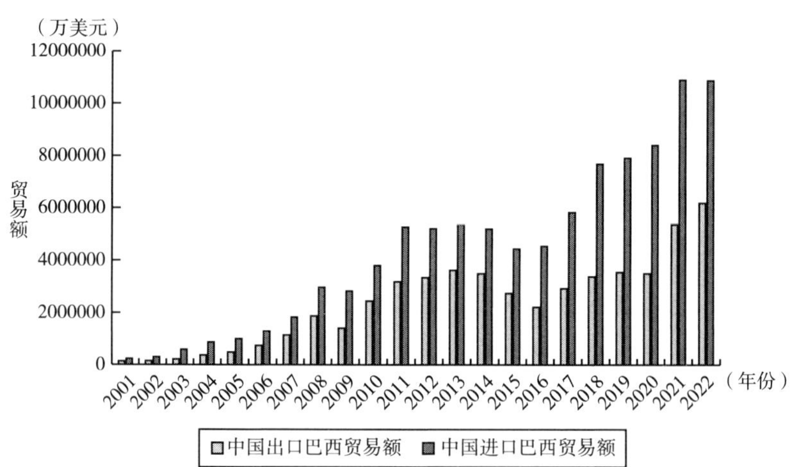

图 9－1　2001～2022 年中国—巴西进出口贸易金额

资料来源：中国海关。

2. 中巴投资现状及趋势。如图 9－2 所示，从中国对巴西投资上看，近 10 年来投资整体呈上升趋势。2019 年，中国对巴西投资超过 8 亿美元，创历年之最。但 2020 年受公共卫生事件影响投资有所回落。

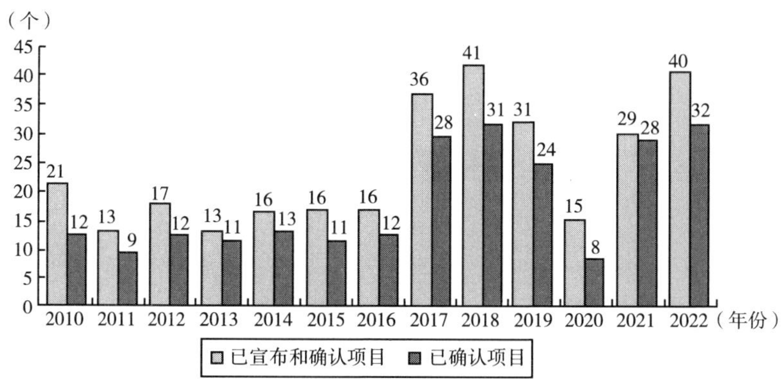

图 9-2　2010～2022 年中国在巴西宣布和确认的投资项目

资料来源：巴西—中国企业家委员会，https：//www. cebc. org. br/。

（三）中巴经贸的相互依赖关系

1. 中国对巴西国家层面的依赖关系。在国家层面，中国不存在对巴西的依赖关系。2019 年从贸易角度，中巴贸易在中国出口占比 1.4%（第 20 位），进口占比 3.8%（第 8 位），未形成贸易依赖关系；从投资角度，虽然巴西是拉美地区吸引中国投资最多的国家，但中国对巴西直接投资占中国 OFDI 比例不足 1%，也无投资依赖关系。从增速上看，中国对巴西进出口呈增加态势，巴西在中国进口占比有所提升（1%，上升 1 位），不过仍不构成依赖关系。

2. 中国对巴西行业层面的依赖关系。在行业层面，中国对巴西部分行业存在进口和出口方面的依赖关系。从进口方向，中国在植物产品（大豆）、动物产品（牛肉）、贱金属制品（铁合金）、食饮烟酒（烟草）、能矿产品（铁矿）存在进口依赖；从出口方向，中国在车辆船舶（非航行船舶）、能矿产品（铜矿砂）、化工产品（杀虫剂）等存在出口依赖。从增速上看，中国对上述大部分行业的依赖关系有所增强。包括植物产品（大豆）、贱金属制品（铁合金）、食饮烟酒（烟草）、能矿产品（铁矿）的进口，以及车辆船舶（非航行船舶）、能矿产品（铜矿砂）、化工产品（杀虫剂）等品类的出口。

3. 巴西对中国国家层面的依赖关系。在国家层面，巴西对中国进出口均存在依赖关系。2019 年从贸易角度，中巴贸易在巴西出口占比 28%，进口占比 20%，均处于第一贸易伙伴。从投资角度，巴西吸引中国直接投资占巴西 IFDI 比例为 1.3%，尚不构成依赖关系。从增速上看，中巴贸易仍保持上升趋势，2010～2019 年中巴投资年均增速约为 42%，增长速度也相对较快。

4. 巴西对中国行业层面的依赖关系。行业层面上，巴西对中国部分行业存在进出口方面的依赖关系。从出口方向，巴西在能矿产品、植物产品、动物产品等存在出口依赖；从进口方向，巴西在机电产品、化工产品、车辆船舶等存在进口依赖关系。

5. 中国与巴西的双向依赖关系分析。综合来看，国家层面上，中巴之间存在巴西在贸易上的单向依赖关系；行业层面，中巴在植物产品（大豆）、动物产品（牛肉）、贱金属制品（铁合金）、能矿产品（铁矿）、车辆船舶等细分品类上存在双向依赖关系，且上述依赖关系呈加强态势。

三、专题探究：中巴电力行业合作发展实例

近年来，中国不仅稳居巴西第一对外贸易伙伴，也日益成为巴西最主要的投资者和建设者。据巴西—中国企业家委员会（CEBC）统计，2022 年中国在巴西共确认了 32 个投资项目，项目数量同比增加 14%，相对于 2018 年记录的上一个峰值创下了新纪录。其中确定投资项目数量最多的是电力能源领域，且投资兴趣仍然有所提升。得益于巴西电力领域国际化进程的推进，中国的电力企业通过并购和绿地投资（FDI）逐渐成为在巴西地区运营的领先外国企业。

（一）中巴电力行业的依赖关系

1. 中企在巴电力行业投资概况。

（1）投资现状及趋势。根据巴西国家电力局（ANEEL）统计，截至 2019 年，中国企业在巴西投资并参与的建设项目总额超过 360 亿美元。共有

14 家已经在巴西运营或正投资运营的中国电力企业（含专项基金），主要包括中国国家电网有限公司（国家电网）、中国长江三峡集团有限公司（三峡集团，CTG）、中国广核集团有限公司（中广核，CGN）和国家电力投资集团有限公司（国家电投，SPIC）。其中，国家电网成为在巴西投资最多的中国企业，占中国电力行业投资总额的 56%，其次是三峡集团（27%）、中广核（6%）和国家电投（3%）。

中国在巴西电力领域的建设项目启动于 2005 年，但直到 2010 年才开始出现相关投资，并于 2015 年和 2017 年出现高峰。如图 9－3 所示，从 2015 年开始，投资数额显著增加，并分别于 2015 年（65 亿美元）和 2017 年（156 亿美元）出现高峰。2015 年，国家电网美丽山水电站（Belo Monte dam）第二条输电线路投标，该项目约投资 17.8 亿美元。同年，三峡集团斥资 37 亿美元收购了朱比亚（Jupia）和伊利亚（Ilha Solteira）水电站，成为该国第二大发电商。2017 年，国家电网投资 122 亿美元收购巴西第三大输电企业 CPFL 能源企业（CPFL Energia SA），成为巴西电力行业的主要参与者之一。此外，国家电网的海外投资资金约半数流向了巴西，三峡集团的这一比例升至 60%，中广核为 31%，国家电投为 17%。

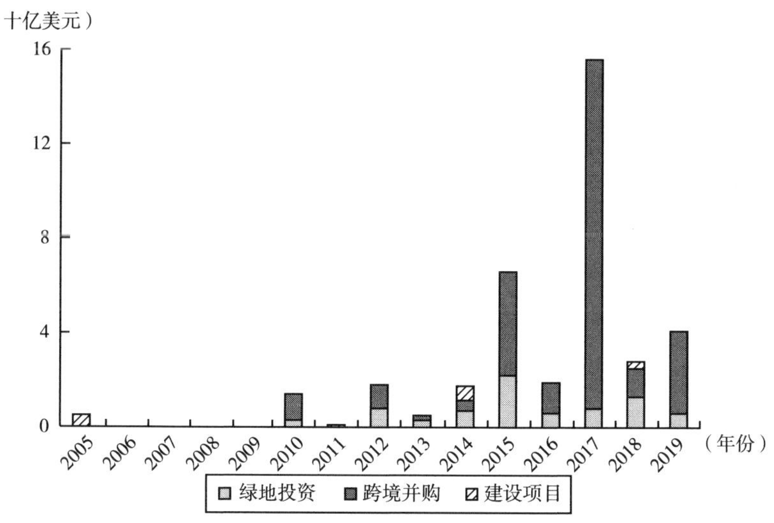

图 9－3　2005～2019 年中国在巴西电力行业直接投资（FDI）建设项目

资料来源：ANEEL 官网。

（2）投资进入方式。中国企业大多采用并购，而不是绿地投资的方式。截至 2019 年，这些并购项目占资本总数的 76%，即 276 亿美元。除 2013 年、2014 年和 2018 年外，并购交易数量全年均高于绿地交易。其中，2015 年、2017 年和 2019 年的交易额最高。相比之下，绿地投资占总投资的 20%，即 74 亿美元。这其中最突出的项目是国家电网中标的美丽山水电站两条输电线路。除此之外，中国企业提供的工程项目和其他服务占投资总额的 4%，约合 15 亿美元。

2. 中巴电力行业投资依赖关系。综合而言，巴西电力行业对中国企业存在投资依赖关系。根据巴西国家电力监管局（ANEEL）公布的数据，截至 2019 年，中国的电力企业在巴西的发电、输电和配电等链段的份额分别占比 10%、13% 和 12%，分列各国对巴电力投资份额的第二、第三和第四位。

（1）发电链段。在巴西发电链段，截至 2019 年底，中国企业在巴西拥有 304 座发电站，总发电量为 16736 兆瓦（MW）。这一发电量接近巴西全国电力系统的 10%，仅次于巴西本土企业规模，位列第二。从发电类型来看，2019 年中国在巴西 70% 的电力装机容量为水力发电（11798 兆瓦），风力发电占 17%（2888 兆瓦），生物质能、太阳能、石油和煤炭发电分别占 5%（759 兆瓦）、4%（680 兆瓦）、3%（532 兆瓦）和 1%（79 兆瓦）。这种分布也反映了中国在巴西投资主要集中于水电站和风力发电站的投资布局（见图 9－4）。

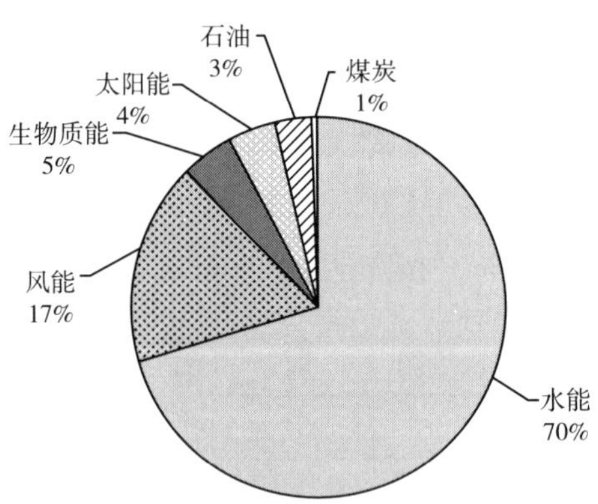

图 9－4　2019 年中国企业的装机容量：按能源类型

资料来源：ANEEL 官网。

（2）输电链段。在巴西输电链段，如图 9－5 所示，截至 2019 年，中国的电力企业已在巴西投资了 63 亿美元，资产合计占巴西输电线路总长度的近 12%，位列第三（前两名分别为巴西 67%、西班牙 13%）。国家电网作为全球最大的电力企业占中国在巴西投资的 95%，三峡集团和浙江网新（浙江印西格玛联合工程）是其他两个活跃的中国企业。国家电网在巴西的两大地标就是美丽山水电站的两条输电线路，共有 4600 多公里的超高压（UHV，800 千伏）输电线路从北部到东南部贯穿巴西，而这些地区也是巴西的主要消费市场所在地。

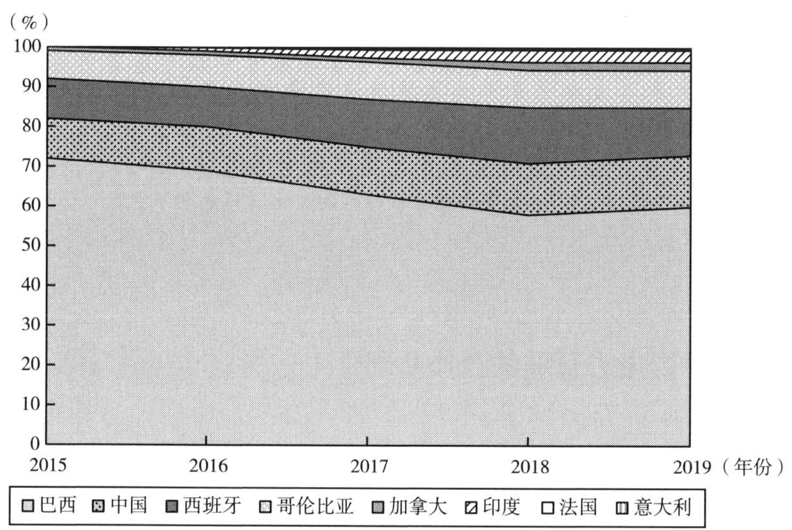

图 9－5　2015～2019 年巴西输电领域各国投运线路长度占比

资料来源：ANEEL 官网。

（3）配电链段。在巴西配电链段，如图 9－6 所示，截至 2019 年，中国企业在巴西市场占比约为 12%（按配电箱数目计算），位列第四（前三名分别为巴西、意大利和西班牙）。其中国家电网占比 11%，三峡集团占比 1%。除了发电、输电外，中国企业也进驻了巴西的配电领域。就中国企业在当地特许经营企业中的份额而言，国家电网和三峡集团在巴西四州分别拥有相当于 1.14 亿和 1200 万的用户配电箱。2011 年三峡集团对葡萄牙电力集团进行并购，获得了两家当地特许经营企业。国家电网在配电领域的投资始于 2017 年，收购了总部位于圣保罗州的 CPFL 能源企业——CPFL 历来是巴西最大的电力供应商之一。随着 CPFL 的收购，中国企业参与投资的配电箱数量大幅增加。

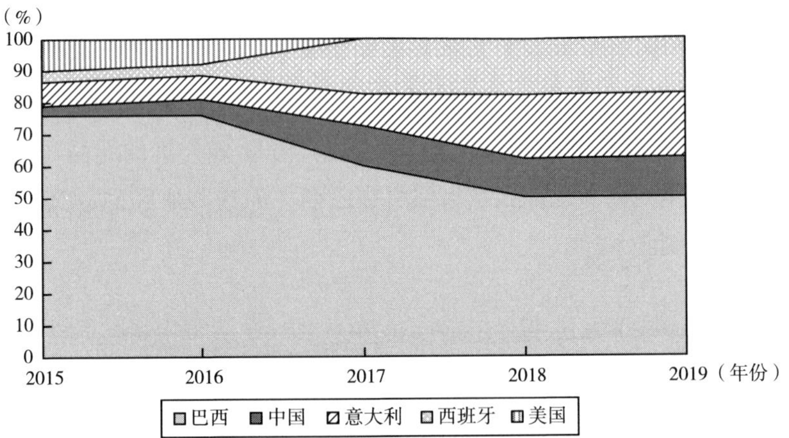

图 9-6　2015~2019 年巴西配电领域各国占比（按消费单元数计算）

资料来源：ANEEL 官网。

（二）中巴电力行业的合作基础

1. 巴西电力行业概况。

（1）发展取向：引资改善基础设施，发展清洁能源。巴西致力于改善基础设施水平并发展清洁能源。一方面，巴西基础设施数量不足、质量差且资金投入难以满足巨大需求。近年来巴西对基础设施建设投资需求旺盛，巴西联邦政府先后颁布《2015—2018 年电力投资计划》在内的多份政策性文件，加大吸引投资力度。另一方面，巴西向来重视环境保护，巴西经济部和环境部联合推出了“绿色增长计划”，拟使用总规模约 4110 亿雷亚尔的公共和私人投资推动巴西经济实现绿色低碳转型。森林保护、低碳农业、可再生能源、城市交通、物流、绿色基础设施、生态旅游、公共卫生、废物管理以及通信技术是该项计划的主要关注领域。

（2）市场结构：电力市场规模巨大，市场化程度高。巴西是拉美可再生能源的领头羊并拥有拉美最大的输配电网络。一方面，在发电链段，受益于优越的地理条件和资源条件，巴西是全球采用可再生能源发电最多的国家之一，电力结构以可再生能源为主。在输配电链段，巴西输配电系统由国家电网（SIN）和部分独立电网（SIS－ISOL）组成，全国输电线路总长约16.27万千米。巴西电网覆盖了3/5的国土面积，全国95%的人口都因此受益。另一方面，巴西电力行业由于采取依靠社会资本参与的特许经营权招标模式，市场属性相对较强，市场参与主体多元化。

（3）技术水平：行业发展历史悠久，当前存在差距。巴西电力行业发展悠久，技术曾一度领先。为配合1975年开始建设的伊泰普水电站，巴西早在20世纪80年代就开始采用直流±600千伏输电技术。可以说，巴西的水电和输电技术曾一度处于世界先进水平。

（4）监管机制：电力监管体制完善，权责分工清晰。巴西电力行业市场特征明显，拥有组织完整的管理机构。如图9－7所示，为了保障电力行业的平稳运行，巴西设立了一套完整的管理机构，包括从事政府管理事务的机构（国家能源政策委员会（CNPE）、矿产能源部（MME）和国家能源安全监督委员会（CMSE））、从事监管事务的机构（国家电力监管局（ANEEL））以及依据私法创办的专业机构（巴西能源研究中心（EPE），电力交易委员会（CCEE）和国家电力调度中心（ONS））。这些机构的职权范围、任务和责任均有着清晰的界定。

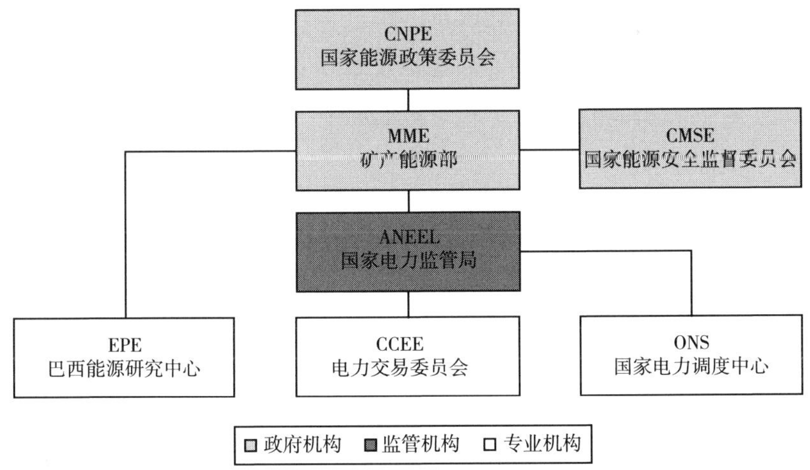

图9－7　巴西电力行业管理机构示意图

2. 中国电力行业发展及比较。

（1）发展取向：国内市场日趋饱和，有意开拓海外。我国电力市场逐渐趋于饱和，亟须开拓国际市场。以国网公司为例，在国内发展过程中经历了电网投资自 20 世纪 90 年代以来的高速增长期，随着经济增速放缓，能源结构调整，国内电力市场逐渐趋于饱和。在此背景下，在积累了一定经验和能力后，国网公司开始规划国际化的发展路径，并于 2007 年制定国际化战略，寻求海外业务的发展机会，投资巴西正是出于寻求市场的动机。

（2）技术水平：运维建设经验丰富，特高压技术领先。中国在电力系统的安全稳定运行、大电网调度控制、智能电网等方面达到了世界领先水平。从新中国成立初期电力工业极度落后发展至今，中国电力技术发生了翻天覆地的变化。特别是近 40 年，中国的自主电力技术、电力设备制造和电力工程集成能力都在满足国内与日俱增的电力需求的同时获得了长足的发展。如今，中国运营着全球负荷最大、规模最大的电网，电力技术较巴西已更为领先。

（3）监管机制：一体化程度高，市场化程度较低。我国电力系统一体化程度高，但部分链段市场化程度较低。国家能源委员会主要负责研究拟定国家能源发展战略，审议能源安全和能源发展中的重大问题。2013 年，电监会和国家能源局的职能被重新整合，重新组建了国家能源局，由发改委统一管理。随着中国电力行业的市场化改革的推进，当前发电侧已实现市场化，售电侧正在放开，但与巴西不同，从运转效率和安全稳定角度考虑，中国输电行业市场参与者结构相对单一，权责更加集中，也符合中国对电力行业“稳定性先行”的要求。

3. 中巴电力行业的互补性及挑战。

（1）巴西和中国在发展取向、资金、技术等多方面存在着合作的互补性。首先，从发展取向看，巴西长期致力于改善本国基础设施和发展绿色能源；而中国也希望企业“走出去”融入世界潮流，推动中拉产能合作。其次，从资金角度看，巴西引资规模常年占据拉美和加勒比地区首位，电力行业经历多次改革后通过稳定的行业机制鼓励外资进入；而中国电力企业得益于国内长期稳定的行业发展和海外投资建设的经验积累，融资体系不断完善，发展出了雄厚的资本能力。以国家电网为例，国际三大评级机构对国网旗下国网国际公司主体信用评级均为A级，多次境外发债均获投资人青睐，融资成本显著低于同类企业平均水平，有助于企业在海外开拓市场。最后，从技术角度看，中国目前运行着世界上电压等级最高、装机容量最大、电网结构最复杂的交直流混合电网，在电力系统的安全稳定运行、大电网调度控制、智能电网等方面达到了世界领先水平，电力技术较巴西已更为领先。

（2）尽管如此，中巴合作仍然面临着多层次多维度的差异和挑战。对于投资巴西的中国企业而言，必然受到宏观层面的制度环境、经济环境、文化氛围和地理环境差异，以及行业层面电力行业相对先进性、电力市场运行机制、监管方式以及项目形成机制等方面的差异的影响。这些不同层面差异的存在阻碍了中国企业国际化能力的跨国转移，部分为了克服巴西投资环境差异的国际化能力需要在本土的投资建设过程中创造出来。因此，国网公司能否因地制宜，将自身能力优势和巴西投资环境特点相结合，发展出适应当地的各方面能力，是其能否在巴西实现长期投资，以及与东道国实现互利共赢的关键。

（三）中巴电力行业的合作典例——国家电网投资巴西

1. 国网投资巴西历程回顾。国家电网有限公司（以下简称“国网公司”）成立于2002年12月，是我国特大型国有重点骨干企业，以投资、建设、运营电网为核心业务，在国内经营区域覆盖26个省（自治区、直辖市），并稳健运营在菲律宾、巴西、葡萄牙、澳大利亚、意大利、希腊等国家和地区的资产。梳理国网公司投资巴西历程，大致可分为以下三个阶段。

（1）并购进入阶段。2010年，国网公司在当地成立国家电网巴西控股公司（以下简称“巴控公司”）作为国网公司在拉美地区的输电资产投资平台，开始走入巴西市场。随着2012年欧债危机持续发酵，西班牙ACS公司具有资产重组的需求，经过统筹考虑，巴控公司收购了ACS公司出售的7个资产。第一次并购完成后，巴控公司于2011年与巴西国家电力公司联手中标首个绿地常规项目（LNT）。

（2）常规绿地投资阶段。2012 年，巴控公司与巴西州属电力公司联合投标，成功中标特里斯皮尔斯输电特许权一期项目（TP）。与 LNT 项目相比，TP 一期项目体量更大，在环评征地等环节给巴控公司带来巨大挑战。TP 一期项目虽然未能按时竣工，但是巴控公司与合作伙伴还是克服困难完成了项目建设。2016 年巴控公司独立中标 TP 二期项目，当时巴西经济处于低谷，但是巴控公司通过细致评估后认为，招标方案中的相关参数已经达到预期，最终以极低的扣减率中标。

（3）特高压项目阶段。2014 年，巴控公司和巴西国家电力公司联手中标巴西首个特高压输电项目——美丽山一期项目。基于此前绿地项目的合作经验，巴控公司与合资伙伴在美丽山一期项目中实现有效分工，项目公司的 CEO 和 CFO 由巴控人员担任，CTO 和 CMO 则由合资伙伴成员担任。2015 年，巴西正值经济危机，同时巴控公司的本地合作伙伴因国际信用评级下调而面临严重的融资问题，流动资金短缺，无法共同参与投标。在这种背景之下，巴控公司选择独资竞标美丽山二期项目，最终凭借公司层面的高度重视以及项目团队的精准估值，凭借比次低报价正好低 5% 的水平一举中标。

回顾国网巴控公司的发展历程不难发现，企业层面的合作运营和政企之间的互动配合是企业成功在当地投资经营的关键。

2. 合作层次一：企业层面的合作做法。

（1）深入理解并融入巴西当地投资环境。企业通过并购进入、自我学习、本地雇佣等多种途径深刻理解巴西投资环境，进而不断克服差异融入当地经营业态。

在进入早期，国网公司为了进入巴西市场，抓住西班牙公司出售资产的机会，于 2010 年和 2012 年先后进行了两次并购。并购成功后，国网巴控公司选择保留原团队，并聘请罗兰贝格咨询公司对整合方案和管理架构进行设计，根据部门具体情况设立正副职位，通过当地流动性良好的劳动力市场公开招聘部分岗位空缺，逐步完成了团队整合工作。本土员工在输电运维的现场操作、协会对接等工作中充分发挥了语言、人脉等优势，中方人员也在与外方员工交流学习的过程中逐渐熟悉当地的制度环境和商业氛围，为后来绿地项目的开展奠定了基础。

在之后首个绿地项目——LNT 项目的过程中，国网巴控公司通过与当地 Furnas 公司合作，共同参与项目投标工作并最终中标，中方员工初步建立了对当地投资环境和电力特许项目投标的认知及经验。到后续 TP 一期项目时，国网巴控公司聘请当地专门的征地公司开展征地工作，中方团队赴现场共同进行调研，熟悉当地环境，了解了征地的具体流程和规则，同时识别出了不同区域征地机构之间的比较优势。因此，尽管巴西的投标和征地的流程与国内差异巨大，国网巴控能够在后续的绿地项目中成功跨越差异。

到美丽山二期独资项目时，公司聘用了当地具有丰富环评经验的外方人员担任项目公司的 CMO，并充分利用其与环保部门搭建的友好关系以及自身的丰富经验，公司高管多次拜访巴西环境及可再生资源中心（IMAMA），积极请教其他企业的成功做法，最终顺利解决了美丽山二期项目中遇到的环评问题，较为成功地克服了环评制度差异带来的影响，也帮助其更快地获得了巴西当地监管机构及潜在合作伙伴的认可，进而为后续的发展奠定了基础。

（2）采用多种本土化战略与本地伙伴共赢。企业综合采用合资合作、本地采购等本土化策略，积极与本地各潜在利益相关方寻求能力互补，追求合作共赢。

由于中国和拉美世界国家存在不同层次多种维度的差异，为了实现破局和长远发展，一方面，国网早期投资的 TP 一期项目和美丽山一期项目均采用合资方式。彼时国网巴控公司刚进入巴西，对当地环评流程和市场规则不太了解，因此主要将复杂且中巴差异巨大的环评事务交给合资伙伴处理，以合作伙伴的意见为主，使得其在积累自身环评经验的同时，也能够加速公司融入当地环境以及和环评部门顺畅沟通的进程。类似地，美丽山一期项目作为一个与巴西当地电力巨头巴西国家电力公司联合中标的项目，环评事务同样是交给合作伙伴具有丰富经验的环评人员进行处理，国网巴控公司一边积极配合合作伙伴的环评工作，一边也在加深自己对巴西当地复杂制度环境的理解。

另一方面，国网巴控十分注重与当地承包商和供应商的合作。从早期项目开始，国网巴控公司就选择和巴西本地排名第二的承包商 Alumini 公司合作，共同开展了 TP 一期、二期，美丽山一期、二期等多个项目。项目合作期间，公司会和承包商一起解决环评征地等工作中面临的问题，公司领导亲自带队奔赴现场解决问题，这不仅得到了 Alumini 公司相关人员的认可和欣赏，也有助于中方人员向当地承包商学习本地的环评征地经验。在与设备供应商的合作中，国家电网公司进入巴西市场就和本地设备供应商西门子迅速搭建起了合作关系。西门子也凭借自身在巴西多年的投资经验，帮助国网巴控公司打开了巴西市场的关系网络，向 ONS、巴西国家电力公司主动介绍国网公司，并组织过往公司参观西门子的工厂车间。国网投资带来的大量采购，客观上也带动了巴西本地承包商和供应商的发展，收获了合作伙伴以及社会舆论的积极评价。

（3）持续关注并契合巴西的发展取向和要求。巴西不仅注重电力行业本身的发展，其在企业社会责任等问题上也非常重视。在企业社会责任方面，国网巴控公司从进入之初就十分重视履行社会责任。

一方面，国网巴控公司从 2010 年进入巴西开始，就开始履行社会责任具体事务，并结合自身公司发展的需要，在环保、教育和可持续发展方面开展了多个社会公益项目。其中，2012 年起，国家电网参与赞助了马累贫民窟“明日之潮”乐团的活动，为乐团购买了用于排练的设备，还聘请专业教师、购入更多乐器，成功帮助当地 300 余位孩子实现了自己的音乐梦想，并且改善了当地的设施条件，使得孩子们在远离贫民窟暴乱的同时仍然能够享受到良好的教育环境，由贫民窟孩子们组成的交响乐团还被邀请到梵蒂冈进行演出，受到社会媒体的高度评价和赞赏。除了“明日之潮”乐团，自 2011 年起，国网巴控公司利用税收激励政策等多种渠道践行社会责任，陆续赞助了里约四季长跑、巴西世界非物质文化遗产保护以及中巴文化、体育交流等 50 余项社会公益项目，产生了积极的社会影响。

另一方面，在开展具体业务过程中，国网巴控公司在美丽山一期项目和二期项目中也遵照环保部门的相关规定，开展了多项社区建设活动。美丽山一期项目国网巴控公司为雨林贫困地区修缮了基础设施，并且还赞助当地社区修建了养鸡场，给当地带来了更多的就业机会。在美丽山二期项目中，国网巴控公司给当地居民建立了榨汁厂、牛奶厂，此外还为途经的大学试验区建设了一套太阳能路灯系统。履行社会责任、开展一系列的社区福利活动不仅帮助国网巴控公司成功减少了环评征地压力，还为特高压项目获得了沿线居民的支持，真正达到了互惠互利的目的。

3. 合作层次二：政企层面的合作做法。

（1）企业主动联系监管机构推介特高压技术。国网公司早期就主动联系拜访巴西电力监管机构，开展特高压技术的科普和推介。在看到巴西北部美丽山水电站的时候，国网公司就看到了巴西未来对于远距离输电的需求。2010 年，国网公司抓住并购的契机得以进入巴西市场，在巴西的第一单并购项目基本成型、尚未交割阶段，基于对相应需求的把握以及并购项目尽职调查过程中对于巴西电力市场的了解，国网公司制定了特高压技术在巴西推广应用的策略，在接管并购标的资产的过程中，国网公司巴西项目筹备组开始拜访巴西电力监管机构，对特高压技术进行科普和推介。从调研的实际结果来看，EPE 十分欢迎外国企业把先进且成熟的技术推介到巴西，也表明对当时国家电网公司主动交流推介特高压技术的做法印象深刻。

（2）规划机构邀请企业参与项目规划研究。巴西电力规划机构在项目规划阶段与国网等企业积极互动，开展项目可研。基于对远距离输电的需求，以及国网公司前期对特高压技术的介绍，EPE 开始进行美丽山水电站采用特高压输电技术的可行性研究。在研究的过程中，EPE 邀请国网公司、西门子、ABB 等公司共同探讨各方案实施的可行性。国网公司给予了积极的响应，不仅派遣专家到巴西分享相应的技术经验，还主动邀请巴方电力部门各监管机构以及同行到中国实地考察特高压技术的实践情况。国网公司的支持帮助 EPE 认识到特高压技术的优势。通过仔细论证，EPE 最终在 5 个备选方案中选择了 ±800 千伏直流特高压作为美丽山输电项目的推荐技术方案，上报 MME 审批。

（3）监管机构制定政策引导企业重视研发。巴西电力监管机构制定了专项政策，引导支持企业在研发领域投入“真金白银”。根据巴西国家电力监管局（ANEEL）相关规定，电力企业收入的 1% 必须用于电力行业相关技术研发，其中 0.4% 可以由公司自己决定具体用途；这一项支出被列为技术研发后，未来如果 ANEEL 认为技术具有推广价值，推动巴西电力行业发展，会对企业予以资金补偿，从而形成良性互动。国网巴控一方面根据巴西监管规定，将一部分收入用于合作研发，既有助于引进新技术，同时未来也能收回一定的资金成本；另一方面，与巴西国家电力调度中心（ONS）签订了 MOU，支持相关人员赴中国交流学习，并且设置了研发项目，共同开展合作。

（4）企业支持当地行业协会交流分享经验。国网巴控积极参与巴西本地行业协会活动，与同行及相关机构交流分享经验。巴西本地的输电行业协会 Ablano 负责沟通联系，集中输电领域各个企业的意见并与 ONS、ANNEL 等机构进行统一沟通和协调。Ablano 的活动输电公司都有权利和义务参加，巴西的输电企业都会派代表参与。早期国网巴控参与协会的都是巴方员工，后续随着语言能力的提高，中方员工也开始参加协会活动，直接与其他企业代表交流经验，过程中也经常会学习到当地好的经验与做法。

4. 中企在巴西的合作成果。

（1）中巴电力合作依赖关系深化。得益于像国网公司等中国企业在巴西的投资经营，中企在巴西电力行业的投资规模不断加大，链段占比持续提升。如前文所述，经过 10 余年的发展，截至 2019 年，中国企业在巴西投建项目总额已超 360 亿美元，在巴西的发电、输电和配电等链段的份额分别占比 10%、13% 和 12%，分列各国对巴电力投资份额的第二、第二和第四位，电力行业已然成为中巴产业合作的重点和亮点，是中巴经贸合作依赖关系的重要支撑。

（2）巴西电力行业长远发展获益。首先，中国企业助力巴西电力行业实现项目投运、技术进步和本土企业发展，符合巴西电力行业发展的长远利益。以国网巴控为例，对于建成在运的项目，巴控公司凭借自身运营能力优势，在巴西电力体制的特征下，实现了符合巴西国情的电网稳定、安全运营。其次，中巴合作推动巴西电力行业的技术进步。在早期阶段，巴控公司应 EPE 的邀请，积极参与特高压技术的可行性研究，在后续发展过程中，巴控公司积极引导中国电力科研机构或电力设备厂商与巴西相关机构合作，有力支持了巴西电力行业技术的长远发展。最后，在绿地项目建设过程中，巴控公司向本地承包商和设备商大量采购，客观上带动了本地承包商和供应商的发展。正因为如此，巴控公司在当地的投资获得了当地监管机构、合作伙伴以及媒体的高度认可。

（3）中资企业自身商业价值实现。中国企业在巴投资也取得了商业成功，实现了自身价值。首先，国网公司投资巴西满足了自身市场寻求型的发展需求，在国内电力行业逐渐饱和的情况下，选择熟悉的链段通过并购进入巴西市场，并成功将特高压技术引进巴西，达到自身将先进成熟的电力技术推向海外的战略目标。其次，在独资建立美丽山二期项目的过程中也引进国内优秀的承包商和供应商，带动国内相关产业的共同发展。最后，国网巴控公司已然成为了巴西市场上具有先进的科学技术及管理能力、具有突出的综合竞争能力，并且受人尊敬的、优秀的本土企业，增强了中巴双方的战略互信，为更多中国企业进入巴西提供了良好的合作范例。

四、结论与启示

中国和巴西相距遥远，两国在制度、经济、文化以及行业发展存在多维差异，但得益于两国电力行业自身的互补性和两国企业、政府机构等多方面努力，中国企业实现了在巴西本地的长期投资与稳健经营，在取得自身商业价值的同时也助力巴西电力行业的长远发展。国网投资巴西的案例正是这一历程的经典诠释，总结而言，有以下两方面主要启示。

（一）中巴均需要深入理解双边发展取向，寻求合作基础

从巴西角度看，巴西长期重视本国电力行业发展，并提供了稳定和非歧视性的监管框架，同时在环保、劳工等问题上非常重视，要求企业兼顾经济利益和社会效益。因此，中国企业需要理解东道国发展诉求，平衡好经济与社会的影响，树立良好的社会形象，才更有可能被拉美世界所接纳和尊重。国网公司正是采取符合巴西社会及电力行业长期利益的发展战略，积极融入当地文化，回报当地社会，最终与东道国实现共赢发展，也与“一带一路”合作精神的基本原则相吻合。

从中国角度看，中国企业自身存在市场寻求型的发展需求，希望将自身先进成熟的行业经验、技术推向海外，践行“走出去”的国际化发展战略。巴西电力行业市场规模巨大，外资政策明晰，国网巴控公司的成立和发展符合中国“走出去”战略，助力“一带一路”倡议，符合全球化时代中国不断融入世界的潮流。此外，在实施大型绿地项目的过程中，国网巴控公司为保障项目的顺利建设，客观上为巴西市场引入和培育了部分中国 EPC 承包商和中国设备商，助力中国工程与设备企业的国际化发展，推动中拉产能合作。

（二）双边合作需要多主体、多渠道相互联系，彼此信任

第一，在政府层面，需要不断增进互信，完善政策机制。一方面，中巴两国政府长期保持良好政治外交关系，开展高层互访加强双边政治互信。建交以来两国元首多次进行互访，高层交往频繁。同时，两国通过政策制定、联合声明等形式明确共识。例如，2022 年 5 月，中巴高层协调与合作委员会第六次会议就《2022 年至 2031 年中巴战略规划》和《2022 年至 2026 年中巴执行计划》政府间合作文件达成一致。另一方面，着力推动已建成的企业层面双边机制进一步发展和完善，引导其针对重点产业和领域进行针对性探讨。例如，中巴企业家委员会在 2018 年 5 月“巴西投资论坛”期间，策划举办了“中国企业对巴西投资研讨会”，推动了中国企业对巴西投资营商环境的了解，以及基础设施、金融、科技、农业和能源等领域投资项目对接。

第二，在企业层面，需要融入当地环境，带动本地共赢。一方面，中资企业可以采用并购进入、自我学习、本地雇佣等方式持续深化对东道国投资环境的理解，尤其重视识别拉美投资环境中的特殊挑战（例如工会、社区等问题）并不断积累应对能力。另一方面，特别关注中拉经贸合作的重点产业，努力探索与其他本地伙伴共同发展的机会。对于外来投资者而言，选择与东道国合资以及与本地服务商、承包商、设备供应商等合作开展项目有助于利用当地伙伴的关系网络快速融入当地的社会环境，更好地了解东道国的经济、社会、文化等情况，学习和借鉴对方优秀的管理经验，融合发展出适

应当地实际情况的投资能力，进而带动当地伙伴实现共赢。

第三，在政企之间，需要支持相关机构和协会，搭建一体化平台。一方面，积极支持本地特别是中国企业协会的建立和发展。巴西本地电力行业协会对于行业发展和沟通协作发挥了重要作用，得到了国网在内的多个企业的参与支持。在拉中资企业协会需要不断完善协会在信息收集分析、组织经验分享、协助寻求本地伙伴等方面的功能，当地中资企业也需要提供对应的支持，共同建设海外大家庭。另一方面，积极参与并支持由政府、智库主导的双边政、企、学一体化平台的建设，从而与中拉双边及各界友好机构和人士一起，为增进理解、建立信任作出贡献。

参 考 文 献

［1］安琪．非对称相互依赖关系对中美经贸的影响及中国对策［J］．国际贸易，2009（11）：26－30.

［2］保建云．中欧贸易与经济增长的相互依赖性及贸易保护主义治理［J］．国际贸易问题，2010（5）：29－37.

［3］毕强．秘鲁交通基础设施市场投资环境及前景浅析［J］．一带一路报道，2017（6）：70－74.

［4］曹廷．中国与拉美国家关系中的美国因素［J］．和平与发展，2020（1）：80－96，132－133.

［5］常欣欣．和平与经济相互依赖关系的理论考察［J］．北京行政学院学报，2001（5）：64－69.

［6］陈涛涛，柳士昌，徐润．政府与外资在发展进程中的作用和相互关系：基于智利工业化策略的成功案例［J］．国际经济合作，2018（2）：13－20.

［7］陈涛涛．智利：中国企业投资的环境和机会［J］．国际经济合作，2013（9）：35－42.

［8］崔晓敏，熊婉婷，杨盼盼，徐奇渊．全球供应链脆弱性测度：基于贸易网络方法的分析［J］．统计研究，2022，39（8）：38－52.

［9］丁琳琳，陈秧分，刘合光．乌拉圭农业发展及中乌农业合作路径选择［J］．价格月刊，2020（10）：88－94.

［10］董国辉．中国与拉美经贸关系中的合作与冲突［J］．拉丁美洲研

究，2013，35（3）：42－48，80.

［11］董誉文．产业结构视角下智利跨越“中等收入陷阱”后仍面临的问题［J］．产业经济评论，2014（4）：99－108.

［12］杜德斌，段德忠，杨文龙，马亚华．中国经济权力空间格局演化研究：基于国家间相互依存的敏感性与脆弱性分析［J］．地理学报，2016，71（10）：1741－1751.

［13］杜映昕，郭美新，余心玎．国家间政治关系对行业贸易的影响：基于中国的经验研究［J］．经济学报，2017，4（1）：13－40.

［14］樊勇明．西方国际政治经济学［M］．上海：上海人民出版社，2001.

［15］冯永琦，黄翰庭．“一带一路”沿线国家对中国产品市场依赖度及中国的对策［J］．社会科学文摘，2017（11）：21－23.

［16］高程，部彦君．大国崛起中“以经稳政”的限度、空间和效力：对“经济压舱石”理论的反思与重构［J］．世界经济与政治，2022（10）：4－41，164－165.

［17］何金祥，刘伟．秘鲁的矿业发展与矿业投资环境［J］．国土资源情报，2019（1）：27－33.

［18］贺双荣，佟亚维．中国与乌拉圭共建“一带一路”：进展、驱动因素及挑战［J］．拉丁美洲研究，2021，43（6）：67－87，156－157.

［19］侯文霞，庞维杰．论相互依存与中国—东盟合作［J］．贵州工业大学学报（社会科学版），2008，10（2）：27－29.

［20］华佳丽，庞中鹏．试析复合相互依赖视角下日本与沙特的关系［J］．洛阳师范学院学报，2022，41（10）：25－29.

［21］靳梦霞．复合相互依赖理论较之于现实主义理论的发展［J］．国际公关，2020（2）：4－5.

［22］寇春鹤．拉丁美洲：绿色复苏下的绿色市场开拓绿色贸易［J］．进出口经理人，2022（3）：44－46.

［23］邝艳湘，向洪金．国际政治冲突的贸易破坏与转移效应：基于中日关系的实证研究［J］．世界经济与政治，2017（9）：139－155，160.

［24］邝艳湘．和平还是冲突：经济相互依赖的政治后果［J］．国际论

坛，2007（3）：44－48，80.

［25］邝艳湘．经济相互依赖与中美贸易摩擦：基于多阶段博弈模型的研究［J］．国际贸易问题，2010（11）：36－43.

［26］李兵，董青岭．伙伴关系升级与对华贸易相互依赖［J］．世界经济与政治，2022（7）：80－99，158－159.

［27］李明武，袁玉琢．外向型经济与开放型经济辨析［J］．生产力研究，2011（1）：30－31，83.

［28］李淑娟．新世纪以来拉美与亚太地区的经贸合作：兼论中国与拉美的经贸合作［J］．拉丁美洲研究，2012，34（4）：54－63，76.

［29］李文琪，夏敏．中美产业不对称依赖与冲突的影响研究［J］．全球科技经济瞭望，2021，36（12）：69－76.

［30］李孝天．经济相互依赖视角下的中美贸易冲突：成因、启示与前景［J］．国际关系研究，2019（5）：109－135，158－159.

［31］李紫莹，邵禹铭．后疫情时代中拉基础设施合作研究：以 G20 拉美三国为例［J］．国际经济合作，2021（6）：52－60.

［32］刘军红．中日关系的经济学分析［J］．现代国际关系，2014（10）：56－59.

［33］刘林青，陈紫若．权力优势、贸易依赖与他国外交政策相似性：中国美国的比较分析［J］．世界经济与政治论坛，2019（4）：66－88.

［34］刘学东．墨西哥现政府经济政策分析与效果评估（2019～2020）［J］．世界近现代史研究，2022（00）：94－112，325－326.

［35］刘颖．复合相互依赖理论评述［J］．重庆工学院学报（社会科学版），2009，23（10）：110－113.

［36］楼项飞．复合相互依赖视角下中拉关系的现状与特征［J］．拉丁美洲研究，2013，35（3）：53－56.

［37］卢林．国际相互依赖理论的发展轨迹［J］．世界经济研究，1990（3）：49－52.

［38］雒立轩，刘国田．中资基建企业参与拉美基础设施投资问题研究：以 PPP 模式为例［J］．工程建设与设计，2021（8）：156－158.

[39] 门洪华. 罗伯特·基欧汉学术思想述评 [J]. 美国研究，2004 (4)：103－118，5.

[40] 牛恒磊，张亚军. 基于相互依赖理论的“金砖国家”选择性合作探讨 [J]. 经济研究导刊，2017 (13)：177－180.

[41] 潘长春，李晓，姜龙. 贸易摩擦、贸易依赖与中美经济增长 [J]. 经济问题探索，2019 (4)：93－100.

[42] 商务部. 对外投资合作国别 (地区) 指南－巴西 [R]. 商务部国际贸易经济合作研究院 2021a.

[43] 商务部. 对外投资合作国别 (地区) 指南－智利 [R]. 商务部国际贸易经济合作研究院 2021b.

[44] 商务部. 对外投资合作国别 (地区) 指南－秘鲁 [R]. 商务部国际贸易经济合作研究院 2021c.

[45] 商务部. 对外投资合作国别 (地区) 指南－乌拉圭 [R]. 商务部国际贸易经济合作研究院 2021d.

[46] 商务部. 对外投资合作国别 (地区) 指南－墨西哥 [R]. 商务部国际贸易经济合作研究院 2021e.

[47] 沈坤荣，李剑. 中国贸易发展与经济增长影响机制的经验研究 [J]. 经济研究，2003 (5)：32－40，56－92.

[48] 沈伟，胡耀辉. 贸易摩擦的货币逻辑：美国汇率反补贴新规的变化、缘起和影响 [J]. 国际贸易，2022 (3)：74－81.

[49] 史沛然. 中美贸易摩擦下的拉丁美洲：基于贸易数据的发现和思考 [J]. 国际经贸探索，2019，35 (10)：71－90.

[50] 宋国友. 中美经济相互依赖及其战略限度 [J]. 现代国际关系，2007 (5)：58－64.

[51] 苏振兴. 中拉经贸合作继续处于重要历史机遇期 [J]. 当代世界，2014 (10)：8－11.

[52] 孙彦超. 秘鲁矿业冲突现象研究 [D]. 北京：中国社会科学院研究生院，2021.

[53] 唐立久，泽尔民. 不发达区域经济依附程度分析：以新疆为样本

[J]. 当代经济科学，1991（6）：30－36.

[54] 王飞. 从“去工业化”到“再工业化”：中国与巴西的经济循环[J]. 文化纵横，2018.

[55] 王飞. 中国—巴西基础设施建设合作：进展，挑战与路径选择[J]. 国际问题研究，2020.

[56] 王毛平. 中日经济相互依赖的敏感性与脆弱性分析 [J]. 日本研究，2009（4）：37－41.

[57] 王箫轲. 中韩经济相互依赖关系的比较分析 [J]. 亚太经济，2013（5）：91－95.

[58] 王悠然. 警惕美国滥用经济相互依存性 [N]. 中国社会科学报，2019－08－14.

[59] 武剑. 外国直接投资的区域分布及其经济增长效应 [J]. 经济研究，2002（4）：27－35，93.

[60] 项卫星，王冠楠. 中美经济相互依赖关系中的敏感性和脆弱性：基于“金融恐怖平衡”视角的分析 [J]. 当代亚太，2012（6）：90－111，157.

[61] 谢守红. 我国中心城市外向型经济发展水平的测度与比较 [J]. 经济地理，2003（2）：238－241，246.

[62] 熊亮. 复合相互依赖关系下的中美贸易战 [J]. 荆楚学刊，2020，21（1）：35－39，79.

[63] 徐世澄. 墨西哥的农业改革 [J]. 红旗文稿，2007（12）：34－36.

[64] 徐泽洋. 拉美地区数字经济发展及战略初探 [D]. 北京：中国社会科学院研究生院，2021.

[65] 许成之，杨海霞，曾一巳，周洋. 升级物流枢纽能力——专访乌拉圭驻华大使费尔南多·卢格里斯（Fernando Lugris）[J]. 中国投资，2017（17）：16－22.

[66] 许馨予. 论中美不对称相互依赖及其权力的应用 [J]. 社科纵横（新理论版），2008（2）：376－377，380.

［67］杨凤阁，刘光珍，孙磊．河南经济外向度在全国地位测度［J］．河南省情与统计，2002（10）：12－14.

［68］杨贵中，陈孝胜．中美间出口依存度、进口依存度的测度与分析［J］．统计与信息论坛，2015，30（11）：38－43.

［69］杨志敏．中拉经贸合作面临的新形势与政策选择［J］．拉丁美洲研究，2009，31（S2）：31－37，51，79.

［70］于军．相互依赖与国际冲突［J］．国际政治研究，2003（3）：147－150.

［71］于越．巴西农业发展现状与中巴合作展望［J］．西南林业大学学报（社会科学），2018，2（5）：1－5.

［72］余万里．相互依赖研究评述［J］．欧洲研究，2003（4）：51－61，2.

［73］张明军．巴西农业发展现状与展望［J］．农业展望，2021，17（10）：110－115.

［74］张彦．经济相互依赖视角下中日与东盟经贸关系比较研究（1990－2011）：基于贸易和FDI数据的实证分析［J］．经济问题探索，2013（10）：118－124.

［75］钟龙彪．相互依赖理论的变迁及批判［J］．天津行政学院学报，2009，11（5）：34－41.

［76］周密，寇春鹤．墨西哥经济特区建设与中墨特区合作的机遇和挑战［J］．拉丁美洲研究，2019，41（3）：60－82，156.

［77］Antonio V，Raj V，Ramiro P，Jimmy G，Falan Y. Strengthening the Global Semiconductor Supply Chain in an Uncertain Era［R］．BCG，2021.

［78］Baldwin D A. Interdependence and power：a conceptual analysis［J］．International Organization，1980，34（4）：471－506.

［79］Baltagi B H，Egger P，Pfaffermayr M. Estimating regional trade agreement effects on FDI in an interdependent world［J］．Journal of Econometrics，2008，145（1）：194－208.

［80］Brazil Ministry of Economy. Federal Development Strategy（2020－

2031) [R]. The Insititute for Applied Economic Research, 2019.

[81] Calderón A. Digital Peru. The Path to Transformation [R]. Amcham, 2021.

[82] Caribbean Development Bank (CAF). 2019 Annual report [R]. CAF, 2019.

[83] Caribbean Development Bank (CAF). 2020 Annual report [R]. CAF, 2020.

[84] Caribbean Development Bank (CAF). Outlook of CAF [R]. CAF, 2021.

[85] Cooper R N. The Economics of Interdependence: Economic Policy in the Atlantic Community [M]. Columbia University Press, 1968.

[86] Das K Ch. Economic interdependence since COVID-19: China and South Asia [J]. China Report, 2022, 58 (2): 131 - 151.

[87] Duan J, U Y X, Jiang H. Trade vulnerability assessment in the grain-importing countries: a case study of China [J]. Plos One, 2021, 16 (10): e0257987.

[88] ECLAC. Economic Survey of Latin America and the Caribbean 2021: Labour dynamics and employment policies for sustainable and inclusive recovery beyond the COVID-19 crisis [R]. ECLAC, 2021.

[89] ECLAC. International Trade Outlook for Latin America and the Caribbean 2021: Pursuing a resilient and sustainable recovery. [R]. ECLAC, 2021.

[90] Esakova N. European Energy Security: Analysing the EU-Russia Energy Security Regime in Terms of Interdependence Theory [M]. Springer Science & Business Media, 2013.

[91] Farrell H, Newman A L. Weaponized interdependence: how global economic networks shape state coercion [J]. International Security, 2019, 44 (1): 42 - 79.

[92] Fujii E. What does trade openness measure? [J]. Oxford Bulletin of Economics and Statistics, 2019, 81 (4): 868 - 888.

[93] Gallagher K P. The China Triangle: Latin America's China Boom and the Fate of the Washington Consensus [M]. Oxford, New York: Oxford University Press, 2016.

[94] Gartzke E, Li Q, Boehmer C. Investing in the peace: economic interdependence and international conflict [J]. International Organization, 2001, 55 (2): 391 -438.

[95] Gartzke E, Westerwinter O. The complex structure of commercial peace contrasting trade interdependence, asymmetry, and multipolarity [J]. Journal of Peace Research, 2016, 53 (3): 325 -343.

[96] Gräbner C, Heimberger P, Kapeller J, Springholz F. Understanding economic openness: a review of existing measures [J]. Review of World Economics, 2021, 157 (1): 87 -120.

[97] IDB, 2020 Latin American and Caribbean Macroeconomic Report: policies to fight the pandemic [R]. 2021.

[98] Javier S. 中国在拉美的有形之手 [M]. 北京: 世界知识出版社, 2009.

[99] Jenkins R. China and Latin America [M] //American Hegemony and the Rise of Emerging Powers. Routledge, 2017.

[100] Johansson J K. A note on the managerial relevance of interdependence [J]. Journal of International Business Studies, 1982, 13 (3): 143.

[101] Keohane R O, Nye J S. Power and Interdependence: World Politics in Transition [M]. Boston: Little, Brown, and Company, 1977.

[102] Keohane R O, Nye J S. Globalization: what's new? what's not? [J]. Foreign Policy, 2000 (118): 104 -119.

[103] Kim Y-H. Interactions between Japan's "weaponized interdependence" and Korea's responses: "decoupling from Japan" vs. "decoupling from Japanese firms" [J]. International Trade, Politics and Development, 2021, 5 (1): 19 -31.

[104] Kubalkova V, Onuf N, Kowert P. International Relations in a Con-

structed World [M]. M. E. Sharpe, 1998.

[105] Kuwayama M, Rosales V. O. América Latina al encuentro de China e India: perspectivas y desafíos en comercio e inversión [J]. ECLAC, 2007.

[106] Latin America and the Caribbean and China: towards a new era in economic cooperation [R]. ECLAC, 2015 [2024-01-30].

[107] Lee Y. Economic interdependence and peace: a case comparison between the US-China and US-Japan trade disputes [J]. East Asia, 2018, 35 (3): 215-232.

[108] Liang Y, Chen M, Lu D, Ding Z, Zheng Z. The spatial evolution of geoeconomic pattern among China and neighboring countries since the reform and opening-Up [J]. Sustainability, 2019, 11 (7): 2168.

[109] Loredana S, Gabriela P. The EU and Russia shifting away from the economic logic of interdependence—an explanation through the complex interdependence theory [J]. European Integration Studies, 2017, 11 (1): 120-137.

[110] Maddison A. Monitoring the World Economy, 1820-1992 [M]. Paris: Organization for Economic, 1995.

[111] Mally G. Interdependence: The European-American Connection in the Global Context [M]. Cambridge University Press, 1976.

[112] Mansfield E D, Pollins B M. The study of interdependence and conflict: recent advances, open questions, and directions for future research [J]. Journal of Conflict Resolution, 2001, 45 (6): 834-859.

[113] Morrow J D. How could trade affect conflict? [J]. Journal of Peace Research, 1999, 36 (4): 481-489.

[114] Mortari V S, Oliveira M A S. Analysis of Brazilian industry's dependency on imported inputs between 2000 and 2014 [J]. CEPAL Review, 2019.

[115] Nye J S. Power and interdependence with China [J]. The Washington Quarterly, 2020, 43 (1): 7-21.

[116] Oneal J R, Oneal F H, Maoz Z, Russett B. The liberal peace: interdependence, democracy, and international conflict, 1950-1985 [J]. Jour-

nal of Peace Research, 1996, 33 (1): 11 -28.

[117] Polachek S W. Conflict and trade [J]. Journal of Conflict Resolution, 1980, 24 (1): 55 -78.

[118] Ram J, Cotton J J, Frederick R, Elliott W. Measuring Vulnerability: A Multidimensional Vulnerability Index for the Caribbean [C]. CDB Working Paper No. 2019, 1.

[119] Rogerson K S. Information interdependence: Keohane and Nye's complex interdependence in the information age [J]. Information, Communication & Society, 2000, 3 (3): 415 -436.

[120] Rosecrance R, Alexandroff A, Koehler W, Kroll J, Laqueur S, Stocker J. Whither interdependence? [J]. International Organization, 1977, 31 (3): 425 -471.

[121] Rosecrance R. Explaining military doctrine [J]. International Security, 1986, 11 (3): 167 -174.

[122] Saenz C. A social conflict diagnostic tool for application in the mining industry: a case study in Peru [J]. Corporate Social Responsibility and Environmental Management, 2019, 26 (3): 690 -700.

[123] Salama P. América Latina: adiós industria, hola estancamiento [J]. Realidad económica, 2020, 49 (329): 35 -61.

[124] Silva P M, Selden Z. Economic interdependence and economic sanctions: a case study of European Union sanctions on Russia [J]. Cambridge Review of International Affairs, 2020, 33 (2): 229 -251.

[125] Surugiu M-R, Surugiu C. International trade, globalization and economic interdependence between European countries: implications for businesses and marketing framework [J]. Procedia Economics and Finance, 2015, 32: 131 -138.

[126] Torres B, De G. Chinese foreign direct investment in Brazil: evolution, trends and concerns over critical infrastructure [J]. Colección. 2020, 31 (1).

[127] Urdinez F. The accession of Latin American countries to the Asian In-

frastructure Investment Bank: lessons from Brazil and Chile [J]. Asian Education and Development Studies, 2020, ahead-of-print (ahead-of-print) [2021-05-06].

[128] Waltz K N. Theory of International Politics [M]. Long Grove, Ill: Waveland Press, 1979.

[129] Witt M A. De-globalization: theories, predictions, and opportunities for international business research [J]. Journal of International Business Studies, 2019, 50 (7): 1053-1077.

[130] World Bank. Gaining Momentum in Peruvian Agriculture: Opportunities to Increase Productivity and Enhance Competitiveness [M]. World Bank, 2017.